LE RÊVE ET L'ÉVEIL DANS LES ÉCRITS DE HUSSERL

5-7, rue de l'École-polytechnique ; 75005 Paris

http://www. harmattan.fr
diffusion.harmattan@wanadoo.fr
harmattan1@wanadoo.fr

ISBN : 978-2-343-01493-7
EAN : 9782343014937

Reza ROKOEE

LE RÊVE ET L'ÉVEIL DANS LES ÉCRITS DE HUSSERL

Ouverture philosophique

Collection dirigée par Aline Caillet, Dominique Chateau, Jean-Marc Lachaud et Bruno Péquignot

Une collection d'ouvrages qui se propose d'accueillir des travaux originaux sans exclusive d'écoles ou de thématiques.

Il s'agit de favoriser la confrontation de recherches et des réflexions qu'elles soient le fait de philosophes « professionnels » ou non. On n'y confondra donc pas la philosophie avec une discipline académique ; elle est réputée être le fait de tous ceux qu'habite la passion de penser, qu'ils soient professeurs de philosophie, spécialistes des sciences humaines, sociales ou naturelles, ou... polisseurs de verres de lunettes astronomiques.

Dernières parutions

Jean-Marc ROUVIERE, *L'homme surpris. Vers une phénoménologie de la morale*, 2013.

Marita TATARI, *Heidegger et Rilke, Interprétation et partage de la poésie*, 2013.

Jorge Augusto MAXIMINO, *Philosophie et modernité dans l'œuvre poétique d'António Ramos Rosa*, 2013.

Roger TEXIER, *Ré-créations cartésiennes*, 2013.

Marcel NGUIMBI (dir.), *Penser l'épistémo-logique*, 2013.

Joël BALAZUT, *Heidegger une philosophie de la présence*, 2013.

Sophie ASTIER-VEZON, *Sartre et la peinture. Pour une redéfinition de l'analogon pictural*, 2013.

Jordi COROMINAS, Joan Albert VICENS, *Xavier Zubiri. La solitude sonore (Tome 2 1931-1940)*, 2013.

Mara Magda MAFTEI, *Cioran et le rêve d'une génération perdue*, 2013.

Lou FERREIRA, *Oscar Wilde. Une esthétique de la tragédie, tome 2*, 2013.

Lou FERREIRA, *Oscar Wilde. Une philosophie de la provocation, tome 1*, 2013.

Denise MODIGLIANI, *Fragments pour une poétique du discours historique*, 2013.

Alain MULLER, *Pensée dialogique et langage dans la philosophie de Franz Rosenzweig*, 2013.

Jean-Jacques BAILLY, *Éros et infini. Tome 1 : le monde, le sujet, le sens*, 2013

Jean-Jacques BAILLY, *Éros et infini. Tome 2 : le sens, le signe, l'éros du bien et du mal*, 2013.

À ma mère,

une femme comme d'autres, une femme pas comme les autres.

SOMMAIRE

Hélène Chaudoreille a toute ma reconnaissance pour sa sensibilité littéraire et sa force d'expression érudite aussi bien dans la vie que dans la lecture, dont le souffle a donné de la verve à tous ces mots.

Je tiens à exprimer ici mes sincères remerciements à monsieur le professeur Gérard Jorland qui m'a toujours généreusement soutenu.

Je remercie Masoud Pourahmad Tochahi qui m'a apporté sa compétence linguistique, sa jeunesse fertile et sa passion.

Il est de mon devoir de présenter ma reconnaissance envers les Archives de Husserl à Louvain où j'ai été accueilli et informé afin de consulter un certain nombre de manuscrits de Husserl inédits à l'époque. Il est aussi à rappeler que le Professeur Ullrich Melle, directeur actuel de ce prestigieux établissement, m'a aimablement autorisé à introduire dans ce livre quelques citations provenant de manuscrits de Husserl.

Je tiens aussi à remercier les éditions Jérôme Millon qui m'ont gentiment permis d'insérer un certain nombre de citations des ouvrages de Husserl dans cette publication.

Il faut revoir toutes nos idées sur les rêves !

F. Nietzsche, *Fragments posthumes : printemps-automne 1884*, in : *Œuvres philosophiques complètes*, X, Paris, 1982, 25 [147]

*

Il est possible que la phénoménologie ait aussi quelque chose à dire et peut-être beaucoup à dire au sujet des hallucinations, des illusions et en général des perceptions mensongères [...]

E. Husserl, *Idées directrices pour une phénoménologie*, tr. P. Ricœur, 1991, p. 307

Quelques précisions :

Les citations de Husserl sont en français et dans le cas contraire nous renvoyons aux textes originaux en signalant chaque fois la référence concernée.

Tout soulignement (marqué par des caractères **gras**) figurant dans les citations provient des sources mêmes citées dans cette étude. Dans le cas contraire, nous le signalons en bas de page.

Le signe = qui se trouve entre deux chiffres dans les références des manuscrits de Husserl renvoie à la fois à la pagination de la transcription (chiffres avant =) et à la pagination des manuscrits (chiffres suivant =)

Toute citation au-delà de sept lignes dans le corps du texte a fait l'objet d'une autorisation de reproductions par les éditeurs ou ayant droits.

Introduction

L'histoire de la formation de la phénoménologie de Husserl est étroitement liée à la perception mais aussi et parallèlement au domaine des données intuitives comme la *phantasia* et par-dessus tout à la logique transcendantale qui aborde le *Logos* dans un sens universel. Husserl met en avant une phénoménologie de la *phantasia* (ou des *phantasiai*) dans laquelle la question du rêve apparaît de temps à autre en tant que telle. Cependant, il ne s'agit pas du rêve proprement dit, comme on l'entend dans le domaine de la psychologie ou de la psychanalyse, mais du rêve en tant que quasi-donnée subjective tout à fait dépendante du monde éveillé et conscient.

La lecture de la « phénoménologie du rêve » est plutôt tardive. Par ailleurs, pour Husserl le domaine du rêve n'a de valeur théorique et ontologique que sous l'aspect d'une périodicité et suivant le monde réel et effectif. Ce qui est la préoccupation principale pour Husserl s'enracine dans la relation noétique-eidétique avec le monde et réside dans le fait que la question de la *phantasia* et tout autre question subjective ne s'inscrit que sous le registre d'une composition des éléments noétiques et affectifs.

L'œuvre de Husserl comporte bien des points remarquables, en commençant par la mise en œuvre d'une relation entre l'intentionnalité et le contexte de la synthèse passive et de l'affectivité. Le paradoxe, dans l'analyse et dans la lecture de Husserl, entre la mise à l'écart du rêve comme quasi-donnée et la mise en relief du monde éveillé et conscient, relève d'une découverte fondamentale. Il s'agit de l'institution des données subjectives dans le rang du processus temporel et du flux de conscience et de leur description sous diverses strates phénoménologiques.

Une lecture de la phénoménologie du rêve veut dire une lecture de la science de la phénoménologie comme la science eidétique et noétique, sans oublier la logique, dans la mesure où on parle du jugement, qui s'occupe des données dans leur statut. Ce qui signifie que la phénoménologie du rêve représente d'emblée une phénoménologie de l'éveil comme le fond temporel du rêve et du sommeil.

On peut parler d'une phénoménologie phénoménologique étant donné l'insistance de Husserl qui distingue la phénoménologie en tant que science et qui tente d'apporter davantage d'éléments nouveaux afin de décrire l'entité du monde et des phénomènes. Autrement dit, Husserl, en partant d'une formation scientifique et en considérant les sciences comme la psychologie ou l'esthétique ou encore l'ontologie ou l'anthropologie, essaie de livrer une phénoménologie purement phénoménologique. Il qualifie cette méthode de phénoménologie phénoménologique qui se donne comme étant l'objet de sa science et de sa lecture[1].

La confusion qui règne entre la phénoménologie, la psychologie et la psychanalyse, entre autres disciplines, est liée à une certaine originalité de la phénoménologie comme la constitution de l'unité du monde et du Moi en premier lieu. C'est dans la sphère de la constitution de l'unité transcendantale dans le sens de la réduction transcendantale que la phénoménologie parvient à décrire le (quasi-) phénomène du rêve et du sommeil dans la durée et la continuité du flux de conscience[2]. Cet aspect rejoint la logique transcendantale comme le soubassement de la perception qui s'étale dans le domaine de l'intuition par le biais de la réflexion et du jugement. Entre la logique de la psychologie et la conviction d'un au-delà du corps vivant en considérant l'« inconscient », Husserl engage sa phénoménologie du Moi transcendantal en tant que constitution de la monadologie transcendantale.

La présente étude ne prend pas en charge une analyse comparée entre la phénoménologie et la psychanalyse car la question principale de cet écrit, à notre sens, est de creuser l'approche de Husserl envers le rêve et l'éveil. On s'étonne à l'idée que Husserl revienne chaque fois sur les mêmes fondements quand il reprend la question du rêve et qu'il écrit autour de la même analyse. Cependant, c'est dans ce contexte qu'on peut chercher comment Husserl menait ses analyses au sujet du rêve comme un véritable effort phénoménologique.

L'approche psychanalytique est plus tardive, à partir de Binswanger, qui s'éloigne de l'origine phénoménologique même de Husserl. On peut voir que la démarche de E. Fink fut le premier défi dans ce processus et qu'il fut le premier à tenter de se situer à l'intérieur d'une lecture phénoménologique du rêve. Ce qu'envisage cette étude, c'est de suivre le vécu même du sujet du rêve et du sommeil faisant partie des quasi-données qui s'accomplissent finalement dans une attitude objective dans le monde conscient et réel.

On ne trouve pas chez Husserl la question de savoir pourquoi on rêve et comment on peut interpréter ou analyser un rêve. Ce n'est pas dans l'ordre

---

[1] Voir Eberhard Avé-Lallemant, « Die Phänomenologische Bewegung : Ursprung, Anfänge und Ausblick » dans *Edmund Husserl und die Phänomenologische Bewegung : Zeugnisse in text und Bild*, Freiburg, 1988, pp.61-75. En ce qui concerne le rapport entre la phénoménologie et la psychologie, l'article de U. Melle, « Husserl Kritik und Reform der Psychologie » in *Brentano Studien*, n° 6, 1995-96, pp. 103-123, ici p. 104. Un ensemble d'études plus récentes met en analyse le rapport de la phénoménologie dans son contexte contemporain, voir *Husserl in contemporary context : prospects and projects for phenomenology*, Dordrecht, 1997. On y trouve notamment une analyse du rapport entre la science et la phénoménologie, voir H. P. Reeder, « Husserl's phenomenology and contemporary science », pp. 211-224. L. Binswanger a voulu mettre en œuvre un lien intrinsèque à la phénoménologie à la psychiatrie et à la psychopathologie *Ausgewählte Vorträge und Aufsätze, and I : Zur phänomenologischen Anthropologie*, 1947, p. 45, tr. fr. dans *Introduction à l'analyse existentielle,* Paris, 2002, p. 116.

[2] Dans *Méditations cartésiennes*, Husserl fait notamment allusion à une illusion entre la psychologie et la phénoménologie dans la mesure où la psychologie s'attache à la seule vie psychique. *Méditations cartésiennes : introduction à la phénoménologie*, Paris, 1966, p. 27

théorique et analytique de la phénoménologie de Husserl de suivre cette voie. Mais il y a des éléments qui permettent d'établir une véritable lecture phénoménologique du rêve et de l'éveil comme c'est le cas, de façon plus détaillée, en ce qui concerne la *phantasia.*

Une phénoménologie de l'éveil s'institue dans ce sens où tous les critères analytiques au sujet du rêve et du sommeil reviennent sur le fond d'un état conscient et éveillé à chaque fois dans la temporalisation de la noèse. Ce qui veut dire que le devenir temporel se traduit dans la conscience par l'actualisation de chaque instant dans le passage du temps. On peut même envisager d'établir une grammaire phénoménologique de l'éveil et par là, du rêve et du sommeil, qui tente de trouver et de creuser le sens du processus de l'éveil, le point zéro qui est le lieu de la réceptivité temporelle et spatiale de la rétention et de la protention.

Plus on avance dans le temps, plus il est visible que Husserl parvient à donner de nouveaux résultats de recherche au sujet du rêve et du sommeil sous différentes approches. On sait que Husserl reprend de nombreuses questions de façon continuelle. La répétition et la reprise des problèmes ou des questions, notamment quand il s'agit du rêve, est chaque fois une nouvelle tentative pour nous guider vers la source inépuisable du monde de la vie et du monde éveillé, vivant et conscient.

Avec la découverte de l'épochè, la phénoménologie ouvre le chemin vers le monde de la trans-passabilité, voire de la trans-apparence, où les strates des activités de l'individu s'avancent vers le sublime et, chemin faisant, elle donne la réduction phénoménologique jusqu'au dépouillement du jeu essentiel qui couvre le monde en tant qu'un monde éveillé, le phénomène du monde, dans sa constitution singulière et unique[3]. Le Moi considéré comme phénomène et « phénoménologisant », à partir d'une subjectivité transcendantale, voilà la thématique fondamentale d'une monadologie où Husserl parvient à parler de la phénoménologie de la phénoménologie[4].

Les deux premières décennies du XXe siècle sont pour Husserl les années de la mise en analyse de l'aspect noétique-eidétique de la phénoménologie transcendantale, où la *phantasia* occupe une place considérable comme étant, d'une certaine manière, l'origine de la question de tout le champ possible de l'imagination et de l'imagerie, y compris le rêve. Les années trente semblent avoir une importance capitale car c'est à cette époque que Husserl, vieux et affaibli, s'intéresse au sommeil et notamment au sommeil sans rêve, à l'éveil, à l'endormissement, à la mort et à la naissance.

La méthode phénoménologique chez Husserl représente la nouvelle science et l'unité même entre la perception du monde et le chemin vers la réception du

---

[3] Pour une lecture au sujet de la multiplicité de la phénoménologie voir E. Fink, *Sixième méditation cartésienne, l'idée d'une théorie transcendantale de la méthode*, Grenoble, 1994, p. 72 *sq*.

[4] *Hua.*, XXXIV, *Zur phänomenologischen Reduktion.*, Dordrecht, 2002, pp. 176-178. Au sujet de cette expression de phénoménologie de la phénoménologie voir S. Luft, *Phänomenologie der Phänomenologie : Systematik und Methodologie der Phänomenologie in der Auseinandersetzung zwischen Husserl und Fink*, Dordrecht, 2002, pp. 21-22, 28.

monde dans son entité temporelle. Les textes de Husserl concernant la réduction phénoménologique, entre 1926 et 1935, donnent des éléments incontournables à propos de l'apparence du monde et du fait que la réduction phénoménologique accomplit une donnée absolue dans le rapport entre le monde et le Moi. C'est à travers la méthode phénoménologique que la question du rêve et du sommeil a été traitée chez Husserl par le biais de la réduction phénoménologique transcendantale et de l'épochè[5].

À côté des idées fondatrices qui peuvent définir l'état de la question qui nous intéresse, nous parvenons à la réduction phénoménologique comme la méthode transcendantale de la phénoménologie de Husserl. C'est grâce cette méthode que Husserl essaie de décrire les données phénoménologiques dans le flux de conscience[6]. La mise hors-jeu (*ausser Spiel*) des données est la démarche principale et essentielle pour constituer une telle méthode. Par-là, il faut entendre que l'inconscience, le monde du rêve et le sommeil, entre autres, ne peuvent être considérés que selon un mode de volonté et comme la validation d'un monde irréel. Étant des quasi-données, et cela dans le contexte des données mensongères, le rêve et le sommeil sont analysés chez Husserl comme une modalité.

La terminologie propre à Husserl a été soulignée au cours de l'histoire de la phénoménologie et les études phénoménologiques sur Husserl. En ce qui concerne cette étude et la problématique du rêve et du sommeil, nous voudrions aussi insister sur la richesse et la pertinence de cette terminologie. À notre sens, il existe, en fait, deux familles étymologiques des notions phénoménologiques chez Husserl. La première vient du latin, dont l'emploi fréquent chez Husserl lui permet de viser le contexte de la philosophie antique et médiévale, voire la philosophie classique. La deuxième terminologie, propre à Husserl, vient de l'allemand et exprime l'idée phénoménologique même d'un problème.

Le fondement et le soubassement de la question du rêve et de toutes les données « imaginaires » chez Husserl est le monde constitué de façon réelle et effective. D'où l'origine du retour de toute thématisation husserlienne vers le fond éveillé de la vie et du monde. Tout n'est pas dans la perception mais il y a aussi l'aperception et tout n'est pas dans le monde mais dans le monde apparaissant dans sa constitution à partir du Moi éveillé dans le sens de la subjectivité transcendantale.

Les études menées sur la philosophie de Brentano, depuis au moins deux décennies, et la comparaison avec la phénoménologie de Husserl, ont toujours souligné une relation complexe entre ces deux philosophes. L'influence de Brentano sur le jeune Husserl fut tout à fait considérable et celui-ci en parle de

[5] Au sujet de la méthode de Husserl, voir E. Baumgartner, *Intentionalität : Begriffgeschichte und Begriffsanwendung in der Psychologie*, Würzburg 1985, p. 35

[6] Certains pensent à une ambiguïté de l'emploi de la notion de flux par Husserl qui donne deux significations à ce mot. Voir R. T. Murphy, *Hume and Husserl : towards radical subjectivism*, The Hague, 1980, pp. 103-104.

temps à autre mais, dans le même temps, Husserl se sépare de la vision de Brentano sur bien des points[7]. Mais l'époque de Husserl voit des choses que celle de Brentano ignorait encore comme l'apparition de la psychanalyse et le surgissement de la philosophie de Heidegger pour n'en citer que quelques exemples caractéristiques.

Pour Brentano, le thème du rêve s'inscrit dans le contexte de la *phantasia* ou plus précisément de la représentation-de-*phantasia*, tout en citant Aristote comme la source principale de sa philosophie[8]. La représentation-de-*phantasia* inclut des problèmes comme l'hallucination et l'illusion, notamment quand il s'agit du point de vue de la psychologie qui postule, dans son horizon théorique, la logique et l'esthétique[9]. La critique de Husserl contre l'école de Brentano et « d'autres penseurs », au sujet de l'absence de distinction entre la représentation et la chose représentée, vise cette analyse de Brentano dans laquelle non seulement le rapport entre la représentation-de-*phantasia* et la sensation reste implicite, mais aussi la *phantasia* même[10].

En ce qui concerne l'expression d'esthétique phénoménologique, et par là le commencement de son histoire, elle a été forgée du vivant de Husserl par M. Geiger et a été traitée par la suite dans différentes discussions philosophiques[11]. Mais on peut trouver certaines tentatives d'aborder le problème de l'esthétique en tant que science sous l'angle de la phénoménologie. C'est le cas par exemple de la thèse de Theodor Conrad, quelques années avant la publication de l'ouvrage de Geiger[12].

---

[7] Un exemple qui retrace ce lien intellectuel se trouve dans une lettre de Husserl adressée à M. Farber où Husserl tente d'effacer la remarque de Kraus qui considérait la phénoménologie de Husserl comme étant l'emballage de la pensée de Brentano. *Breifwechsel*, Band IV, 1994, p. 77 sq.

[8] *Grundzüge der Ästhetik*, Hamburg, 1988, p. 43

[9] *Ibid.*, p. 68. Pour une synthèse qui donne la tendance qualifiée d'« esthétique psychologique », voir Christian G. Allesch « Das Schöne als Gegenstand seelischer Intentionalität : zu Brentano deskriptiver Ästhetik und ihren problemgeschichtlichen Hintergrunden », in *Brentano Studien*, Band 2, 1989 (éd. 1990), pp. 131-137, ici, p. 136. On sait que le postulat d'une relation entre l'esthétique et la logique, dans son contexte moderne, vient de la part même de Baumgarten. A.G. Baumgarten, *Theoretische Ästhetik*, Hamburg, 1988, p. 9. Pour Baumgarten, la vérité s'inscrit dans la connaissance sensible et la vérité métaphysique est une vérité esthésiologique. *Ibid.*, p. 141. Voir W. Naummann-Beyer «Der Aufstiege der « Sinnlichkeit » in Deutschland » in *Ästhetische Grundbegriff : Studien zu einem historischen Wörterbuch*, Berlin, 1990, pp. 281-311, ici, p. 302

[10] Pour la critique de Husserl contre l'école de Brentano voir *Phantasia, conscience d'image, souvenir*, Grenoble, 2002, p. 54 *sq*. Quant à Brentano, celui-ci parle de la psychologie de Wundt, dont les approches sont visées par Husserl lorsqu'il parle « d'autres penseurs ». Brentano, *Grundzüge.*, *op.*, *cit.*, p. 53, 66 *sq*.

[11] G. Bensch, *Vom Kunstwerk zum ästhetischen Objekt.*, München, 1994, p. 13 *sq*. Cet ouvrage est consacré à l'histoire de l'esthétique phénoménologique mais silencieux quant à la contribution de Th. Conrad.

[12] Th. Conrad, *Definition und Forschungsgehalt der Aesthetik*. Inaugural-Dissertation, Bergzabern, Schmidt, 1909. L'auteur s'exprime, à la fin de son ouvrage, sur l'importance d'entreprendre un travail ensemble sous l'empire de la phénoménologie (pp. 67-68). Cette invitation à faire une étude parallèle entre la phénoménologie et l'esthétique nous encourage à ne pas mettre à l'écart l'idée qu'une telle étude aurait pu être suggérée par Husserl même.

Cependant, cette expression un peu paradoxale a un double sens chez Husserl, dont le premier consiste dans la temporalité de la perception des objets dans la diversité de fonctionnement de la conscience, qu'elle soit intuitive (*phantasia*), purement perceptive, etc. Un deuxième sens se réfère à l'esthétique en tant que la « science » du beau et en tant que l'analyse de l'état des données dans la réception qui touche la faculté du jugement[13].

Dès cette époque, nombreuses sont les études consacrées à cerner la question de plusieurs points de vue, parfois explicites, parfois balbutiants et parfois négligents[14]. Ce qui caractérise ces études est la tentative de mener la phénoménologie à la rencontre de l'art et de son aspect analytique, à savoir l'esthétique[15]. L'esthétique phénoménologique est, d'une certaine manière, face à face avec l'esthétique psychologique déjà présente dans l'histoire contemporaine et renforcée par les écrits de Th. Lipps ou encore J. Volkelt[16].

Dans ce contexte, on peut considérer que l'esthétique phénoménologique est censée être dans l'horizon plutôt intuitif du phénomène transcendé. Or, il semble que Husserl en employant le mot d'esthétique dans ses écrits, pense à la fois à son origine grecque, qui comprend la notion de sensation et d'impression et plus précisément encore d'impression originaire (*Urimpression*), et à l'esthétique dans le sens où Baumgarten l'avait considérée, c'est-à-dire la recherche de la connaissance du sensoriel[17].

En conséquence, l'esthétique phénoménologique représente une intégrité de l'esthétique dans et à partir de la phénoménologie transcendantale dans le sens de l'esthétique transcendantale dont parle Husserl[18]. On peut dire que l'esthétique tend vers la phénoménologie afin que puisse s'exprimer une phénoménologie de l'esthétique, mais cette fois à travers la notion de la kinesthésie. Celle-ci devient, en quelque sorte, l'implication de la sensation qui est la configuration de la *phantasia* en tant que l'aspect noétique et de la perception en tant que l'aspect somatique.

---

[13] Voir G. Scaramuzza et K. Schuhmann « Ein Husserlmanuskript über Ästhetik » in *Husserl Studies* vol.7, n° 3, 1990, pp. 165-177, ici, p. 170. Chez Brentano, la question de l'esthétique vient de l'analyse des sensations. Voir L. Pasquerella « Brentano and Aesthetic Intentions » in *Brentano Studien*, Band 4, 1992-93 (éd. 1993), pp. 235-249, ici, 240 *sq.*

[14] L'une des sources qui ignore la question de l'esthétique phénoménologique est le *Lexikon der Ästhetik*, hrsg., W. Henckmann, München, 1992.

[15] L'ouvrage de W. Ziegenfuss dans lequel l'auteur tient à l'acception scientifique et à l'individualité artistique dans une phénoménologie esthétique se situe dans cette même tradition. Voir Die *phänomenologische Ästhetik nach Grundsäztzen und bisherigen Ergebnissen kritisch dargestellt*, Leipzig, 1927, pp. 57-58

[16] G. Bensch parle de l'esthétique psychologique de Volkelt, *Vom Kunstwer.*, *ibid.*, pp. 16-17. Quant à une lecture philosophique entre l'aspect esthétique ou encore littéraire et phénoménologique, voir. J. Garrelli *Introduction au Logos du monde esthétique*, Paris, 2000

[17] Un certain nombre d'études reprennent la question du rapport entre l'esthétique et la phénoménologie en parlant d'une nouvelle esthétique et d'une nouvelle phénoménologie. Voir G. Böhme, « Phänomenologie oder Ästhétik der Nature ? », in *Zur Phänomenologie der ästhetischen Erfahrung.*, 2004, pp. 17-25

[18] *Logique formelle et logique transcendantale*, Paris, 1984, p. 386 ; aussi, *Hua.*, XVII/457

Quant à l'esthétique du rêve, le titre peut paraître trompeur et non pas explicite en soi. À l'origine, à notre connaissance, nous trouvons une telle expression chez J. Volkelt[19]. Tout au contraire de celui-ci, nous n'envisageons pas d'étudier la question du rêve sous le même aspect, mais de tenter de retracer les éléments phénoménologiques de l'esthétique pour parvenir à la kinesthésie et à la « kinesthésie du rêve ».

Malgré une littérature riche et considérable avant Husserl, ce n'est pas l'objet de cette étude d'apporter une contribution à une recherche détaillée afin de mettre en évidence l'enchaînement et la continuité quant à la *phantasia*. On ne peut que signaler une certaine continuité, comme on peut le constater dans l'étude de J. Frohschammer, qui, à son tour, se réfère à d'autres contributions précédentes. Cette étude montre que la *phantasia* ainsi que le rêve, et tout ce qui lui appartient, attirait l'attention des savants. L'une des caractéristiques de ces études est dans la manière de poser le problème du rêve sur le plan de la maladie, de l'état anormal ou supérieur (génie) et finalement comme une puissance déchaînée et non contrôlable par la raison[20].

Au sujet de la subjectivité transcendantale, Husserl met en œuvre une méthode charnière selon laquelle l'individu est impliqué au rang de la Tradition du monde en tant que phénomène du monde et notamment comme phénomène du Moi. Dans ce contexte, le monde n'est pas simplement un monde visible et éveillé mais un monde normal, vivant et qui n'est pas dans le domaine de l'anomalie. Le sujet, dans la perspective d'une phénoménologie eidétique transcendantale, trouve son état normal et vit selon cette normalité absolue. Tous les types et toutes les modalités qui sortent du sens de la continuité de la tradition du monde restent anormaux et en anomalie.

La logique, qui occupe une place essentielle dans la fondation de la phénoménologie, est paradoxalement parmi les choses qui ne seront pas tenues, en tant que telles, comme fondamentales dans cette étude. En ce qui concerne la présente étude, la logique en tant que discipline de la philosophie se traduit par le jugement.

Cependant, le fondement de la phénoménologie de Husserl s'inscrit et se constitue sur un registre qu'il qualifie en tant que généalogie de la logique. Husserl tente de fonder une phénoménologique logique transcendantale à travers laquelle s'institue le *Logos* pour parvenir à la constitution des trois éléments essentiels dans le processus de la conscience du temps.

En conséquence, l'étude de la *phantasia* par Husserl s'écarte de celle de la logique mais pour se former autrement. Quand on rencontre la question de la *phantasia*, c'est l'esthétique qui est posée comme l'une des problématiques

---

[19] *Die Traum-Phantasie*, Stuttgart, 1875 dans le chapitre 17. « Zur Aesthetik des Traums ».

[20] Le chapitre VIII « Traum und Geistesstörung » de l'ouvrage de Frohschammer est consacré au rêve et au sommeil et au dérangement mental. *Die Phantasie als Grundprincip des Weltprocesses*. – München, 1877, p. 538 *sq*. Parmi les références citées par l'auteur on trouve notamment L. A. Muratori, *Della Forza della fantasia umana*, Venezia, G. Pasquali, 1745 ; Meister, Leonhard, *Über die Einbildungskraft*, Bern, 1778 et J. Gebb E. Maass, *Versuch über die Einbildungskraft*, Bruxelles, 1969. Les ouvrages en question présentent chacun la *Phantasie* dans son rapport avec le rêve.

pertinentes. C'est la raison pour laquelle il faut éviter, comme on peut le constater dans les études secondaires, la confusion qui fait obstacle à l'étude concernant la *phantasia* et la logique[21].

Pour étudier le thème du rêve chez Husserl, il faut parcourir de très nombreux écrits, notamment ses écrits posthumes, en considérant la *phantasia* comme l'une des données fondamentales à ce sujet. Nous trouvons certains écrits fondamentaux dans le volume XXIII de *Husserliana* qui regroupe les textes concernant le sujet de la *phantasia*, de la conscience d'image, etc., de 1904 jusqu'aux années vingt[22]. Ce volume contient un certain nombre de passages dans lesquels Husserl revient à plusieurs reprises sur le rêve[23]. Mais nous trouvons également des éléments fondateurs dans d'autres écrits comme *L'intersubjectivité*, *Psychologie phénoménologique* et *De la synthèse passive,* pour n'en citer que quelques-uns.

Sur le rêve, son interprétation et le fonctionnement onirique du sommeil et du monde « imaginaire », nous disposons d'une littérature riche et abondante. Mais à propos de la *phantasia*, après Husserl et dans le domaine phénoménologique, la littérature est bien moins prolifique[24]. Par ailleurs, il existe des études secondaires et de la littérature phénoménologique après Husserl dont la diversité se manifeste autant dans l'interprétation que dans la représentation disciplinaire. Nous nous sommes permis d'employer différentes références, sans relation *a priori* marquée par telle ou telle préférence théorique. Mais nous avons tenté de nous référer fréquemment à Husserl, même si la compréhension du texte et son interprétation présentent des obstacles[25].

Les difficultés dans la lecture et dans l'étude de Husserl rejoignent le problème des études qui lui sont consacrées, d'abord la confusion, d'une certaine manière, entre la lecture de Husserl et tous les autres aspects phénoménologiques par des savants et ensuite, liée à la langue française, la question de la traduction, qui rend parfois la lecture de Husserl difficile. Le devoir de cette étude n'est pas de résoudre ce problème, ni non plus d'en ajouter, mais de signaler parfois les manques et même les « défaillances » qui existent à l'évidence.

---

[21] Voir Michael Dummett, *Les origines de la philosophie analytique*, Paris, 1991

[22] Voir : Karl Schumann, *Husserl-Chronik*, 1977, p. 78

[23] Il est utile de signaler que *Historische Wörterbuch der Philosophie,* dans la bibliographie concernant le rêve, renvoie le lecteur au volume 23 des œuvres complètes de Husserl. Cependant nous ne trouvons rien concernant le rêve chez Husserl dans le texte même de *Historische Wörterbuch.* Sous le mot *Traum, ibid.,* vol. 10 ; Basel, 1998, 1461-1473.

[24] Voir M. Richir, *Phantasia, imagination, affectivité : phénoménologie et anthropologie phénoménologique* Grenoble, 2004

[25] Nous avons pris connaissance d'une thèse en allemand, voir Shiau, Yuh An, *Wachen und Schlaf in der Phänomenologie Edmund Husserls*, Wuppertal, Univ., Diss., 2004. Un ouvrage en français au sujet de l'éveil met en considération quelques aspects de la question de l'éveil, voir Valérie Kokoszka, *Le devenir commun : corrélation, habitualité et typique chez Husserl*, 2004. Nous avons aussi appris la parution d'un ouvrage en français au sujet du sommeil : J.-L. Nancy, *Tombe de sommeil*, Paris, 2007.

Une étude sur le rêve peut exclure l'étude sur le sommeil ou pas, selon le point de départ ou bien le point de vue. Il existe le sommeil sans rêve et il se peut que le sommeil occupe une place à part du point de vue physiologique[26]. Chez Husserl, nous verrons que la question du sommeil est bien présente et va de pair avec l'engloutissement ou l'immersion comme les deux modalités de la temporalité de la conscience de l'individu. Dans cette étude, nous avons tenté d'aborder la question du rêve, du sommeil et de l'éveil sous les différentes dimensions phénoménologiques en passant par la logique, l'esthétique, la synthèse passive, l'intersubjectivité, la réduction phénoménologique et le jugement.

Dans ce contexte, la question qu'on peut poser est la suivante : comment entreprendre un thème comme le rêve dans le même temps que l'éveil alors que l'étude doit être consacrée au premier ? Tout d'abord, il convient d'insister sur le thème de l'éveil comme l'une des caractéristiques fondamentales de la phénoménologie, à savoir la recherche descriptive du monde conscient sous toutes les modalités d'expérience active ou passive. Dans cette sphère, l'éveil représente l'horizon de toute approche concernant la perception du monde, que ce soit des *data* perceptifs ou intuitifs. Donc, le rêve et le sommeil viennent sous l'égide de l'éveil et en tant que mode de représentation de l'éveil ou de la conscience implicite.

---

[26] Chez Aristote on voit qu'*a priori* le sommeil mène le rêve et ce n'est qu'à la fin de son traité sur les rêves qu'il fait allusion à certaines personnes qui n'ont eu « aucun rêve durant leur vie ». « Des rêves », *op. cit.,* 462 a-b, 3. Quant à Freud, il précise que le « problème du sommeil » est un problème physiologique qu'il ne retient pas dans son interprétation du rêve. *Œuvre complète*, 1899-*1900, L'interprétation du rêve*, Paris, 2003, p. 31

Chapitre I - Fondements noétiques liés au rêve

1. Le rêve comme donation dans la sphère de la conscience

La phénoménologie s'identifie, d'une certaine manière, avec la mise en avant de la notion de la conscience et de la « conscience de ». En fait, la phénoménologie de Husserl se caractérise par son retour au *noème* ou à la fondation de la pensée noétique proprement dite. Comme on le sait, le rapport entre le sujet et l'objet est inversé depuis que la phénoménologie est intervenue pour déterminer la relation transcendantale quant à la théorie de la connaissance, au-delà de l'enseignement de Brentano.

Le problème de la confusion entre le plan logique et le plan esthétique quant à la *phantasia* est courant chez plusieurs auteurs. C'est le cas au sujet de la conscience, dont le *background* se différencie selon le schéma ou la visée ou encore selon la logique ou l'esthétique. Avec Husserl, l'analyse de la *phantasia,* par rapport à la sensation, représente une nouvelle étape dans la tradition philosophique depuis Platon et Aristote, avec cette différence que, chez Husserl, nous sommes dans un champ non seulement ontologique mais phénoménologique des données, qui consiste notamment dans l'apparence de l'objet et la distinction entre l'appréhension perceptuelle et le contenu sensuel. La conscience, dans ce sens, relève du champ noétique-eidétique dont le postulat logique n'est pas visé de prime abord[27]. Toutefois, nous verrons les difficultés d'application permanente de la conscience à la *phantasia.*

La phénoménologie de Husserl a comme caractéristique de creuser le monde et de viser les données du monde de la perception simple jusqu'à l'imagination, la *phantasia*, et cela à travers une lecture logique. Cet aspect de la phénoménologie de Husserl date du début du XXe siècle, aux alentours de la publication de *Recherches logiques*[28].

---

[27] C'est le cas de l'étude de M. Dummet, *op. cit.,* où l'auteur à force de s'intéresser à la logique, et à la lecture de Frege (p. 208), ne laisse aucune place pour la *phantasia* quand il étudie la question de la conscience et de la sensation, *ibid.,* pp. 104-115. Husserl, en parlant de la *phantasia* chez Aristote, estime qu'aujourd'hui « l'usage du mot est loin d'être univoque » et il qualifie la *phantasia* comme la reproduction et la fiction, *Phantasia, conscience d'image, souvenir, op., cit.,* p. 538. Chez Aristote le verbe *phainesthai* a un sens oscillant entre sembler et apparaître. De même, pour Aristote, la question du rêve trouve sa signification à travers la croyance que l'homme endormi ne saurait rien du rêve sauf s'il le perçoit par son sommeil et son corps affecté. Voir P. Pachet, « Le miroir du rêve selon Aristote », in *Histoire et structure.*, Paris 1985, pp. 195-200

[28] *Hua.,* XII, Den Haag, 1970, pp. 430-451. Husserl emploie le mot *Imaginäre* et non pas l'imagination qui s'éloigne encore de l'application de la notion de la *phantasia.* La recherche de Husserl est une réponse à la question du rapport entre les mathématiques et l'imaginaire comme la première forme des mathématiques pures (*ibid.*, p. 432). Ce rapport renvoie, sans que Husserl en parle explicitement, à la symbolisation des nombres depuis l'origine et que le fait essentiel de cette relation reste toujours à considérer. Autre que les écrits posthumes, les essais de la mise en

La part du rêve dans la phénoménologie de Husserl est inexistante dans le sens de la problématique propre à cette nouvelle science. Mais le problème est existant dans la mesure où il fait partie d'une problématique encore plus étendue, à savoir la constitution de l'individu dans la sphère de la nature et dans le monde de la vie. Le rêve, comme d'autres éléments, n'est pas quelque chose à côté du monde et de la réalité effective, et ainsi à l'écart de la perception et de la conscience. L'enjeu de la phénoménologie et du phénomène de la phénoménologie est d'emblée de comprendre l'unité des data dans leur apparence et leurs manifestations dans le sens de la constitution du monde. La problématique de la phénoménologie, entre autres, commence avec ce mélange de la perception des données et la conscience que nous avons d'elles. La perception de chose est différente de la perception même, comme la conscience de chose l'est de la conscience même, aux dires de Husserl[29].

En revanche, il est évident que, selon Husserl, même dans ses écrits tardifs, la conscience reste le repère le plus élémentaire et le plus avancé dans toute démarche analytique. L'idée d'une lecture phénoménologique proprement dite ne laisse pas de place à un « inconscient phénoménologique ». Comme nous le verrons, Husserl s'attache à la conscience dans la perspective de la temporalité et du flux intuitionnel de la transcendantalité. Le contexte de la passivité ne couvre aucunement l'horizon de l'éveil et le processus spatio-temporel de l'individu qui dort reste à l'infini. Le monde du phénomène n'est pas seulement un monde éveillé mais il est un monde dans l'éveil. La transcendantalité du phénomène est dans le contexte de l'attirance permanente des *data* vers l'éveil.

2. La conscience de chose et la conscience de quelque chose

Notre analyse, dans ce chapitre, tendra à souligner la pertinence de la notion de conscience noétique-hylétique et à insister sur son rôle dans la mise en fonction des images du rêve. C'est une phase, une strate d'une lecture phénoménologique des images du rêve, qui peut être capable de décrire le rêve sous l'angle de la temporalité immanente du flux de conscience ou, mieux

œuvre de la phénoménologie comme la science rigoureuse et la définition de cette science nouvelle étaient l'objet des différentes leçons de Husserl en ce début de siècle. Voir *Einführung die Phänomenologie der Erkenntnis, Vorlesung 1909*, Dordrecht, 2005, p. 3, 11 *sq*.

[29] Au sujet du mot *Etwas*, Husserl, quant à lui, précise l'application de ce mot dans ce qui a une teneur pensable (*denkbaren Inhalt*) et dans tout réel effectif (*Wirkliche*) ou tout objet-de-réflexion (*Gedankending*). *Hua.*, XII, *Philosophie der Arithmetik*, 1970, p. 80. On peut dire que c'est dans ce même contexte que Brentano parle du mot *Etwas* en considérant que le quelque chose signifie l'unité de l'être de représenter. « Zur Frage der Existenz der Inhalte und von der *adaequatio rei et intellectus* », de 1914 in *Wahrheit und Evidenz*, Hamburg, 1958, pp. 121-130, ici, p. 122. Il semble que cette analyse renvoie à la différence entre le fait de penser un objet et le connaître dont la différence a été entreprise par Kant, voir *Critique de la raison pure*, Paris, 2004,(B 333), pp. 306-307.

encore, du processus de l'éveil dans la limite entre le sommeil, avec le rêve, et le monde éveillé dans lequel l'individu se réveille.

La nuance qui joue dans la relation entre le rêve et l'éveil est avant tout dans ce « passage » : le procès noétique de la conscience ou bien endormie ou bien en train de se réveiller. Parce que l'individu dormeur ou éveillé est dépourvu de temporalité, sa position (toujours vers un endormissement ou vers un éveil effectif) met en œuvre une temporalité propre qui fait partie de l'acte hylétique où le vécu d'image rejoint d'autres images en train de vivre dans l'horizon de la conscience intentionnelle. Seulement, l'intentionnalité, dans ce processus, ne signifie pas une intentionnalité objective constituante mais une intentionnalité morphique où l'objet reçu dans la conscience demeure comme une donnée imaginaire voire noétique[30].

3. Entre deux états : conscience et inconscient

Le mot de *Bewusstsein* en allemand rend encore plus déterminée et plus radicale la question de la relation entre la science ou la connaissance et l'être. Dans la conscience, nous sommes censés avoir et établir un rapport parallèle avec la connaissance. Le mot de *Bewusstsein* implique que nous sommes destinés à être dans la connaissance, dont le sujet se fonde ontologiquement. Ce qui, phénoménologiquement, signifie que nous sommes et nous nous trouvons à travers l'objet que nous voulons connaître. En conséquence, l'individu se rend et se donne dans l'écoulement de la connaissance des phénomènes[31].

La conscience ou l'inconscient ne sont pas des objets ou des choses mais ce sont des états ou encore des positions sous la modalité des liens aboutissant dans le monde et se donnant aux objets ou encore se donnant dans le vide. On parvient toujours de l'un à l'autre ou bien on est, selon le point de départ phénoménologique ou psychanalytique, dans l'un comme on peut l'être dans l'autre. Chez Husserl, au sujet de la *phantasia*, du souvenir, etc., nous trouvons l'étude phénoménologique des phénomènes intuitifs qui, selon la fonctionnalité de la conscience, sont en train de se positionner. C'est-à-dire que la quête concernant la conscience est dans l'écoulement même du temps[32].

---

[30] Husserl en parlant de l'intentionnalité objective précise le caractère actuel de l'intention. *Hua.*, XX/2, *Logische Untersuchungen, Ergänzungsband, Zweiter Teil.*, 2005, pp. 199-200, ici, p. 200.

[31] Dès les conférences de Fribourg (de 1907), Husserl souligne ce rapport. *L'idée de la phénoménologie*, Paris, 1970, p. 77. Les notions de personne ou d'individu sont des variantes du Moi, dans des attitudes différentes, sur lesquelles nous reviendrons. Selon Husserl, le Moi (Je) dans le sens naturel est la personne (*Ich im natürlichen Sinn ist Person*), *Hua.*, VIII/496. Aussi, *Ich* comme personne, *Hua.*, XV, Zur *Phänomenologie der Intersubjektivität*, Den Haag, 1973, *Beilage* X, p. 174 sq., Le Moi univers de subjectivité (*universum der Subjektivität*), p. 176 ; le Moi de l'homme est un Moi Personal, (*Personales Ich*), p. 177. A ce sujet, voir Th. Fuchs, *Leib, Raum, Person*, 2000, p. 45

[32] La vie de conscience est l'unité synthétique dans le temps, voir A. Ferrarin, « Husserl on the Ego and its Eidos, (Cartesian Meditation, IV) », in *Journal of the History of Philosophy*, pp. 645-659, ici, p. 652

L'enseignement de Husserl met en parallèle les deux aspects fondamentaux de la perception et de l'intuition. À travers cette dernière, Husserl est confronté à une complication particulière, c'est-à-dire le caractère confus des data intuitifs où la conscience intentionnelle est limitée par la manifestation latente, pour ainsi dire, de l'objet donné de façon noématique. L'attachement de Husserl envers le monde conscient et la perception du monde dans sa clarté visée (*Meinung*) repose sur une constitution de l'unité même de la conscience. Selon Husserl, dès les années 1904-1905, même la conscience obscure est une conscience[33]. C'est à cette époque que remonte l'intérêt que porte Husserl au domaine de l'intuition et au sujet non clair, ou obscur (*Unklare*). Alors que Husserl tente de cerner le rapport entre la perception, l'appréhension (*auffassung*) et la visée, il en arrive à parler au sujet de l'opposition entre ce qui est clair et relève de la clarté (*Deutilichkeit*) et ce qui est confus ou embrouillé (*Verworrenheit*).

Husserl définit ces deux caractères des données en distinguant ce qui est pour soi et ce qui ne l'est pas. Il est à rappeler que l'emploi de *Nicht* chez Husserl est important dans la mesure où ce mot doit désigner le rapport obscur d'une donnée dans la perception ou dans la visée. C'est dans la troisième opposition que Husserl parle du sommeil sans rêve et de l'inconscient [34].

En conséquence, quand Husserl parle de *Bewusstsein*, nous sommes en face de l'exposition de l'idée de l'écoulement temporel comme la mise en relief de l'Être, c'est la raison pour laquelle être conscient ou avoir conscience peut signifier devenir conscient, *Bewusstwerden*. Cette expression devient récurrente dans les écrits tardifs de Husserl et elle représente de manière catégorique l'idée du mouvement à la fois temporel et kinesthésique. Cependant, la mise en œuvre du devenir-conscience comme l'autre face de la conscience peut nous poser un problème qui mérite d'être souligné.

En considérant la notion de *Bewusstwerden* dans la réalisation du procès temporel intentionnel et la fonction noématique chez l'individu, nous abordons, dans le même temps, l'idée des étapes d'« inconscient », d'« oubli » ou d'« endormissement ». Autrement dit, dans le devenir, nous laissons une partie permanente de « manque » de la conscience dans le processus du temps. Une étape peut être inconsciente mais pourrait parvenir à la conscience et *vice versa*. Le problème peut être transformé en une aporie si on se rappelle que l'inconscient se situe plutôt au niveau de la synthèse passive, de l'analyse de l'association et de l'affectivité[35].

Dans l'état de veille, le rêve est considéré dans un suspens et un état de réduction et non pas complètement perdu dans le néant des images fictives. Le monde réfléchi et en suspens est un monde originairement donné conscient

[33] *Wahrnehmung und Aufmerksamkeit, Texte aus dem Nachlass (1893-1912)*, Dordrecht, 2004 (Husserliana ; 38), p. 122

[34] *Ibid.*, p. 121.

[35] C'est-à-dire la prescription de l'inconscient dans le champ de l'analyse intentionnelle, voir *Hua.*, VI, Krisis., Beilage XXI, pp. 473-475.

dont l'inconscient n'est qu'un état dépendant, accessoire et en devenir. L'expérience du monde et dans le monde permet de faire l'expérience de la vivacité du monde et de l'individu dans la fondation permanente de la conscience. C'est cette continuité de la conscience, et la continuité consciente même qui est en devenir et dont le devenir même est originairement conscient[36].

L'acte de conscience ne doit pas se détacher de l'objet visé, ce qui veut dire que tout le procès de l'intention ou les représentations ou l'apparition se situent par rapport à la conscience. Pour justifier l'idée que par *Bewusstsein* on peut plutôt entendre *Bewusstwerden* ou le devenir-conscient, on doit se référer toujours à cet écoulement du temps et au processus selon lequel la raison parvient à viser l'objet en le déterminant dans son statut d'origine[37].

Parallèlement à la notion de devenir-conscience, nous trouvons fréquemment une autre notion, notamment dans des écrits concernant le sommeil, la naissance et la mort. Il s'agit du mot *Bewusst-Haben* qui met en valeur la conscience dans son entité individuelle, sa subjectivité transcendantale et apodictique, et qui met à l'écart toute possibilité d'une conscience dépourvue de son propre acte noétique. Cette notion, qui représente un jeu terminologique chez Husserl, est aussi marquée par le flux de conscience et le processus temporel car elle montre l'accomplissement de la conscience dans son statut final où l'état ressenti par une association ou un souvenir ne laissera pas l'individu et le sujet dans une position « inconsciente » continuelle[38].

4. Le rapport entre l'être et la conscience

Le texte n° 11 (1909-1910) commence par qualifier la perception comme conscience d'être (*Seinsbewusstsein*)[39]. L'intérêt de la question de la perception par

[36] Dans ces écrits Husserl parle explicitement de la conscience et du temps et du fait que « toute conscience non originaire au dernier sens comme phase du procès originaire, est elle-même originairement consciente «. *Hua., XXXIII, Bernauer Manuskripte.*, Dordrecht, 2001, p. 223. Quant au concept du procès (*Prozess*), Husserl souligne que, par procès notamment, on entend la « conscience du procès », *ibid.*, Beilage XVII, p. 368 (*Der Prozess ist nicht nur Prozess, sondern Bewusstsein vom Prozess*)

[37] Husserl emploie le mot *Bewusst-werden* dans le sens de la temporalisation et du processus (*De la synthèse passive.* p. 241 (*Hua.,* XI/177)). Aussi, « tout vécu est en lui-même un flux de devenir ». *Idées directrice pour une phénoménologie,* trad. P. Ricœur. Paris1991 p. 254

[38] Dans le contexte de l'analyse de l'inconscient, Husserl emploie même le mot *Unbewusstwerden.* Manuscrit, D 14, p. 7=5a. ; p. 76=44. Il convient de souligner que Husserl s'interroge sur le problème de la temporalité de la conscience en posant la question de savoir si nous sommes conscients de la conscience de quelque chose et si cette conscience en fait partie, étant un morceau, de la conscience ou s'il s'agit d'un moment. *Hua*, XXVI, *Vorlessungen über Bedeutungslehre.*, Dordrecht, 1987, p. 194 *sq.*

[39] *Phantasia, conscience d'image, souvenir, op. cit.,* p. 293 pose la question de la perception autrement comme « conscience originale » dans le sens de co-conscience (*Mitbewussthaben*) car l'objet perçu a toujours un côté invisible mais visé par la conscience. *De la synthèse passive., op. cit.,* p. 96 *sq.*

rapport au souvenir se pose ici dans l'être, avant d'être posé ou proposé dans le temps. Plus loin, Husserl, en parlant de la *phantasia* pure et de sa ressemblance avec le souvenir, souligne ce fait en disant que « l'apparition » peut en être l'essence même pour la perception et le souvenir, mais dans un cas [elle est] impressionnelle, dans l'autre modifiée. Et toutes deux dans un caractère de conscience différent. Tout d'abord la modification temporelle. »[40]

La priorité accordée à la conscience dans le fonctionnement de la *phantasia* pure et du souvenir se traduit naturellement par la prise temporelle de chacun de ces deux phénomènes comme actuels et non actuels. La temporalisation est attribuée selon la conscience, c'est-à-dire que « les deux sont consciences d'actualité. »[41]

Avec la définition de Husserl, à savoir que « la perception est conscience d'être », nous trouvons une détermination caractéristique de la conscience et de la perception sous l'angle du temps puisqu'il s'agit bel et bien d'une détermination selon la temporalité propre à la perception qui demeure dans un temps actuel et présent. Aussi, comme le souligne plus loin Husserl, le souvenir est conscience déterminée[42].

Il convient de souligner quelques éléments à ce sujet. Husserl, ici, emploie l'expression de *Seinsbewusstsein* et non pas de *Dasein* comme c'est le cas dans de nombreux passages. Cela signifie d'une part le côté réel et présent de la perception, qui se traduit par la conscience de souvenir, et d'autre part l'être comme le fondement et la couche fondatrice de l'objet visé. L'être-perçu, en l'occurrence ici le souvenir, est la perception du Moi vivant et en activité. La perception de l'objet étant visé par la conscience nous mène à communiquer non seulement notre passé et le temps écoulé, mais aussi à nous faire communiquer le présent actuel de façon charnelle[43].

Le souvenir apparaît souvent en relation avec la perception et le texte n° 11 de *Phantasia, conscience d'image, souvenir* de 1909-1910 définit notamment le *Erinnerung* comme la modification spécifique (*eigentümliche Modifikation*) de la

---

[40] *Phantasia, conscience d'image, souvenir : de la phénoménologie des présentifications intuitives* : textes posthumes (1898-1925), Grenoble, 2002, p. 293

[41] *Ibid.,* p. 294. On peut dire que le « processus de *phansie* est l'archétype de toute conscience », voir D.B. Kuspit, « Fiction and phenomenology « in *Philosophy and phenomenologica research*, vol. XXIX, 1968-1969, p. 23.

[42] *Ibid.,* p., 300. On peut comparer avec l'ouvrage de K. Gloy, *Bewußtseinstheorien : zur Problematik und Problemgeschichte des Bewußtseins und Selbstbewußtseins.* – Freiburg, 1998. Le problème de la différence entre certaines notions comme la perception (*Wahrnehmung*) et la représentation (*Vorstellung*) fut aussi l'objet de l'attention de Dilthey chez qui la conscience joue un rôle décisif. W. Dilthey *Gesammelte Schrifte,* Band 21 : *Psychologie als Erfahrungswissenschaft*, Göttingen 1997, p. 209.

[43] Certains estiment que Husserl s'attache à une tradition cartésienne et c'est à l'intérieur de cette tradition qu'on croise la conscience comme l'indissociable de *Ich*. Le *Ich* doit penser, réfléchir et il doit toujours être intentionné. H. Schmitz dans *System der philosophie*, erster Band, die Gegenwart, Bonn, 1964, p. 121

perception (*Wahrnehmung*)[44]. Or celle-ci est l'apparition perceptive (*Wahrnehmungerscheinung*) dans le mode de la croyance[45].

Ainsi, en me souvenant de mon enfance et en entendant le sifflement d'une locomotive, je les vivrai « de nouveau », ce qui est différent de la *phantasia*[46]. Dans ce que je vis comme souvenir, l'apparition n'est pas maintenant (*Jetzt*) mais elle est perçue comme ayant-été (*gewesen*). De plus, la croyance n'a pas une apparition imaginative mais elle représente une croyance passée, autrement dit le retour de sa présentification. La distinction que fait Husserl entre l'apparition dans les deux cas de la perception et du souvenir relève d'une mise en parallèle entre le cas de l'impression et celui qui est modifié mais qui est plutôt dans le sens de la relation noétique et de la passivité, dont la sensation. Husserl en précisant cette analyse, en disant que cela ressemble à la simple *Phantasie*, ne s'avance pas davantage que de dire que le souvenir et la simple *Phantasie* sont la même chose et que la différence ne s'exerce que dans l'actualité de l'un et la non-actualité de l'autre[47].

En fait, Husserl, en posant la question du temps comme l'élément essentiel qui fait la différence entre la *phantasia* et la perception, nous montre cette impossibilité de décrire une origine de la *phantasia* alors que nous sommes menés toujours dans le champ intuitif de l'intentionnalité, à savoir la temporalité. La raison est naturellement dans le fait que Husserl revient toujours à la conscience et à l'idée de la perception prise en un actuel présent ontologique qui ne peut être analysé que dans la sphère de la conscience.

5. L'intuition et la *phantasia*

Le champ noématique et l'application de la conscience intentionnelle est en relation avec l'intuition comme le soubassement analytique et phénoménologique de la *phantasia*. Ce que montre la démarche de Husserl, c'est le processus des données intuitives et le rapport entre la *phantasia* et la perception qui doit, finalement, tendre vers le champ noétique et la conscience réveillée et transcendantale. C'est dans ce sens qu'on peut comprendre la conscience d'image et la conscience esthétique comme les données véritables.

L'attachement de Husserl envers la question de l'intuition et la théorie de la connaissance rappelle l'idée que Bolzano exprimait à son époque, à savoir que, dans la philosophie de Kant, l'intuition a des éléments logiques. La question de l'esthétique chez Husserl est liée notamment à la nouvelle signification de l'expérience[48].

---

[44] *Phantasia, conscience d'image, souvenir, ibid.*, p. 293

[45] *Ibid.*

[46] *Ibid.*

[47] *Ibid.*

[48] Brentano, à son tour, donne une importance considérable à la mathématique aux données *a priori* (espace, temps) dans le contexte de l'esthétique transcendantale dans son analyse de la

Autrement dit, si, chez Kant, l'intuition doit être abordée dans le contexte de l'esthétique transcendantale, chez Husserl, elle ne se trouve pas simplement dans la sphère de l'esthétique mais aussi dans celle de la kinesthésie et de la synthèse passive[49]. L'intuition (*Anschauung*) pour Husserl s'étend dans le processus de la temporalisation ce qui veut dire que la connaissance est plus saisissable selon l'aspect de la synthèse passive, et donc une connaissance constituée originairement dans le *Stiftung* (constitution, fondation) de la kinesthésie.

Dès le début, Husserl s'est intéressé à la question de l'intuition en tant que le fondement de la connaissance et terrain des concepts. C'est encore dans cette démarche que la *phantasia* est analysée chez Husserl. Il revient longuement sur l'analyse de l'état de question et la relation entre l'intuition et la représentation dans son article « Études psychologiques pour la logique élémentaire »[50].

Tout d'abord, il s'agit d'une étude psychologique par le jeune Husserl, mais elle est dans le sens d'une étude logique ayant pour but de montrer certaines imperfections ou inexactitudes répandues dans le milieu savant. L'une des questions les plus importantes est celle de la différence entre l'intuition et la représentation, ou mieux encore le problème de l'analyse de l'intuition comme ce qui « présente devant nous effectivement son objet »[51] et qui n'est pas simplement une représentation dans le sens général qu'on a l'habitude d'entendre. L'intuition n'est pas simplement une représentation perceptive mais aussi une représentation imaginaire. Le problème de *phantasia* se pose dans ce deuxième cas[52].

On peut aussi se demander si Husserl tente de mettre en relief l'idée d'une intuition plus proche de l'esthétique phénoménologique que de celle de la psychologie. Sous cet aspect, nous trouvons aussi une prise de distance conflictuelle avec l'*a priori* de Kant, notamment quand il s'agit de lier l'intuition à l'esthétique transcendantale[53].

---

philosophie de Kant, voir *Geschichte der Philosophie der Neuzeit*, Hamburg, 1987, p. 49. La tentative permanente de Kant pour donner une réponse à la question de la connaissance synthétique *a priori* est très nuancée. Kant est guidé jusqu'à l'analyse du rapport de chose en soi par le biais des noumènes, voir I. Kant, *Opus postumum*, Paris, 1986, p. 147 *sq.*

49 Voir M. Joseph Zang, *Ueber das Verhältnis der Anschauung zum Verstand in Kants Kritik der reinen Vernunft.* 1892, p. 9.

50 Voir *Articles sur la logique*, Paris, 1975, pp. 123-163.

51 *Ibid.,* p. 138, texte allemand, *Hua.*, XXII, the Haag, 1979, p. 170, [p. 103], la pagination entre les crochets correspond à l'édition de *Husserliana* : « l'intuition n'est pas une « représentation » au sens impropre d'un simple remplacement par des moreceaux, des images, des signes [...] mais est une représentation dans un sens plus propre, qui présente devant nous effectivement son objet, de telle façon qu'il est lui-même le substrat de l'activité psychique [...]. »

52 *Ibid.,* p. 139, p. 171 [p. 104] : « notre représentation a donc encore une fois une intention qui renvoie au-delà du contenu immanent de l'acte ; et c'est seulement si elle passe à l'état de remplissement partiel, seulement si le contenu intentionné passe à l'état de contenu immanent, que nous avons le droit de parler d'intuition. »

53 Au sujet de la différence entre l'intuition et l'expérience comme une garantie contre le mélange entre la psychologie et la logique voir Fellmann, Ferdinand, *Phänomenologie als ästhetische Theorie*, Freiburg, München, 1989, p. 96 ; en ce qui concerne Kant voir Dominiuque Pradelle, *l'archéologie*

Plus tard, Husserl revient sur son analyse et il corrige son point du vue en admettant une part non-intuitive quant à la question de l'intuition et de la *phantasia*[54]. Ce qui semble d'une importance capitale dans ce passage où Husserl explique la figuration esthétique, c'est la citation d'une apparence « esthétique » et l'emplacement sur le sol de l'illusion ou le sol de l'intuition-de *phantasia*[55].

Toujours dans un contexte de représentation imaginaire, l'intuition se situe originairement dans le processus temporel du champ et de l'activité noétique et noématique. Autrement dit, l'intuition détermine l'état temporalisant de la subjectivité comme *phantasia* tout autant que le processus synthétique des sensations et de l'affectivité dans le contexte de la synthèse passive.

L'analyse de Husserl nous conduit à un avènement majeur par rapport à la *phantasia*, à savoir le fait de rendre-intuitif l'objet-image, ce qui signifie que la *phantasia* s'instaure dans un temps et un espace intuitifs donc *a priori* « après coup ». Mais cet *a priori* ne peut être qu'une possibilité où seulement la *phantasia* se donne à l'objet-image intuitivement et non pas au sujet-image car le caractère de celui-ci est dans le temps et l'espace postérieur[56]. Le rendre-intuitif dans l'image, que la conscience de sujet-image a dans l'apparaître d'image, n'est pas un caractère quelconque qui adhère à l'image ; mais l'intuition de l'objet-image réveille justement une conscience nouvelle.[57]

C'est plus tard que Husserl revient sur la question de l'intuition, dans le texte n° 18 de *Phantasia, conscience d'image, souvenir*. Husserl parle explicitement dans ce texte de la relation entre l'individu et la conscience dans le contexte de l'intuition. Après avoir précisé que la singularité de tout individu demeure dans

---

du monde, 2000, l'auteur dans le chapitre III « Autonomie de l'esthétique et idéalisation » examine les trois points de vue philosophiques (Cohen, Husserl, Heidegger) qui ont pour trait commun le refus de l'indépendance de l'esthétique transcendantale par rapport à l'analytique et d'établir le primat de la temporalité synthétique sur l'espace. p. 64 *sq*.

[54] *Phantasia.*, *ibid.*, p. 486 « l'art est le domaine de la *phantasia* mise en forme, perceptive (*perzeptiver*) ou reproductive, intuitive mais en partie (*zum Teil*) aussi non intuitive (*unanschaulicher*). On ne peut pas dire que l'art doive nécessairement se mouvoir dans la sphère de l'intuitivité. J'ai pensé par le passé qu'il appartiendrait à l'essence (*Wesen*) des arts plastiques de figurer en image, et j'ai conçu ce figurer comme figurer par image-copie. Mais tout bien réfléchi, ce n'est pas correct. »

[55] *Ibid.*, p. 488. Au sujet de l'esthétique on trouve la notion de l'idéal et l'idéalité avec, peut-être, une nuance platonicienne. *Ibid.*, appendices LIX, p. 509 *sq*. Selon Husserl même si tout art est esthétique pourtant il ne vise pas le beau de même que « tout art visant au beau n'est pas non plus idéaliste ». *Ibid.*, p. 511. Le dernier paragraphe de cet appendice montre que Husserl pense comme Platon à une divinité sublime vers laquelle tend la réalité effective. C'est la raison pour laquelle on peut considérer une kinesthésie transcendantale à partir de laquelle l'individu rêveur se fait son expérience d'altérité entre le monde réellement effectif et le monde fictif mais un monde idéal qui devait se fonder pour transcender le monde réel. *Ibid.*

[56] *Ibid.*, p. 72

[57] *Ibid.*, p. 73. Dans *Expérience et jugement*, Husserl insiste sur le fait que : « [...] ce n'est pas une représentation fictive imaginaire des formes spatiales intuitives qui mène aux formes exactes de la géométrie, mais seulement une méthode d'idéalisation du donné intuitif [...] », pp. 51-52. On peut penser que Husserl à travers la méthode d'idéalisation entend, en fait, une réduction phénoménologique ; est-ce que le rêve peut être une donnée intuitive ? Du moins dans son attitude éveillée peut-il donner à penser que l'idéalisation peut mener à la géométrie spatiale ? p. 51.

son « essence concrète », Husserl parle de la conscience qui peut « au regard d'un individu, être *une conscience qui donne* »[58].

La conséquence de la conscience donnant à l'individu originairement est une donation qui originellement s'accomplit dans la perception[59]. La description de Husserl quant à la relation entre la réalité présentifiée, qui est intuitive, et la réalité effective elle-même, qui ne l'est pas, parle d'un moment non intuitif du temps qui s'oppose à la conception de Kant[60]. La recherche de Husserl est ici notamment liée au contexte d'analyse de la conscience intuitive Nous pensons que cette description signifie une modalité de l'expérience de l'individu et un lien entre l'être et la science ou la connaissance, c'est-à-dire l'acquisition et l'atteinte à la connaissance de l'être dans (ou à) l'être.

L'examen de la perception va rejoindre le concept de l'expérience perceptive (*perzeptive*) ou reproductive ce qui mène Husserl à parler au sujet des actes qui intuitionnent (le prosouvenir, le ressouvenir) du fait que « l'intuitionner appartient au donner en notre sens déterminé, l'individuel non seulement est absolument conscient, mais il se tient pour ainsi dire devant les « yeux », il s'offre avec une plénitude intuitive. »[61]

La différence entre la réalité effective comme corrélat de la perception et le contenu d'objet conscient par l'individu pose le problème de savoir que le ressouvenu a une relation intentionnelle au présent actuel alors que ce présent même n'est pas présentifié effectivement. D'où la situation, dans un sens, de l'intuition, c'est-à-dire que dans le premier cas, la réalité effective présentifiée est intuitive selon son contenu mais réalité effective elle-même non intuitive[62].

Deux états ou deux cas sont à distinguer : d'abord l'intuition comme acte de présentification, *a priori*, rempli. Mais il y a aussi le fait d'intuitionner qui est l'acte de donner intuitivement à la conscience. Une courte note d'abord explique le caractère de l'intuitionner qui selon Husserl « est un titre général

---

[58] *Phantasia.*, *ibid.*, p. 474, selon note 911 : « qui donne « changé ultérieurement » en « qui donne le soi », ce qui, à notre sens, représente le fait de la donation bilatérale de la conscience c'est-à-dire de donner dans le sens actif et de se donner dans le sens passif. - aussi : « nous intuitionnons le sujet dans l'image elle-même, nous l'intuitionnons au dedans de celle-ci [...] », *ibid.*, p. 88 *sq.*

[59] En considérant que le premier mot (*originär*) montre une donation de valeur peut-être dans le sens ontologique alors que le deuxième mot (*Ursprünglichkeit*) distingue l'origine esthétique de la relation entre l'individu et le monde du fait qu'il perçoit le monde dans le sens de *Leiblichkeit*. *De la synthèse passive.*, est le contexte dans lequel Husserl parle du fait que la perception est conscience originale « dans chaque maintenant de la perception externe nous avons certes une conscience originale, mais ce qui est proprement le percevoir dans ce sentiment, donc ce qui est impression originaire (*Urimpresion*) (et non simplement conscience rétentionnelle des phases passées de la perception d'objet) est la conscience (*Bewussthaben*) d'un quelque chose s'esquissant *originaliter*. », p. 107

[60] *Phantasia.*, *ibid.*, p. 476 « Tout ressouvenu a une relation intentionnelle au présent actuel : mais en général non remplie et, ce qui revient au même, non « intuitive », non donnée réalisée, et ainsi la réalité effective présentifiée est bien intuitive selon son contenu mais réalité effective elle-même non intuitive, c'est-à-dire que la réalité effective pure et simple, ou le présent n'est pas présentifiée effectivement [...] ».

[61] *Ibid.*, p. 475

[62] *Ibid.*, p. 476

pour des actes positionnels et neutres qui rendent conscient un individuel d'une manière remplie »[63].

Dans l'appendice LVI, parlant de l'expérience par un objet individuel dans une attitude de phantasme, et de la quasi-expérience par laquelle nous accomplissons des actes qui visent toujours « le même », Husserl continue en disant que « l'individu est [...] le corrélat constitutif de ces actes ». Il précise également la question de l'expérience par l'individu : « un individu purement et simplement au sens « effectivement réel », de l'autre un individu dans la fiction, au sens de la fiction ». Aussitôt, Husserl détermine cette situation en disant que « à chacun correspond, quant à l'acte donateur, une attitude différente. »[64]

En ce qui concerne la différence entre intuitionner et phantasmer, Husserl insiste sur une donnée majeure, la valeur égale, c'est-à-dire que l'individu phantasmé peut n'avoir le même contenu conscient et intuitif « qu'en *phantasia* »[65]. Autrement dit, l'individu dans son expérience des contenus peut se positionner sur le même plan dans l'intuitionner que dans la *Phantasie* mais aussi dans une quasi-expérience.

Dans le passage qui suit, Husserl cite le cas de deux *phantasiai*, l'une reproductive et l'autre perceptive, dans le cadre des actes qui représentent simplement, ce qui signifie qu'il s'agit d'une quasi-expérience. Dans ce cas selon Husserl, les deux *phantasiai* reproductive et perceptive sont scindées quand il s'agit des actes qui phantasment. Nous trouvons dans ce passage les quelques données qui fondent en quelque sorte une lecture fondatrice de la *phantasia* et en l'occurrence du rêve.

Tout d'abord c'est de l'acte qu'il faut se rendre compte. En fait, dans le fonctionnement d'un phénomène, la qualification d'acte est significative car par celui-ci nous sommes menés à l'intérieur de l'expérience. Mais dès que l'on parle de l'expérience quant à la *phantasia*, nous sommes en face de la problématique du monde fictif, à savoir la *phantasia*, qui est, pour Husserl, indubitablement une quasi-expérience. Dépourvue de la temporalité effective, l'intuition est donnée en tant qu'intuitionné « dans » l'image comme la conscience de figuration.

Dans le premier exemple cité par Husserl, nous trouvons la conscience d'objet-image qui est un exemple de *phantasia* perceptive « laquelle est soubassement de tout intuitionner médiat du genre [de celui] que nous appelons conscience de figuration »[66]. Le croisement de la conscience et de l'intuitionner qui fonctionne en se tenant par rapport à l'objet d'image est un acte qui réalise le champ effectif de la conscience selon que celle-ci suit l'acte d'intuitionner dans l'image. Par exemple, en regardant un tableau, la conscience est donnée à l'objet-image qui est face à lui et elle la perçoit. Mais dans le deuxième temps, la perception absente, c'est la *phantasia* perceptive qui se met en fonction sous le

---

[63] *Ibid.,* p. 477.
[64] *Ibid.,* pp. 497-498
[65] *Ibid.,* 477
[66] *Ibid.,* 478

même angle pour intuitionner l'objet-image. Mais l'acte ne sera pas accompli tant que la *phantasia* perceptive ne se fonde pas sur la conscience qui doit phantasmer l'image même.

L'intuition dans la *Phantasie* perceptive n'est pas absente, mais elle a un caractère différent, un mode autre que celui d'intuitionner à partir de la conscience. Le deuxième exemple concernant la *phantasia* reproductive est employé dans le sens ordinaire, excluant le souvenir, qui traduit le même effet de la conscience, mais de façon temporelle, c'est-à-dire selon un processus dans le temps et la donnée appréhendée devient consciente à mesure que la reproduction avance dans l'enchaînement de la conscience.

Selon Husserl, la perception et la *phantasia* ne font pas un et ils ne sont pas la même chose. La projection de l'image de perception sur une image phantasmée ne peut pas donner une unicité d'image et par la suite une unicité de deux états. C'est ce qu'explique Husserl dans le texte n° 1 de *phantasia* et qui a été repris dans l'appendice XLIV du texte n° 15, ce qui montre que Husserl tente toujours de séparer ces deux notions.

Le processus est la conséquence de l'altération entre la *phantasia* et la perception si on considère la différence projetée d'une donnée à l'autre. Plus précisément, la valeur donnée ici correspond au « déplacement » ou au fait que l'image « saute » de la perception à la *phantasia*. En fait, le processus (*Vorgang*) change quand la perception est engloutie sous le coup de l'apparition de la *phantasia* et il en va de même quand de la *phantasia* on revient vers la perception réelle et effective, dont le processus temporel est différent. Ainsi, le processus et la temporalité se mettent en œuvre selon le positionnement de l'individu par rapport à l'apparition vide[67].

Voici le passage qui aborde cette question :

> Je peux aussi me dépeindre cela dans la *phantasia*, et je le fais effectivement maintenant [...]. Je dois quelque peu détourner les yeux : bien entendu, pendant que je perçois, je peux rêver, rêver les yeux ouverts. Les images-de-*phantasia* appartiennent à un autre monde, et ce monde de perception d'une certaine façon s'engloutit. Or il ne disparaît pas vraiment, mais je ne « vis » pas dans celui-ci mais dans le monde-de-*phantasia* : je peux aussi comparer, bien que je ne puisse pas avoir en même temps en pleine clarté une image perceptive et une image-de-*phantasia*. L'une pour ainsi dire avale l'autre[68].

L'état de vision ou l'état de se situer dans l'apparition vide est un cas qui montre l'échange entre deux registres de la perception et de la *phantasia*. Il se peut qu'on puisse faire une distinction entre deux états, deux mondes, dans cette situation. Dans le premier, il s'agit de considérer la *phantasia* en tant que telle et dans ce cas l'introduction de la *phantasia* et le commencement des apparitions des images au moment de la perception ressemble plutôt à la vision.

---

[67] Husserl emploie l'expression de passage-de-phantasie (*phantasivorgang*) en parlant de l'acte de sentiment (*Gemütsakte*), *Hua.*, XXVIII/252

[68] *Phantasia.*, *ibid.*, pp. 432-433

La *phantasia* domine la perception, et une fois la perception engloutie, l'apparition des images n'a plus le même caractère.

Un deuxième état envisageable, c'est que la *phantasia* dans le sens de l'imagination reproductive se met en marche au moment de la perception et se lance dans une imagination ressemblante, vu l'objet commun de la perception et de l'imagination. Dans ce cas de figure, le rêve avec les yeux ouverts ne signifie pas forcément la vision mais une perdition momentanée du moi, un sommeil sans coucher, pour avoir une image imagée dont l'objet est déjà présent. Ce deuxième cas n'est pas mentionné ici mais on sait que Husserl y pense, si l'on considère d'autres écrits qui supposent cette distinction[69].

L'image reçue d'une chose *(Ding)*, vécue dans le temps et dans la temporalité, n'est pas la même selon qu'on soit dans l'attitude de la *phantasia* ou celle de la perception[70]. La table que je vois dans le maintenant actuel occupe une position actuelle et réelle en tant qu'objet perçu par la conscience qui vise *(Meinung)*. La même table perçue dans la *phantasia*, et en l'occurrence dans le rêve, n'est pas la même et elle n'a pas la même qualité existentielle et phénoménologique[71]. En conséquence, l'appréhension de l'image par la conscience sera différente et dans le cas de la *phantasia* nous appréhendons « certaine complexion de contenus sensible »[72]. La réalité effective devient comme si, ce qui veut dire que le jeu de l'entremêlement entre la perception et la *phantasia* nous fait entrer dans une sensation particulière de l'expérience de la *phantasia* perceptive.

Husserl approfondit l'analyse de l'appréhension car c'est la mise en œuvre de la différence entre la *phantasia* et la perception qui est en question. Dans ce sens, on peut dire que le contenu appréhendé dans la perception est présent tandis que dans la *phantasia* il est fugace[73]. Car l'image enregistrée dans la *phantasia* est dans l'écoulement du temps passé (ou peut-être aussi en train de passer et pourtant ce cas de figure est différent avec le temps passé dans le souvenir ou le passé lointain). On peut exprimer aussi que l'image dans le temps antérieur et dans le contexte de la *phantasia* est une image glissante étant donné le caractère de la temporalité qui se fait dans le temps de la *phantasia.*

Il convient de parler du fait qu'il y a, selon Husserl, une supériorité de la *phantasia* ou de l'imagination libre par rapport à la perception[74]. Nous pouvons constater que les notions employées par Husserl établissent une différence dans

---

69 Dans un passage du texte n° 18 de *Phantasia.*, Husserl après avoir mentionné l'esthétique continue à parler des « *phantasiai* passives, non accomplies », *ibid.,* p. 485.

70 La qualification différente de l'objet est à considérer par rapport à l'espace dans le rêve ou l'espace du rêve.

71 Appendice 12 du texte n° 1 dans lequel Husserl dit que « la simple conscience d'un contenu ne serait pas un appréhender qui vise ». *Ibid.,* p. 187. Voir Izchak Miller : *Husserl, perception., op. cit.,* p. 13. Quant à Brentano, il est à signaler que phantasie-présentation devient pour lui un nom d'actes et non pas le nom des objets d'actes. *Ibid.,* p. 105

72 *Phantasia.*, *ibid.,* p. 66, 84. Il est à signaler que c'est la première mention de la conscience d'image par Husserl dans cet ouvrage.

73 *Phantasia.*, *ibid.,* p. 58

74 *Idées directrices pour une phénoménologie*, [Paris], 1991, p. 225

l'approche phénoménologique. D'abord la *phantasia* libre (*freie Phantasien*), qui montre que Husserl avait en tête une large acception de la notion, ensuite le *Wahrnehmung*, qui signifie l'*aisthesis* des Grecs. Finalement, les données de sensation (*Empfindungsdaten*) mettent en avant la temporalité comme l'élément immanent du processus du rapport entre la *phantasia* et la perception.

En ce qui concerne le rêve, nous approchons de la perception intérieure (*inner Wahrnehmung*) comme la donnée proche de la question car il ne s'agit pas de la perception en général, mais d'un acte proprement interne situé par le soi dans le processus temporel de la perception des images. Dans ce sens l'enseignement de Brentano a marqué les écrits de Husserl chez qui quelques analyses peuvent être comparées avec celles de Brentano[75].

6. La représentation et la perception

Si la représentation est une perception, il est naturel de considérer que c'est à travers la perception que nous parvenons à la représentation, comme on peut le constater dans ces écrits de Husserl. Ainsi, pour reprendre la question, on peut dire que la perception de la table dans la perception effective et actuelle est une représentation effective de la représentation dans la *phantasia* et dans la *phantasia* perceptive. L'appréhension d'une donnée quelconque se détermine différemment dans le cas de la *phantasia* et de la perception.

En ce qui concerne l'étude de l'essence, on peut identifier la perception et la représentation. En regardant un arbre je perçois un arbre mais il se peut qu'à travers la perception actuelle je vise un arbre déjà antérieurement donné, c'est-à-dire que la perception d'un arbre actuellement présent me renvoie à un autre arbre. Le *hylé* de la représentation de la perception peut se modifier, pour ainsi dire, en traversant une sensation rétrospective et me représenter l'arbre perçu[76].

Le problème concernant la représentation peut être posé avec le problème de donné *fictum*, dans le sens que le fonctionnement de la représentation doit mettre en position des données fictives qui n'existent pas et que pourtant nous

---

[75] Voir A. Chrudzimski, *Intentionalitätstheorie beim Frühen Brentano*, Dordrecht, 2001, pp. 108-109, Au sujet de la sensation et du noème comme composant de la conscience intentionnelle, voir Robert Sokolowski *The formation of Husserl's concept of constitution*, Den Haag, 1964, p. 143. La perception comme « l'unité de la conscience intérieure « dans le contexte de la description de phansique et ontique et leur différence », est le thème abordé par Husserl dans l'appendice n° 11, voir *Hua.,* III/2, p. 542 *sq.* À peu près dans la même période, Husserl précise qu'il emploie *Phansiologie* pour distinguer l'analyse phénoménologique entre la chose de la pensée (*Sache der cogitatio*) et la chose de ce qui est pensé comme telle (*Sache des Cogitierten als solchen*) *Hua.*, *Materialen.*, VII, *op. cit.*, p. 157. *Hua.,* XXVIII, pp. 306-309. Il définit la *phansiologie* comme science, *ibid.,* pp. 307-308

[76] Husserl dans *L'idée de la phénoménologie* parle du fait que pour l'étude de l'essence, la perception et la représentation imaginaires sont tout à fait sur le même plan, *op. cit.,* p. 93. C'est sous cet aspect que Binswanger a considéré la question de l'image et le fait que l'objet intentionnel de la représentation est identique avec sa réalité extérieure, voir L. Binswanger, *Einführung in die Probleme der Allgemeinen Psychologie.*- Berlin, 1922, pp. 171-172

percevons. La valeur de la donnée fictive reste nulle face au monde réel, aux yeux de Husserl, mais on peut se demander pourquoi il porte une attention toute particulière à ce sujet. Husserl revient chaque fois et sous différents angles à l'étude de la question de la *phantasia* ou des données fictives.

C'est avec l'expression de donnée factice que la phénoménologie de Husserl s'engage à déterminer la place des données fictives. Nous n'avons pas en vue les données fictives et elles ne sont que de pseudo-données mais nous les créons en nous basant et en y croyant car elles se trouvent de façon vague dans le vécu de la conscience, indéterminées et « chaotiques ». Le monde factice est la réalisation de l'essence (de *hylè*) lorsque la conscience ne parvient pas à « contrôler » les données de la *phantasia* (ou oniriques). La conscience est ainsi dépourvue de l'intentionnalité et est dans l'incapacité de viser ou même d'intuitionner les données fugaces de la fictivité, elle fonctionne en tant que la conscience factice pour positionner ces données dans l'écoulement du temps, dans leur temporalité propre.

La relation entre l'attitude du rêve ou du rêver et celle de l'éveil peut ressembler à la relation complexe entre l'apparition-de-*phantasia* et l'apparition-de-perception. Le changement entre ces deux états est mentionné par Husserl au début du § 28 du texte n° 1 de *Phantasia, conscience d'image, souvenir*. Husserl exclut le cas du mélange et de la ressemblance avec l'hallucination mais il continue à préciser ce rapport de la façon suivante : « la conscience-de-non-présence (*Nichtgegenwärtigkeits-Bewusstsein*) appartient à l'essence de la *phantasia* »[77].

On trouve deux éléments fondamentaux : d'abord Husserl cite la notion de la conscience pour montrer qu'être conscient est le soubassement, entre autres, de l'enjeu de la *phantasia*. Deuxièmement, la conscience est portée à la disposition d'un aspect en dehors de son immédiateté. Il ne s'agit pas de la conscience de l'apparition-de-perception, ou bien d'un donné phénoménologiquement présent et perçu dans un champ visuel préalable mais d'une attitude dans laquelle le temps joue le rôle principal ou comme le veut Husserl « des apparitions qui représentent un non présent entièrement en dehors de ce champ visuel[78] ».

Dans le rêve, nous percevons la *phantasia*, ce qui peut être formulé comme la *phantasia* perceptive dans le rêve ou bien la *phantasia* perceptive dans le « monde » onirique. L'un des problèmes qui surgissent dès l'instant où l'on considère la *phantasia* perceptive (ou perçue) dans le rêve, c'est que la perception ici, n'est pas forcément une représentation. Le problème vient du fait que la représentation appelle, en quelque sorte, à la réminiscence platonicienne qui, à son tour, se proposait comme conséquence « logique » de l'origine de la *phantasia* et la sensation (*aesthesis*)[79].

---

[77] *Phantasia., ibid.,* p. 95

[78] *Ibid.* voir *De la synthèse passive.* p. 71.

[79] Heinrich Rombach. *Phänomenologie des gegenwärtigen Bewusstsein,* Freiburg/München, 1980, selon cette conception le rêve est autonome et il intervient dans la vie éveillée et dans lequel la perception feinte pour donner naissance à un mi-éveil de la conscience. *Ibid.,* p. 175

En outre, l'un des mérites qui revient à Husserl, c'est d'établir une terminologie dès les *Recherches logiques* et notamment, quant à notre propos, de distinguer la représentation-de-*phantasia* de la représentation-de-perception. L'idée d'approfondir l'appréhension pour faire une distinction plus limpide entre les deux représentations ne peut pas se faire sans référence à la tradition philosophique[80].

Un passage quant à l'image et à la *phantasia* se trouve dans l'appendice IX, toujours de l'année 1905, dans lequel Husserl soulève la difficulté de lecture de la différence entre l'apparition et la réalité[81]. Cette difficulté consiste dans le fait qu'en voyant par exemple une peinture dans laquelle je vois un paysage (à l'arrière-plan), les couleurs figurant sur la peinture, etc., je ne vois rien d'une réalité ou d'un réel (*Wirklich*). Cependant, en tant qu'objectité ou bien à la manière d'un objet présent, elle manifeste quelque chose. À partir de cet énoncé, on peut dire que cette peinture représente le tableau de Titien[82].

Dans cet aspect de la temporalité, ce que j'imagine et ce que je vois en tant que l'image « irréelle » et « non effective » est comme une chose non présentifiée (*nicht-gegenwärtige*)[83]. Mais cette image non présentifiée peut être présentifiée et être actuelle. Husserl pose la question de savoir si l'image-de-*phantasia* renvoie au-delà de soi. Le passage entre la chose non-présente dans la *phantasia* et la représentation de la chose présentifiée se fait à travers la conscience, mais dans une relation conflictuelle.

Dans le long passage qui suit, Husserl affirme que l'imagination, comme le sommeil, n'a pas de conscience représentative mais qu'elle le devient. Husserl s'interroge au sujet de l'illusion ou de l'apparent, et de la difficulté qui surgit autour d'un éventuel conflit entre la perception et la *phantasia* :

> Alors je rêve. « Phantasmer » en tant que rêver éveillé ou endormi, n'est pas une conscience représentative. La conscience de l'« illusion » (*Schein*) y jette occasionnellement une faible lueur : je me réveille, c'est-à-dire je vis le conflit avec les, ou <la>, distance envers le présent-de-perception, je vis le non maintenant, non ici [...]. Le conflit entre ce qui remplit effectivement mon champ de vision perceptif et ce qu'offrent les champs de vision de *phantasia* : pourquoi le perçu a-t-il ici valeur de réalité effective ? Quelque différence doit alors se marquer. L'« image »-de-*phantasia* dès que je deviens conscient de la réalité perceptive effective. J'en suis continuellement conscient à un certain « degré », et c'est pourquoi la conscience d'illusion, plus ou moins clairement marquée, y perce[84].

La représentation-de-*phantasia* est une représentation en image, dont la pluralité intègre une perception des images de façon symbolique, que Husserl

---

80 Spinoza en parlant de la suspension du jugement dans les rêves, ne retient que la perception comme le seul élément de ce qu'on peut imaginer d'un cheval ailé (Spinoza, *Œuvres complètes*, Paris, 1997, p. 408-409, (Pléiade)

81 *Phantasia.*, p. 172. La représentation-de-*phantasia* (*Phantasievorstellung*) en tant que la représentation d'image (*Bildvorstellung*)

82 *Phantasia., ibid.,*

83 *Ibid.,* p. 174.

84 *Ibid.,* p. 173

qualifie d'analogie[85]. Cette « superposition » des images de la *phantasia* et de la perception est le soubassement du fait de l'absence de la conscience représentative. Cet élément vient au début de ce passage où le rêve est encore dans le sens de la *phantasia* ou plus précisément du « phantasmer » équivalent du rêve-éveillé (*Wachträumen*) ou endormi (*Schlaf*).

D'une part Husserl souligne la conscience de l'illusion et le fait de se réveiller dont fait partie la conscience d'ici et de maintenant, mais d'autre part il n'admet pas de conflit entre l'état de veille et le présent-de-perception selon la conscience de l'illusion. La raison est naturellement dans le fait que Husserl ne peut accepter, à l'origine, et d'après le point de vue phénoménologique, un parallèle entre l'état du rêve ou du sommeil et celui de la veille exprimé ici comme la conscience de l'illusion (*Bewusstsein des « Scheins »*).

C'est la raison pour laquelle Husserl, à la fin du passage cité, souligne le caractère de la continuité de la conscience et en l'occurrence ici la conscience de l'illusion. Ce qui entre en jeu dans l'analyse de Husserl, c'est la citation du mot *Schein* dans le sens de l'apparition illusoire ou du moins de l'illusion produite selon la convergence des deux aspects de la perception et de la *phantasia*. Par conséquent, le monde réel, même dans un processus qui tombe sous le coup de l'apparence illusoire, ne peut pas échapper à la conscience.

Il demeure un problème au niveau de l'implication du rêve dans cette analyse. Husserl ici ne s'engage pas pour autant à parler du rêve. Il porte notamment son attention sur le rêve éveillé et c'est dans ce contexte que la question de l'illusion est applicable. Quant au rêve, la question est de savoir où se trouve la conscience de l'apparence illusoire. À l'en croire, l'analyse de Husserl mène le rêve à la frontière du rêve éveillé ou du phantasme endormi, mais qui n'est pas loin de l'éveil. Dans ce cas précis, la distance temporelle est remplie par la conscience du temps qui met en concordance l'image vue dans le sommeil et par la suite la perception à l'état de veille.

Ce que nous pouvons dire, c'est que la conscience produit toujours son activité dans une temporalité qui peut remonter à l'état plus profond du sommeil, c'est-à-dire l'intelligence endormie mais le cerveau rêvant capable d'être conscient. La suite du passage nous montre qu'il existe un enchaînement de l'association, seulement Husserl ne suppose plus la question au niveau du rêve. Cependant, selon le discours présent, on peut dire que de la conscience de l'apparence illusoire nous parvenons à l'association. Dans le rêve, les images perçues dans le contexte de l'association tombent selon différents degrés sous la force de la conscience.

Par exemple, l'image de l'oiseau sur l'arbre va amener l'arbre même, alors que par la suite l'arbre s'associe avec l'endroit dans lequel se trouvent les données individuelles ou communes. De là l'analogie et le lien symbolique, d'une certaine manière, dans la pensée consciente, étant donné le vécu de

---

[85] Avant ce passage, Husserl écrit : « l'image renvoie au-delà de soi à une autre [image] qui elle-même apparaît dans un autre acte avec lequel l'identification doit et peut se produire. », *ibid.*, p. 172. Husserl pose des questions quant à la *phantasia* ce qui le conduit à parler du rêve.

chaque donnée dans notre vie et le perçu de part en part par la conscience réveillée.

La signification du mot *Schein*, traduit ici par « illusion », n'exclut pas le sens de l'apparence en général et en l'occurrence l'apparence illusoire ou imaginative. Le problème reste dans la modalité de la réalité (*Réalität*) des données, où le caractère phénoménologique n'est pas toujours défini. Les images apparues dans le rêve peuvent ne pas exister mais cela n'empêche pas que leur apparence donne une sensation de la réalité voire une réalité mensongère.

Dans ce contexte nous parvenons au paradoxe entre l'apparition et la représentation. On peut dire que l'apparition ouvre un champ beaucoup plus vaste que la représentation, étant donné la modalité originaire des donnée c'est-à-dire la manifestation générale d'objet. Ainsi, toute les « données » imaginatives, à leur tour, se livrent par l'apparition et font partie de la modalité originaire de parution. Ce n'est pas le même cas pour la représentation car celle-ci a la particularité d'être dans la continuité de l'apparition. La représentation d'un arbre vient « après » le fait de l'être et l'apparition de l'arbre dans la conscience. En conséquence, un arbre apparu dans le rêve et étant une image parue dans la conscience d'image a une apparence avant d'avoir une représentation.

Cependant le problème concernant le rêve et l'état illusoire d'image de la rêverie réside dans la définition qu'on donne selon qu'on le considère en tant qu'apparence ou en tant que représentation. Pour notre cas, et en ce qui concerne le rêve, il est pertinent et plus commode de considérer le rêve dans le contexte de l'apparition ou plus précisément l'apparence du monde et des données dont la représentation n'est que la représentation de cette apparence originaire[86].

La suite de ce texte n° 1 est essentielle pour comprendre le parcours théorique de Husserl au sujet de la *phantasia* et de son rapport avec la conscience. L'élément qui nous intéresse dans ce texte est le manque d'enchaînement dans la *phantasia* considéré comme manque d'enchaînement de l'association d'idées[87].

Pour Husserl, le « non-présent » est une apparence car l'image ne peut avoir une existence réellement matérielle. L'image est représentée sous l'aspect temporel d'une présentification. Autrement dit, un souvenir, une image perçue dans la *phantasia*, a été présentifiée sous la modalité temporelle ou encore la temporalité a été donnée comme étant apparence. Le côté mensonger de l'image de la rêverie vient de ce fait de non-présent présentifié temporellement dont la validité n'est qu'une quasi-validité. L'image a été présentifiée et nous la voyons ici dans un présent actuel, mais elle n'est pas, car la temporalité a donné

---

[86] Le problème se joue aussi chez Kant lorsque celui-ci considère le rêve comme « une simple apparence » car les objets apparaissant dans le rêve n'existent pas et leurs représentations ne sont pas des phénomènes. *Opus postumum*, *op., cit.*, Paris, 1986, p. 275. Le dernier Husserl est plus proche de l'idée d'une apparence du rêve que de celle d'une dualité entre la représentation et l'apparition.

[87] *Ibid.*, p. 173

une validité temporelle à une donnée du passé qui n'est pas un étant dans le présent effectif[88].

Husserl, préoccupé par l'explication de la conscience d'image, pose obligatoirement le problème dans la sphère de la temporalité où il parle de l'enchaînement des images et en l'occurrence ici du manque d'enchaînement. Le caractère fugitif de la *phantasia* rend difficile de percevoir les images mais cela n'empêche pas la présence temporelle dans la réception des images. Le manque de l'enchaînement de l'association d'idées montre d'une certaine manière la force de la temporalité qui, par son absence produit des lacunes dans la réceptivité noétique.

7. Le rêve et la *phantasia*

Le rêve, c'est certain, apparaît sur le fond originaire de la *phantasia* dont le commencement reste indéterminé. Husserl ne va pas chercher le rêve d'origine ou le rêve originaire (*Urtraum*), puisque la temporalité de la *phantasia* tirée par la réflexion et la conscience dans le fonctionnement de l'intentionnalité, marque une détermination qui devient le point de départ des images du rêve. Le rêve reste une étape dans le processus permanent entre l'apparition-de-*phantasia* et l'apparition-de-perception. Autrement dit, le rêve n'a pas de représentation réflexive mais une représentation symbolique dont le vestige analytique chez Husserl s'arrête à la frontière de l'analyse de la représentation-de-*phantasia*.

Il reste, entre une représentation symbolique et la perception, une différence infranchissable que Husserl confirme en considérant la question comme étant une erreur de principe. La perception de l'objet est une affaire corporelle (*leibhaftige*) et ce n'est pas comme dans la représentation symbolique un signe ou un symbole[89]. La perception se joue dans un monde réel et la réalité effective se remplit dans la mesure où l'individu perçoit et aperçoit le monde dans son entité effective et présente. C'est une raison de plus pour laquelle le rêve ne peut donner une effectivité et une réalité perceptible que, si les images deviennent objectales selon la mise en œuvre d'une réduction phénoménologique.

Si nous trouvons une tautologie entre la perception et la *phantasia* chez Husserl, ce n'est pas vraiment le point de vue platonicien qui sera visé. Pour Husserl le problème est censé être résolu ou bien questionné dans la sphère de la perception, c'est-à-dire le perçu dans le vécu charnel de l'individu dans le monde réel. C'est le cas même où l'intuition est en cause, c'est-à-dire que l'intuition se fonde sur les données localisées qui seront déterminées selon l'horizon perceptif des vécus. Dans ce sens, l'écoulement du temps met en

---

[88] L'apparence pour Husserl est l'aspect de chose ou non pas un signe, voir W.W. Fuchs, *Phenomenology and the metaphysics of presence*, Den Haag, 1976, p. 13

[89] *Idées directrices*, *op. cit.*, pp. 138-140, notamment p. 139, « Dans ces types de représentation nous avons l'intuition d'une chose avec la conscience qu'elle dépeint (*abbild*) [...] »

œuvre l'idée que tout phantasme et toute *phantasia* parvient à un moment présent perceptif, voire conscient. Ce qui appartient, pour ainsi dire, au monde invisible s'achève vers le sol du monde visible[90].

La *phantasia*, dit Husserl, « est le domaine de l'absence de fin, du jeu »[91]. Il y a la fin et le jeu et ainsi Husserl veut dire que la *phantasia* peut être définie, d'une certaine manière par rapport à ces deux éléments. L'absence de fin peut signifier que nous nous trouvons dans un horizon chaotique où à « perte de vue » il y a de l'apparition sans qu'on puisse parvenir à déterminer le point extrême d'une fin. C'est une sorte de géométrie visuelle qui voit tout ce qui provient du monde et dans le monde mais qu'elle ne peut l'enfermer dans la même géométrie visuelle voire l'espace visuel de la réception des données.

Le jeu s'arrête au moment où la *phantasia* domine notre perception de l'éveil mais dans le même temps la *phantasia*, comme passage et comme période, se laisse dominer par la perception et l'enjeu phénoménologique du monde esthétique et éveillé. Avec la *phantasia*, nous entrons d'une certaine manière dans le chaos du moins dans l'horizon de l'aperception de l'infini non déterminé. Mais, il semble que même dans cette perspective, la *phantasia* considérée comme l'horizon du chaos, s'oriente dans le monde perçu comme tel et son horizon du chaos et hors-jeu ne peut résister et ne réside que, chaque fois, de façon provisoire, temporelle et instantanée. La *phantasia* entre en jeu, entre le jeu dominant de la perception et le jeu même du monde, car l'individu en tant que spectateur vise le monde et la réalité effective. La *phantasia* va et vient dans cette visée, plutôt intentionnelle, et finit par tomber dans la concordance de la perception.

Aussi représentées, les images du rêve tombent dans la pluralité de la conscience d'où vient l'aporie de la représentation des images superposées, ce qui veut dire que la conscience s'instaure chaque fois visant les images selon le « degré » de la perception ou bien plus précisément de l'image « perçue ». La *phantasia* comme la *phantasia* intuitive est considérée aussi dans un sens symbolique où tout renvoie des images du sujet à l'objet, et se lie à l'intuition.

Le rêve peut ressembler beaucoup au souvenir et d'une certaine manière ils se ressemblent car nous mémorisons des données dont la source (le rêve ou le souvenir) nous demeure indéterminée mais en tout cas consciente. C'est ainsi qu'on peut présentifier le souvenir puisqu'il s'agit d'une altération dans laquelle le Moi s'altère et se présente dans le présent actuel. Mais le rêve nous paraît plutôt dans le sens d'une représentation où la transparence du monde se donne une unité constituée dans la conscience qui se présente dans la diversité des actes et est donnée présente dans la diversité même de la conscience[92].

---

[90] Au sujet d'une analyse détaillée de l'Idée platonicienne, le dualisme etc., voir W. Windelband, *Platon*, Stuttgart, 1900, p. 78, 79, 83, 89. Nous trouvons certaine mise en parallèle entre Husserl et Platon. Voir L. Binswanger, « Le rêve et l'existence » dans *Introduction à l'analyse existentielle*, Paris, 2002, p. 218.

[91] *Phantasia, conscience d'image, souvenir, op. cit.*, p. 539

[92] Voir E. Fink, *De la phénoménologie*, Paris, 1994, pp. 77-81, ici, p. 80.

8. Le rêve dans la perception

Dans le contexte de la logique transcendantale, Husserl nous livre deux textes dans lesquels il traite de l'esthétique transcendantale, dont le premier nous intéresse ici[93]. Le texte IX, parmi des textes complémentaires de *Husserliana* XVII, est daté de novembre 1925 et il est intitulé « La fonction protologique de l'esthétique transcendantale ». Dans ce texte, Husserl s'intéresse au monde objectif et aux choses de la nature ainsi qu'à la question de l'espace-temps. Comme on peut le constater tout au long du texte, l'esthétique signifie la sensation relevant du monde et du rapport ontologique (notamment visible dans le deuxième texte) et elle apparaît dans une nouvelle acception et elle « traite le problème eidétique d'un monde possible en général en tant que *monde d'« expérience pure* »[94].

L'esthétique transcendantale s'inscrit dans le contexte de l'établissement d'une phénoménologie transcendantale telle qu'on la trouve dans *Idées.*, *II* où la constitution du corps charnel se fait dans une attitude naturelle voire selon le schéma psycho-somatique. L'esthétique représente le monde extérieur ou encore l'extériorité du monde aperçu par l'individu pour faire une description eidétique du monde et des données.

Une première remarque de Husserl consiste à distinguer le rapport entre les choses données dans la perception et la réceptivité de la perception. Husserl veut réfléchir au sujet de l'objet extérieur c'est-à-dire la perception des étants ou des existants spatiaux ainsi que les choses de la nature, du monde objectif. La réflexion au sujet du monde comme objet de sa perception est aussi la réflexion au sujet de la perception-de-chose et du sens de son objectité.

Selon Husserl, la loi fondamentale de temporalité (*Grundgesetztlichkeit*) de conscience-du-temps décrit tous les perçus réels (*wirklichen Wahrnehmen*) sous une forme et ainsi la différence des perçus est plutôt sous un registre successif (*Sukzessive*) que « simultané » (« *gleichzeitig* »). De la succession de la perception dans le temps, Husserl se penche pour examiner aussi le cas de la diversité de la chose spatiale de perception (*mannigfaltige raumdinglich Wahrenhmungen*). Ce que veut prouver Husserl dans ce passage consiste dans le fait que la perception dans son flux laisse une différence entre le perçu proprement dit et la visée vide où le rôle essentiel de l'activité ou la passivité subjective se joue, à savoir la conscience[95]. Autrement dit, Husserl introduit, d'une certaine manière, le rôle de l'individu, le Moi et le pouvoir de réaliser des actes aussi bien dans le domaine de la perception que dans celui des possibilités[96].

La perception ne peut pas être pensable en dehors de ces possibilités qui sont dans l'extension d'une perception-de-chose. ; nous avons la possibilité qui est accomplie dans l'intervalle de non-perceptibilité de la perception.

[93] *Hua.*, XVII, *op. cit.*, Ergänzender, Text IX, p. 445-453

[94] *Logique formelle et logique transcendantale.*, *op. cit.*, p. 386

[95] *Hua.*, XVII., *op. cit.*, pp. 447-448

[96] *Ibid.* p. 448

L'intervalle (Intervallen) qui apparaît dans le texte a une signification particulière d'abord sous la forme de la temporalité où nous sommes en train de voir une chose dans une durée temporelle. Mais encore il s'agit d'un moment et d'une situation où la perception, en tant que telle, s'absente.

Ce que Husserl qualifie comme la non-perceptibilité de la perception veut dire un horizon vide dans la conscience perceptible. C'est le moment qui donne lieu au souvenir vide (*Leer-Erinnerung*) qui occupe une place considérable du point de vue de la réceptivité dans la conscience. Ce moment, en quelque sorte, nous permet de nous demander si cet intervalle temporel et ce souvenir vide peuvent surgir dans le rêve comme la représentation propre des vécus déjà perceptible. Là où la perception s'absente c'est l'œil qui s'est arrêté mais non pas la conscience.

Par la suite, à juste titre, Husserl parle de la *phantasia* dans le contexte de la possibilité où une perception est attachée dans sa possible continuation pour donner une nouvelle perception. Pour l'expliquer, Husserl parle des états d'une perception réelle pour laquelle je peux faire aussi bien une reproduction qu'une *Phantasie* libre, ce qui veut dire que j'accomplis un ressouvenir ou bien une *Phantasie* libre d'une chose. Ainsi, je prends une attitude de la perception présentifiée qui n'est pas une attitude dans laquelle je me situe sur le sol du présent, sur le passage, ou bien la choséité-de-*Phantasie* comme le présent de l'image flottante[97]. Le point essentiel de cette analyse est dans l'intemporalité de la perception qui se tient dans l'instant et le maintenant actuel du regard du remplissement du temps (*Zeitfülle*). Autrement dit, la perception se remplit dans le temps même où une nouvelle perception surgit et ainsi le perçu primaire tient (« *behält* ») et garde intérieurement dans le flux de modification (*fluss der Abwandlung*) un flux de recouvrement (*Deckung*) de continuité[98].

9. Le comme si (*Als ob*)

En phantasia, un intuitif n'est pas purement et simplement conscient comme une réalité effective, comme le présent, le passé etc., mais nous en sommes conscient avec son contenu, « comme si » il était présent etc., il est pour nous une réalité effective « comme si »[99].

Le « comme si » marque fortement un aspect qui nous intéresse et dont Husserl parle de temps à autre[100]. Le monde fictif de la *phantasia* et du rêve représente la mise en fonction de la conscience, du moins en ce que Husserl

---

[97] *Ibid.*, p. 448

[98] *Ibid.*, pp. 448-449

[99] *Ibid.,* p. 478. Husserl revient un peu plus loin pour parler du rapport conflictuel entre la perception et la *phantasia* perceptive., *ibid.,* pp. 488-489 *sq.*

[100] C'est en 1905 qu'on trouve un des premiers emplois de l'expression quand Husserl parle de « l'apparition esthétique » qui « n'est pas en apparaissant à partir de l'objet même mais d'un « ainsi, il vient juste d'apparaître », aussi = comme si. » *Hua.* XXXVIII, *op. cit.*, p. 209.

s'efforce de montrer. Le problème est dans la part de la conscience en état de veille à l'intérieur de ce monde fictif. Comment peut-on repérer ou situer deux états, à savoir la perdition dans l'oubli du rêve par le Moi ou le Je rêvant, en *phantasia*, et deuxièmement l'état selon lequel la conscience est en mesure de contrôler la temporalité ou le processus de la rêverie alors en suspens.

Dans ce passage, Husserl donne naturellement une réponse positive (mais grammaticalement par une proposition négative) et notamment en mettant en avant l'intuition. Cependant, il convient d'examiner deux autres questions, qui seront l'objet de réflexions ultérieures, à savoir l'épochè et la neutralité, qui peuvent nous fournir ce fonctionnement de la rêverie dans la sphère de la conscience.

Un passage concernant le souvenir, par rapport à la modification-de-*phantasia* dans l'appendice de LVI, met en lumière un autre aspect de l'intervention de la conscience. Le passage en question montre déjà le conflit entre la perception et la *phantasia* sous l'angle de la modification-de-*phantasia* et le fait que le souvenir ne peut être possible que selon un enchaînement de la conscience. L'acte de souvenir est considéré comme acte originaire présent, ce qui signifie que la validité de la conscience-de-*Phantasie* est aussi bien pour le rétro-souvenir que pour le pro-souvenir[101].

Ici, l'importance de la conscience dans l'acte de souvenir n'est pas simplement dans la mise en œuvre de la conscience en tant qu'immanente mais dans le fait de la temporalité à travers l'enchaînement. Ce dernier fait appel à la temporalité du fait que la conscience est originairement donnée tant dans le passé que dans le présent. L'autonomie de la conscience de nouveau prouvée par Husserl entre dans l'enjeu de la *phantasia* mais de façon implicite comme c'est le cas dans la sphère de l'intuitivité signalée par Husserl dans ce texte[102].

Dans une longue note qui fait partie de l'appendice n° IX du texte n° I de *phantasia*, Husserl traite de nouveau le mélange et la « superposition » des images à travers le mélange entre la conscience de concordance et la conscience du conflit. Le propos de Husserl est résumé dans le passage suivant :

Là où le sujet ne coïncide pas intimement avec l'objet-image, la conscience-de-différence se produit mais disparaît lorsque l'intérêt vit dans les moments de concordance. En eux, nous intuitionnons le sujet, nous avons en eux une « représentations », une figuration intuitive du sujet[103].

On peut éventuellement traduire le rapport entre le voyant et l'objet-image comme une sorte de vision. Nous savons que Husserl en parlant de la vision s'approche de cette même question mais dans un autre conflit entre l'engloutissement de la perception réelle et l'apparition de la *phantasia*[104]. Si Husserl s'attache à accorder une manière symbolique quant à la conscience-de-similitude dans le rapport entre le sujet et l'objet-image, ce n'est pourtant pas

---

[101] *Ibid.,* pp. 501-502
[102] *Ibid.,* p. 502
[103] *Ibid.,* p. 178-179
[104] *Ibid.,* p. 82, nous abordons ce passage dans le deuxième chapitre.

valide au sujet des images faisant fonction symbolique, lorsqu'il enlève la possibilité d'un lien symbolique en disant qu'il s'agit plutôt d'une coïncidence entre la conscience d'image immanente et la représentation[105].

La *phantasia* dans le sens de l'apparition simple n'est pas forcément intentionnelle mais le rêve peut être intentionnel dans le champ non-intentionnel de l'activité noétique si on le considère dans l'attitude de la rêverie et ainsi dans l'altération de l'inconscient vers la conscience (*Bewusst-werden*). L'apparition du rêve se fait dans une durée dont le «processus » est selon un temps spécifique entre l'objet de la conscience et la conscience même. Dans ce cas, on peut poser plusieurs questions : la conscience reste-t-elle toujours dans la sphère de la conscience éveillée ; l'objet du rêve existe-t-il, ou bien n'est-il rien d'autre qu'intuition ?

En ce qui concerne la *phantasia*, Husserl l'assimile avec la perception et le souvenir mais en employant le mot *Erscheinung*[106]. Plus loin, Husserl définit la *phantasia* comme « conscience d'inactualité » qui est « une quasi-conscience perceptive, mais pas effective [...] ce n'est nullement une conscience présentifiante, mais *présentante* »[107]. Husserl, par cette définition, qualifie la conscience en tant que enchaînement (*Zusammenhang*)[108].

C'est à la fin du texte n°13 que Husserl, après avoir défini les quelques caractères de la *phantasia*, du souvenir et de la perception, cite l'exemple du rêve pour insister sur ce caractère « consciencieux »[109]. En conséquence ici, le rêve est retenu dans la sphère d'une temporalité et dépourvu de son caractère d'origine fictive. En fait, ce sur quoi insiste Husserl est, de nouveau, la base d'enchaînement entre le *phantasme* intérieur du monde perceptif notamment à travers la notion de *Hineinphantasierung*, et la présentification actuelle recevant le caractère de rêve.

Il est ainsi à considérer que le caractère de rêve est ce qui vient d'être souligné par Husserl comme « composantes d'inactualité impressionnelle, présentante et de présentifiante ». Le mélange dans ce passage est la conséquence inévitable de l'enchaînement, car chaque fois ce va-et-vient entre deux modes de perception rend confuses et mélangées les données mises en œuvre par rapport à la conscience.

Husserl parle de la façon suivante :

---

[105] *Ibid.*, p. 178

[106] *Phantasia, conscience d'image, souvenir*, *ibid.*, p. 287, l'unité de la perception. Quant au sujet de l'unité de la perception et l'unité de souvenir, voir les § 36 et § 37 dans *Expérience et jugement*, Paris, 2000, ici, p. 190

[107] *Ibid.*, p. 302

[108] *Ibid.*, p. 297, « La conscience est toujours un enchaînement et nécessairement l'enchaînement [...] ». Husserl revendique toujours la conscience et son enchaînement ou la connexion. *De la synthèse passive.*, Grenoble, 1998, p. 394

[109] Comme la note de bas de pages le précise, le rêve est cité dans le sens de ce dont Husserl est en train de parler, *Phantasia, conscience d'image, souvenir*, *op. cit.*, p. 303, note 547, insérée ultérieurement : « en ce sens ».

> Dans les *phantasiai* qui, comme c'est ordinairement le cas, se joignent au monde effectivement réel de la perception et de la présentification actuelle, c'est clair. Si nous vivons dans la *phantasia*, cela ne nous dérange pas. Nous « rêvons ». Le rêver est la conscience inactuelle de présentification, ou liée à la conscience perceptive inactuelle si nous « phantasmons » à l'intérieur du monde perceptif. Car on devra bien dire que, du fait de « phantasmer à l'intérieur de » (*Hineinphantasierung*), [...] une présentification actuelle reçoit-elle, par mélange avec la *phantasia*, le caractère de rêve[110].

Selon ce passage le fait de rêver (*träumen*) a pour postulat d'être la conscience inactuelle de présentification puisque les *phantasiai* se joignent au monde réel. Le rêve se donne et donne comme une manière de *phantasmer* ou appartient à la *phantasia* qui est liée, à son tour, à l'intérieur du monde perceptif. On peut dire que nous rêvons comme si nous percevions des choses ou bien nous percevons des choses comme si nous rêvions car le monde réel est perceptif du moment où la *phantasia* trouve sa *praxis* dans un monde environnant conscient.

On peut dire que le rêve conscient dans ce sens se fonde sur la conscience intentionnelle, visée, c'est-à-dire le rêve ou le fait de rêver de quelque chose[111]. Toutefois la caractéristique du rêve, à savoir l'apparition, non pas forcément intuitive ou intuitivement représentée, nous met en garde contre le fait de considérer que le rêve soit produit toujours à partir d'une intention ou d'un visé. Cette question renforce l'idée selon laquelle le rêve comme fictif et comme « néant » peut avoir une propre conscience-de-néantité (*Nichtigkeitsbewusstsein*) qui se situe dans une temporalité dont le contenu se projette entre le monde réellement perceptif et le monde fictif. Cela veut dire qu'on trouve une compensation entre les deux modes de conscience à partir d'une temporalité selon laquelle le rêve peut être intentionnel ou pas en considérant la prise de position du rêve dans le processus temporel[112]

10. Esquisse de lien entre le rêve et l'intentionnalité et l'aspect noétique

Le problème, face à l'application de l'intentionnalité et de la « conscience de » au rêve, surgit au moment où l'analyse phénoménologique entre dans le moment intuitif de la perception imaginaire ou de la *phantasia* perceptive, mais dans son aspect rétentionnel.

Nous retenons que pour ce qui concerne le rapport avec la *phantasia,* le rêve et la conscience, Husserl souligne le caractère *a priori* d'une conscience aussi

---

[110] *Phantasia, conscience d'image, souvenir, ibid.,* p. 303

[111] Voir *Hua.*, XX/1, *op. cit.*, p. 126. Le rêve nous vient non seulement en tant que représentation mais en tant qu'apparition que le visé de l'imagination repère.

[112] Selon Husserl « une simple *phantasia* n'est justement pas une « intention », mais [fait] pendant à l'intention, [est] quasi intention, *Phantasia, conscience d'image, souvenir, ibid.,* p. 383 Nous nous rendons compte que selon l'éditeur (*ibid.,* la note 743), le mot « de l'inactualité » a été ultérieurement barré.

bien sur le plan eidétique que sur le plan de la réduction phénoménologique ou l'époché. La conscience dans ce sens est le principe général de l'intentionnalité et le rêve peut rester dans le champ intentionnel en tant que visant quelque chose. Il paraît important de souligner un décalage qui peut avoir lieu entre la conscience et l'intentionnalité au moment où la conscience trouve une attitude convenable afin de viser une donnée[113].

Toutefois, cette explication n'est pas suffisante car le schéma intuitif de la conscience et le caractère indéterminé de la *phantasia* perceptive, notamment quand il s'agit de la rétention dans le passé, suggère une éventualité de la description phénoménologique non intentionnelle[114].

Husserl dans le texte 18 de *Phantasia*, parle, dans un contre argument opposé à Hume, de l'horizon intentionnel lorsqu'il fait référence à la perception et à la séparation entre le conflit effectif dans la représentation théâtrale et les cas de conflit potentiel. L'exemple de ce court argument est la perception d'une image au mur qui donne un *fictum* perceptif « comme si je regardais par une fenêtre »[115]. Le déploiement des horizons intentionnels se fait par rapport au mur effectif mais pour entrer en conflit il faut déployer de la vivacité par les intentions d'environnement.

Le cas de l'intention dans le rêve ou pas, doit forcément atteindre, en quelque sorte, les sensations ou les impressions, puisqu'un conflit entre la perception effective et celle de *fictum* relève d'une impression entre l'actualité et la non-actualité[116]. Ce rapport correspond en partie à la question de la croyance que la perception met en relief. Autrement dit, selon Husserl « la perception est un acte doxique », c'est-à-dire « une unité de l'intention », qui à son tour elle-même est un tissu d'intentions[117].

Quant au rapport entre la *phantasia* et la croyance, cette dernière est dans un processus-de-*phantasia* (*Phantasievorgängen*) à tel point que « je ne présuppose pas que la fenêtre est réelle ou doit l'être, je la prends précisément dans la durée comme une fenêtre effectivement réelle et constitue la conscience d'illusion dans la *phantasia*[118]«.

Plus tard, mais dans un autre contexte, Husserl précise que la reproduction du vécu-de-*phantasia* provient de la « reproduction interne de la perception de la *phantasia* »[119]. Ainsi, dans le rapport entre la *phantasia* et la croyance, l'intervention de la perception est déterminante car c'est dans la perception que

---

[113] Husserl parle d'une situation dans laquelle le Moi est dénué de conscience et d'intention et n'est pas en mesure de viser quelque choses, il dort. Manuscrit, A VI 14, p. 48=34a (tr. fr. par Nathalie Depraz in *Alter*, n° 5, 1997, p. 167). Voir aussi, Maurita J. Harney, *Intentionality, sense and the mind*, Den Haag, 1984, p. 142

[114] Voir l'article de M. Henry « phénoménologie non-intentionnelle : une tâche de la phénoménologie à venir », in *L'intentionnalité en question*, *op. cit.*, pp. 383-397

[115] *Phantasia*, *op. cit.*, p. 483

[116] *Ibid.*, appendice XXXV, p. 321 *sq.*

[117] *Ibid*, p. 382

[118] *Ibid.*, p. 290. Husserl examine la question de la langue dans le contexte de la croyance qui concerne le jugement.

[119] *Ibid.*, p. 383

se fonde l'enchaînement de la *phantasia* et de l'intentionnalité comme le fondement de la conscience. Husserl, dans le texte n° 15 d'*Idées directrices*, écrit que la croyance figure finalement comme l'un des modes de la conscience générale qui va dans le sens de la conscience d'enchaînement[120]. Dans ce contexte, la *phantasia* et en l'occurrence la simple *phantasia*, se situe comme une quasi-intention (*quasi-Intention*)[121].

À l'origine, dans le texte n° 1 de *Phantasia.*, Husserl rappelle le fait déconcertant de l'évidente parenté interne entre conscience d'image immanente et conscience-de-*phantasia*[122]. La conscience trompeuse relève d'une multiple couche de fonctionnements donnés dans la temporalité des choses.

Husserl confirme que la « présentification est un mode ultime de représentation intuitive »[123]. Ainsi, il faut comprendre que les données intuitives devront être conscientes lors de la présentification. La conscience vise les données imaginées et elle réfléchit pour les mettre dans le champ de la *phantasia* perceptive et finalement les voir dans la perception intentionnelle. La conscience prend part de deux côtés : du côté de la conscience d'image et du côté de la conscience-de-*phantasia.*

11. L'objectité et le rêve

Il y a quatre modes, selon Husserl, pour ce qui concerne le conflit et le mélange entre la perception et l'imagination. Il s'agit de la perception et l'imagination de A qui donnent : perception de la perception A ; perception de l'imagination de A ; imagination de la perception de A ; imagination de l'imagination de A[124].

Gegenstand (objet) signifie la donnée qui se trouve établie en entité face à nous ou du moins autonome dans sa réalité effective. Ce que Husserl exprime à travers *Gegenstand* relève d'un processus temporel dans la sphère noématique et la relation établie entre la conscience et le monde dans son sens large. Le *Gegenstand* surgit selon cette relation et phénoménologiquement explique l'issue de la conscience temporalisant l'objet. Dans la sphère intuitive des données, le *Gegenstand* représente ce qui a été perçu dans la *phantasia* comme quasi-donné et qui va devenir *gegenstädlich*, c'est-à-dire trouver son entité effective, présente et consciencieuse[125].

---

120 *Ibid.,* p. 390

121 *Ibid.,* p. 383

122 *Phantasia.*, *ibid.,* p. 117

123 *Ibid.*

124 *Ibid.,* p. 201. Quant à la question du temps, voir *Sur la phénoménologie de la conscience intime du temps*, Grenoble, 2003, p. 85 *sq.*

125 Husserl dans le texte n° 27, daté de 1904, de S*ur la phénoménologie de la conscience*, écrit au sujet de conscience temporelle qui « ne provient pas de la *phantasia* d'un caractère d'image, mais purement de la perception ». *ibid.*, p. 116.

La quatrième donnée, l'imagination de l'imagination de A, ne prouve pas sa faisabilité phénoménologique et théorique aussi « facilement » que les cas précédents. Là encore, Husserl est peu explicite quand il parvient à s'exprimer au sujet du rêve. L'aporie est déjà annoncée lors de la citation de cette donnée et particulièrement en parlant du rêve. Voici le passage concernant cette donnée :

> Une imagination de A, je ne peux pas [la] modifier. Mais [seulement] la perception de l'imagination. Je vis dans l'imagination d'un centaure. Je m'imagine que j'accomplis cette imagination. Par exemple, je me « phantasme » dans une [certaine] situation, je voyage en Afrique, je me repose d'une marche et m'abandonnant à mes *phantasiai*, je pense aux centaures et aux sirènes du panthéon grec, etc. Ces *phantasiai* sont sans valeur de maintenant, mais valent comme *phantasiai* qui sont elles-mêmes « phantasmées ». Au sein de la *phantasia*, on distinguera derechef entre rêve (*phantasia*) et réalité effective [...]. Je me rêve dans la situation où je me rêve en train de rêver, ou plus clairement, où je rêve que je rêve : les rêves rêvés doivent-ils dès lors devenir objectaux ? Il ne le semble pourtant pas. (Pas plus que dans la fonction imageante (*Bildfunktion*), les images en images d'images.) Il faut encore y réfléchir[126].

Soulignons ce qui nous semble la confirmation du traitement similaire du souvenir et du rêve. Le rêve est perçu, selon Husserl, au sein (*Innerhalb*) de la *phantasia.* Il est à considérer que le rêve ne se caractérise pas seulement par le fait d'avoir les yeux fermé et d'être submergé par le sommeil mais il se peut, comme le dit Husserl dans un passage de cet ouvrage, qu'on rêve avec les yeux ouverts. Naturellement, cela ressemble plutôt à la vision, mais le fait est considéré dans le même fonctionnement que le rêve.

L'aporie que nous venons de signaler est dans le questionnement de Husserl, à savoir si les rêves rêvés (*träumend träum*) doivent devenir objectaux. Husserl reste silencieux et nous n'avançons pas dans la limite de cette courte analyse. En fait, si on croit à l'analyse de Husserl de l'intervention de la conscience et du fait que le côté noématique dans les données intuitives est valide pour tout vécu, même si cette analyse ne se confirme pas toujours, on peut penser à cette possibilité que les rêves rêvés peuvent devenir objectaux et que nous pouvons avoir l'aperception des images de rêve selon un statut objectal voir l'aperception des images de rêve en tant que *Gegenstand.*

Cet aspect rejoint dans l'immédiat la réflexion car elle doit être considérée comme le postulat de la conscience dans la perception des données et le processus de devenir objectal des choses. Ce qui nous mène à l'épochè et à la réduction phénoménologique quant au rêve. Avec l'enchaînement des données intuitives et en l'occurrence le rêve, nous parvenons à appliquer l'ontologique de la temporalité de la conscience imaginative qui trouve le rêve et les images de rêve de façon objectale[127]. Comme on peut le constater, Husserl dans ce

---

[126] *Ibid.,* p. 203

[127] *Ibid.,* p. 217.

passage du texte n° 2 emploie notamment le mot imagination (*Imagination*), peut-être pour montrer la part volontaire de l'individu[128].

On rencontre un autre cas dans l'appendice XIX, intitulé *phantasia* dans une *phantasia* (1905) qui parle de cette donnée. Cet appendice nous fournit quelques éléments considérables qui peuvent donner un schéma tacitement méthodique de la description phénoménologique du rêve. L'appendice fait partie du même horizon théorique et des mêmes années, et on y trouve la similarité ou la tautologie entre la *phantasia* et le rêve. Cette similarité est aussi quant au souvenir vu l'interpénétration des thèmes dans le corpus. Par ailleurs, c'est parmi les rares fois où l'on trouve l'expression de « rêve symboliquement représenté » chez Husserl. Cela peut être considéré comme la part réservée d'une pensée symbolique, non élaborée, du rêve chez Husserl[129].

L'appendice contient quatre données qui vont dans le sens d'une subjectivité pure qui se différencie du passage du texte n° 2. Toutefois, la démarche d'origine est la même au moment de la prise en considération de la quatrième donnée :

> 1) souvenir dans une simple *phantasia* 2) *phantasia* dans un souvenir 3) souvenir dans un souvenir 4) *phantasia* dans une *phantasia.*
>
> Je « phantasme » : je voyage en chemin de fer et sombre dans les rêves (*phantasiai*) (*Träum* (*Phantasien*)), et rêvant un moment dans le souvenir de ma jeunesse, la maison paternelle me flotte [à l'esprit], comment, alors enfant, je joue dans ses pièces familières et chères, etc. Nous avons ici un souvenir « phantasmé », un souvenir modifié, ou plus clairement, je devrais dire *un souvenir dans la phantasia.* Bien sûr, je n'ai pas vécu maintenant ce cas construit [...]. Je me représente intuitivement un voyage en chemin de fer (par exemple un souvenir). Ce faisant je réfère symboliquement l'autre souvenir, [celui] de mon enfance, au rêver symboliquement représenté. Mais cela n'est-il pas possible sous une véritable forme[130] ?

Le début de l'appendice est littéralement une tautologie concernant la *phantasia* et le rêve. Peut-on considérer que Husserl laisse une place à la *phantasia* en tant que *Urtraum* ? Du moins, il nous fait penser que la *phantasia* demeure comme la source de toute image perçue intuitivement au cours du processus

---

[128] Il est aussi à penser que chez Husserl l'emploi de la *phantasia* va au-delà du sens de l'imagination définie par Kant comme la faculté de se représenter dans l'intuition, un objet. Chez Kant l'imagination (exprimée toujours par *Einbildungskraft*) détermine, d'une certaine manière, la sensibilité *a priori*, voir *Critique de la raison pure*, *op., cit.*, (B151-152) ; pp. 172-173. C'est la raison pour laquelle nous pensons à la possibilité d'un aspect chaotique dans la *phantasia* au sens de l'implicitement absolu de l'imagination qui n'est pas dans l'unité de la perception sensible mais dans l'unité constituante entre la *phantasia* et l'esthétique. Au sujet de l'image et du symbole, voir W. Tatarkiewicz, *History of aesthetics,* vol. 1, 1999, p. 85

[129] Pour une étude comparée entre Husserl et Freud, voir E. S. Casey, « The Image/Sign Relation in Husserl and Freud », in *Review of Metaphysics*, vol. 30, n° 2, 1976, pp. 207-225. Au sujet de la pensée symbolique du rêve, voir Howard Shevrin, « Der Stellenwert des Traumes in der psychoanalytischen Forschung», in : *Traum-Expeditionen*, 2002 (*Psychoanalytische Beiträge aus dem Sigmund-Freud-Institut*, Band 8), p. 100. D'un point de vue, Freud avait tort de considérer que tous les rêves ont une signification, voir O. Flanagan, *Dreaming souls : sleep, dreams, and the evolution of the conscious mind*, Oxford, 2000, p. 163

[130] *Ibid.,* pp. 223-224

temporel. De plus, par rêve, on entend des images parvenant au cerveau et visionnées par celui-ci, d'autant plus que la caractéristique du rêve ressemble à celle de la *phantasia* : les données, de prime abord intuitives, surgissent dans le champ de la *phantasia* perceptive mais sans être objectales.

Nous trouvons essentiel le moment où nous croisons l'emploi de l'imagination dans le texte et la *phantasia* dans l'appendice. Dans le premier cas, l'imagination est la *phantasia* réfléchie d'une certaine manière, et dans le sens de la perception des données. Ainsi, de l'imagination nous en venons à parler au sujet du rêve, c'est-à-dire le rêve pris dans le sens de l'imagination mais de façon graduelle. En conséquence, quand on suppose la *phantasia* comme *Urtraum*, cela va dans le sens ontologiquement intuitif du rêve. L'être du rêve comme quasi est dans l'être de la *phantasia*, la rencontre entre deux pseudo-données qui font un sur le plan des vécus imaginaires.

Le fonctionnement symbolique surgit au moment du renvoi d'une *phantasia* ou d'un souvenir à l'autre, ce que dans le texte n° 1 Husserl avait appelé l'appréhension symbolique. Ainsi, dans le procès d'imaginer ou de la *phantasia*, nous sommes emporté de part en part, de souvenir en souvenir, de *phantasia* en *phantasia*, etc. L'appréhension perceptive des images de la *phantasia* rejoint l'appréhension symbolique de celle du souvenir. Cependant, cela ne peut être qu'un processus de l'appréhension perceptive de toute image perçue intuitivement.

En fait, Husserl donne un nouvel élément dans le processus de l'appréhension perceptive des images de *phantasiai*, et qui est capable de distinguer ce qui symboliquement ne devient pas possible pour nous, entre différentes images perçues de la *phantasia*, du souvenir et de leur altération. Il s'agit du jugement qui met en relief la part de l'image du rêve devenant objectal et cela a lieu dans un rapport intersubjectif même si celui-ci ne figure pas dans le texte de Husserl de façon directe.

12. Le rêve et la conscience noétique

Dans une perspective phénoménologique, le rêve se donne sous l'angle de la conscience, c'est-à-dire l'acte noétique et non pas un acte noématique car il demeure en tant que donnée fictive. Le rêve comme donation noétique doit être donné et pris dans sa représentation comme faisant partie de l'acte noétique même dont le processus perceptible s'instaure et s'institue selon la formation de la *phantasia* perceptible mais qui finalement tombe sous la force éliminatoire de la réduction phénoménologique[131].

Cependant, l'acte noétique relève d'une source ou d'une origine « irréelle » et la constitution du noème se fait selon un sens qui permet de repérer un objet

---

[131] *Idées directrices.*, *op. cit.*, p. 307. La différence entre l'acte noétique et l'acte noématique est un des problèmes de la phénoménologie de Husserl le plus complexe, voir D. Willard, « Finding the noema », in : *The phenomenology of the noema*, Dordrecht, 1992, pp. 29-47, ici, p. 42

comme c'est le cas dans le contexte de l'intentionnalité. Husserl est convaincu de la domination du monde apparent dans lequel le rêve suit la réalité effective où l'apparence du rêve et des images du rêve relève avant tout de l'apparence du monde constitué originairement intuitionné de façon consciente[132].

Le phénomène du monde et l'individu, faisant le rêve, sont à l'issue de l'accomplissement de la réduction phénoménologique et de l'épochè. La région du rêve étant perdue, « inconsciente », elle perd sa position pour rejoindre la région éveillée et apparente du monde, la région de la conscience. Cependant, l'inconscient n'est pas le bassin du rêve et Husserl en traitant l'inconscient comme énigme tente de donner des analyses en vue de délimiter le domaine de la conscience et la validité du processus du flux de conscience dans son trajet.

Dans le rêve, sous l'aspect de la *phantasia*, notre vécu est différent de celui de la simple *phantasia* et du souvenir. Le croisement de l'acte intuitif à partir de l'acte noétique et hylétique et la sensation originaire développée sous la constitution permanente de *Leib* met en jeu tout l'aspect phénoménologique afin de les considérer dans une description méthodique. Le rêve n'échappe pas à la conscience mais il « glisse » et le travail phénoménologique tente de retenir et de garder (*Behalten*) ce glissement d'origine intuitive.

En citant l'exemple d'une maison perçue par moi, j'ai une maison dans un mode de parution. C'est la même fonction esthétiquement car le noème vise le mode de la parution étant identique non-sensible à l'être et au non-être[133].

En conséquence le propos essentiel demeure dans cette difficulté majeure de savoir quel est le fonctionnement du noème dans la conscience intentionnelle et plus particulièrement dans l'aspect esthétique. La qualification du noème au fait d'être non-impressif peut être un repérage dans la fondation de l'esthétique du point de vue phénoménologique. Par le non-être, Husserl appelle la *phantasia* et tout le domaine de la subjectivité dans le mode du comme-si. Dans ce contexte le rêve s'inscrit dans ce registre de non-être dans lequel la part du noème est confirmée.

L'interrogation finale de Husserl quant à la direction du regard qui est porté sur le côté noématique et non pas toujours sur le noème a une réponse négative en marge du manuscrit. Peut-on comprendre que le noème est le point de la réception de toute donnée provenant du non-être et en l'occurrence du rêve ? Cette considération de Husserl laisse entendre que le noème porte le sens et il le transmet dans la conscience intentionnelle.

---

[132] Au sujet du rêve, de la compensation et du retour à la réalité, voir Elisabeth-Stéfanie Odermatt-Edelmann, *Leiblichkeit und Endlichkeit : die Auseinandersetzung mit der Realität der Existenz in Krankheit, Traum und Märchen*, 1985, p. 70 ; S. LaBerge, *Le rêve lucide : le pouvoir de l'éveil et de la conscience dans vos rêves.* 1985. Il est à signaler que l'expression du rêve lucide vient de Frederik Willem van Eden en 1913, voir Brigitte Holzinger, « Der Luzide Traum », in : *Traum-Expeditionen*, Hrsg. Stephan Hau, Wolfgang Leuschner, Heinrich Deserno, 2002, p. 135. Concernant la relation entre la conscience et le rêve et le fait de l'alternance entre le rêve et la réalité, voir M. Sami-Ali, *Le rêve et l'affect : une théorie du somatique*, Paris 1997, pp. 86-87.

[133] A VI 14a, *ibid.*, p. 18= **66 b**.

On peut supposer que Husserl, dans ce cas précis, pense à la mise en valeur du postulat noétique avant de penser à l'acte hylétique mais encore nous tombons dans l'aporie de savoir s'il existe l'acte noétique sans l'acte hylétique et *vice versa.* Comment peut-on apercevoir un moment noétique dans laquelle la conscience noétique ne donne pas encore la forme accomplie de la pensée noétique ? Peut-on penser que la conscience a des moments « absolus » où elle tombe dans sa propre image et son propre fonctionnement noétique avant de former des éléments hylétiques ou morpho-hylétique ?

Toujours lié à l'analyse de l'aspect noétique, nous découvrons le lien esthétique qui, à son tour, occupe une place considérable. Le manuscrit du groupe A VI 14a notamment, contient des propos au sujet de l'aspect esthétique du rapport entre la *phantasia* et le rêve. Le texte montre que Husserl vise la Phantasie et le rêve dans un sens originairement identique.[134]

Ce que Husserl nous fournit est essentiel quant à la relation entre la *phantasia*, étant dans la neutralité, et l'attitude universelle. Tout d'abord il convient de souligner que Husserl pose la question de la *phantasia* selon le mode de la neutralité mais qui repose dans la diversité de la spontanéité. Ce qu'on peut entendre par la spontanéité est une opposition à la volonté qui fonctionne normalement à l'état de veille. Autrement dit, il s'agit d'un abandon dans l'état du comme si et porté par ce qui nous transporte. Le fait que nous sommes conscients de la négativité ou de la nullité est fondamental et est un signe paradoxal du conflit entre le rêve et l'état neutre de la *phantasia* et la réalité du Moi dans son universalité[135]. La mise à l'écart de *phantasia* peut être une référence à la volonté de vivre où l'individu, en tant que sujet esthétique, tend et va toujours vers l'éveil, c'est-à-dire la tendance sublime vers l'éveil universel et l'accomplissement permanent de la loi universelle de l'éveil. C'est cette volonté de l'éveil qui met hors du jeu la *phantasia.*

L'esthétique a le caractère d'être actif et Husserl l'emploie pour montrer à juste titre l'activité noétique et intentionnelle de la conscience. En fait, la problématique de Husserl, formulée à la fin de cette partie par une question, reste dans le conflit entre la perception et la *phantasia* sous l'angle de l'aspect noétique. Le deuxième aspect prend en considération l'état de la chose comme la donnée du monde et sa valeur entre l'apparition dans la perception et celle de la *phantasia* :

> 2) Si je vis dans la phantasie reproductive ou bien perceptive, cela ne change rien d'essentiel, par exemple je vis dans une représentation figurative et certes dans le sujet que je parcours en «phantasmant». [...]. La «chose» qui a ici une valeur pour moi, n'est pas une quasi-chose de même qu'elle est dans l'imagination comme la quasi-réalité. Dans la phantasie je n'ai aucune chose et dans la phantasie je n'estime pas, mais là j'estime au maximum dans le quasi-mode. C'est L'«image» en tant qu'image qui a une valeur réelle pour l'existant (Dasein) qui

134 A VI 14a, p. 11=63b

135 *Ibid.*, p. 13=64b

> estime [...]. Le sujet esthétique ne rêve pas, il est en éveil, et éveillé dans le meilleur sens est le Moi qui accomplit des positions et pas des quasi-positions[136].

L'essentiel ici réside dans certains points caractéristiques en commençant par le sujet esthétique considéré comme réel car il est identifié en tant que *Dasein.* Celui-ci qualifié, à son tour, en tant qu'image représente la réalité humaine dans son sens ontologique, c'est-à-dire le Moi ou l'individu dans le monde éveillé. Dans l'analyse de Husserl nous constatons que le mot employé pour la chose est *Sache* ce qui relève plutôt de la subjectivité du concept mais qui est employé par Husserl dans le sens objectif. Très représentative dans ses écrits de ces années trente, la valeur réelle et effective de la chose (*Sache*) est aussi reportée, d'une certaine manière, sur le *Dasein* comme le symbole immanent de l'individu ou le sujet esthétique.

L'enjeu est considérable dès qu'on examine le sujet esthétique qui se projette dans son effectivité et sa réalité et il n'est pas dans la simple position ou l'attitude de la passivité. D'où l'importance de l'acception esthétique chez Husserl qui fait que l'esthétique devient le contexte de l'activité même de l'individu dans l'horizon d'activité universelle.

Dans ce processus Husserl met en œuvre un fonctionnement corrélat entre la quasi-position de l'objet-de-phantasie et la modification de l'objet par le Moi actuel sous l'angle de la manière-de-parution de l'objet. Ce fonctionnement montre une manière de positionnement de l'individu qui s'intègre dans la perception du monde où il se donne, en tant que tel, pour se recevoir par la suite dans une position actuelle. Ainsi, le Moi faisant partie du monde, devient l'objet même de la perception et c'est par le biais de ce positionnement qu'il sera en mesure de voir et de percevoir la chose en tant que sujet esthétique. C'est une sorte d'idéation sur laquelle Husserl met l'accent et revient à la fin de cette partie. Ce lien représente l'aspect noétique de la conscience intentionnelle et Husserl insiste notamment sur le fait que le Moi accomplit une position.

Malgré la question qu'il pose dans la suite du texte, à savoir la possibilité d'un fonctionnement différent entre les rêves dépendant des quasi-objets de *phantasia* et l'esthétique éveillée, Husserl souligne que la question du Moi esthétique n'est pas dans ce sens. À partir de là, Husserl s'attache à analyser l'aspect esthétique selon l'exemple du drame historique où s'entremêle le spectateur dans la réalité historique[137].

La notion de *Relevante* est essentielle dans le contexte pour expliquer le rapport entre l'objet-de-*phantasia* et la réalité. Husserl dans la suite du texte insiste sur le fait qu'il n'estime pas les objets selon les qualités d'objet et le fait de juger un objet étant-là ne donne pas non plus la valeur et l'importance. Les montagnes et les forêts, citées par Husserl comme importantes, ce sont des objets (*Gegenständ*) comme objets de l'expérience et qui, dans leur manière d'apparition, sont identifiables par tout le monde. Autrement dit, il y a une valeur commune constituée dans le monde de la communauté qui permet de

---

[136] *Ibid.*, pp. 14-15=64b-65a-5

[137] *Ibid.*, pp. 15-16=65 A- 65b

percevoir les objets dans leur réalité en dehors de la subjectivité de l'estimation de l'individu[138].

Le pur objet dont Husserl souligne ici dans son texte est situé entre être ou non-être ce qui veut dire le conflit entre la perception et la *phantasia*. Cependant c'est le mode d'apparition qui détermine la beauté d'objet ou l'image dans le premier et le pur sens. L'objet reste, en quelque sorte, dans son statut objectif sans être touché par l'être ou le non-être et il garde son entité eidétique[139].

Ce que nous pouvons comprendre, et que Husserl par la suite confirme, est dans l'idéation de l'objet qui relève de la transcendance de la perception et qui relève, à son tour, de l'intentionnalité originairement donné dans le monde. L'aspect selon lequel Husserl représente l'objet qui a la valeur et la beauté est soulevé ici en considérant que ce qui est réveillé par la chose comme tel dans notre ambiant donne cette valeur et cette beauté. En regardant un tableau comme la chose, comme l'objet, il réveille originairement l'intentionnalité particulière chez les humains alors même que l'objet est, lui-même, face à l'être ou au non-être[140].

Ce processus fait l'objet du passage suivant dans lequel Husserl dit que le Moi en phantasmant devient éveillé car l'image en tant qu'étant ou existante est dans un mode de l'idéalité. En fait, l'idéalité transcendantale est le passage qui mène l'individu de son étant dans la position fictive vers le monde de la perception[141].

[138] *Ibid.*, p. 16=65b

[139] *Ibid.*, pp. 16-17=65 b-66 a- 6

[140] *Ibid.*, p. 17=66 a- 6

[141] *Ibid.*, pp. 17-18=66 a- 6

Chapitre 2 – Le Moi thématique et la constitution de l'unité du monde

1. Entre deux mondes

Depuis l'Antiquité, le rêve représente une entité distincte de la veille, dans le contexte de la « métaphysique du rêve ». Pour Husserl, une telle distinction n'a pas lieu en tant que telle et tous les efforts de la phénoménologie consistent à démontrer l'existence de la période du sommeil ou de l'attitude de la rêverie dans le contexte de l'éveil comme le soubassement de la vie consciente. Cependant, entre la conviction ancienne qui considère le rêve comme un monde à part de celui de la veille et l'aspect philosophique voire phénoménologique, Husserl s'intéresse à certaines temporalités dans le monde de la vie afin de parvenir à cerner l'enjeu phénoménologique du sommeil (sans rêve) et du rêve.

L'expression de monde du rêve (*Traumwelt*) ou de monde onirique ne désigne pas une constitution du monde autre que le nôtre. Il s'agit de la tentative de connaître le côté parallèle du monde apparent. Un monde qui n'est ni invisible, ni caché ni absent mais un monde « fictif », « visiblement fictif », un monde que sa manifestation rend littéralement disponible ou présent (*vorhanden*) dans notre vie actuelle et effective[142].

L'enseignement de Husserl, à savoir que le monde est réel, éveillé et conscient, est l'élément fondateur pour toute réflexion phénoménologique quant à l'homme et à la constitution du monde de la vie. Quelle est la caractéristique de cette vision et de cet enseignement ? Pourquoi Husserl revient-il chaque fois sur cette question pour souligner que nous vivons dans un monde vivant, actif et présent ? La réflexion au sujet du monde est l'un des thèmes les plus fréquents dans les écrits de Husserl.

En étudiant les textes de Husserl, même dans les années tardives, nous constatons, de plus en plus, que Husserl ne cède jamais à des études ou à des données non phénoménologiques et c'est encore davantage le cas en ce qui concerne la notion de monde intermédiaire. Husserl voit qu'il peut exister un temps écoulé qui reste « obscur » ou indéfini, un espace non repérable, du moins dans l'immédiat et un monde où notre connaissance consciente s'arrête et ne peut pénétrer. La valeur d'un monde factice, est qu'il surgit du monde réel et en mouvement et qu'il va se situer dans ce même monde de façon consciente.

C'est là encore de nouveau la mise en œuvre de la réduction transcendantale, c'est-à-dire la mise hors circuit de toute quasi-donnée pour parvenir à la

---

142 *Hua.*, III/2, Den Haag, 1976, « Ergänzende Texte » (1912-1929), p. 586

position ou à la situation où le monde est comme l'accomplissement de l'éveil voire de la conscience transcendantale. Cette problématique est le fondement de tout le discours phénoménologique de Husserl, notamment dans les années tardives où la question de l'éveil, du sommeil et de la mort est posée comme le mode de fonctionnement de la modification de la temporalité[143].

2. L'homme du monde et l'homme dans le monde

L'un des aspects fondateurs sur lequel Husserl établit une phénoménologie transcendantale est la situation de l'homme dans le monde et l'aperception du monde de façon intuitive. Husserl ne met en avant aucune question ou problématique phénoménologique, en l'occurrence le rêve ou le sommeil, sans en souligner les éléments les plus pertinents. L'évidence du monde ne s'exerce dans l'expérience que dans la sphère d'une subjectivité qui constitue intérieurement sa temporalité consciente dans le monde de la vie. La subjectivité du rêve, qui relève de la subjectivité transcendantale du réel, n'existe que si on considère que le sujet transcendantal est donné originairement dans la conscience.

La problématique se situe dans ce fait que le monde fictif se mêle avec le monde réel et effectivement existant. Nous disons le monde mais nous entendons toujours des mondes ou bien nous vivons dans un monde, et un seul, mais nous en visons plusieurs. C'est le simple fait de l'aperception quant à l'homme et à son rapport avec le monde sur lequel nous reviendrons plus tard. Dans la sphère du monde tel quel, la pluralité s'impose comme la boîte gigogne qui est là présente devant nous mais qui, dès qu'on l'ouvre, en montre d'autres identiques à elle-même. La pluralité du monde se manifeste aussi bien horizontalement que verticalement, à l'intérieur qu'à l'extérieur.

Le monde est le lieu où je suis et vers lequel je me tourne, un monde naturel et dans une attitude transcendantale. Un monde qui m'entoure et qui se livre à moi, un monde qui se transcende dès son origine naturelle. C'est un monde qui est conscient et dans lequel nous avons la conscience d'être dans le monde comme une donnée intuitive. C'est un monde qui est là pour nous et devant nous, duquel j'ai une conscience sans doute et sans scepticisme. Nous avons phénoménologiquement un monde de sens, voire signifiant un monde sensible dans sa chair originaire et un monde réfléchi[144].

---

[143] Entre autres données, nous pouvons citer le manuscrit C 17-V.3 dans lequel Husserl reprend cette problématique. Le monde comme accomplissement de l'éveil et l'être-éveillé (*Wachseins*), le sommeil, et la mort comme mode, p. 78=79a *sq* ; le monde comme le sol de toute praxis humaine, *ibid.,* p. 81=81b. Quant à la temporalité, Husserl qualifie la temporalité comme l'unité, qu'il s'agisse d'unification ou de pluralité. Autrement dit, c'est l'unité qui règne dans le processus temporel, une unité constituée, *Hua.*, XV/315

[144] M. Richir, *La crise du sens et la phénoménologie*, Grenoble, 1990, p. 210

C'est dans l'horizon de l'aperception intuitive et dans le sens de l'institution consciente du monde, en surmontant le monde dans l'attitude naturelle, qu'on parle du phénomène du monde. Le monde en tant que phénomène se situe comme le temps phénoménal, un monde livré dans son étant et selon la modalité de la temporalité et un monde tout-temporel (*Allzietlichkeit*). Le phénomène du monde m'est donné de façon intuitive mais il est donné selon mon phénomène du monde à Moi. Ce Moi est comme étant le sujet-du-Moi de l'époché qui s'accomplit et se valide et perçoit ainsi le monde dans son apparence phénoménologique par la réduction[145].

Le monde aussi dans son espace et sa spatialité est intuitivement reçu et on peut dire que nous le percevons intuitivement *a priori*. Autrement dit, le *Leib* du monde touche le *Leib* du Moi, les chairs s'entremêlent, ils se constituent et chacun constitue son unité ontologique. C'est ainsi que le monde primordial est la constitution de mon expérience comme Moi, et que je constitue mon propre mouvement et ma propre chair dans la chair du monde[146].

Le monde est un monde de vivants, un monde de vivacité mais il comprend la mort et les morts, d'où « l'anthropologie phénoménologique » introduite par Husserl dans une certaine mesure. Le monde éveillé est la vie concrète dans laquelle le Moi vit et réfléchit de façon réelle et éveillée[147].

Le monde m'apparaît comme l'étant de toute réalité. Le monde localisé dans l'espace se manifeste aussi à travers la nature dont la personne est sa manifestation. C'est cette personne, c'est Moi en tant qu'unité constituée, voire la monade corporelle et charnelle qui peut toucher la chair du monde par sa chair, ce qui fait l'expérience individuelle proprement dite[148]. Cela se traduit dans l'individualité du Moi temporel qui est conscient dans sa dimension ontologique temporelle dans la dimension temporelle même du temps actuel, du maintenant et juste à ce moment même du maintenant (*Jetzt*)[149].

La chair aux yeux de Husserl est l'expression du monde, elle est la donnée ultime du monde, considérée à juste titre comme donnée psychique. La chair

---

[145] Au sujet du rapport du Moi dans le monde (phénomène du monde) sous l'aspect de la réduction phénoménologique. *Hua., XXXIV*, *Zur phänomenologischen Reduktion,* Dordrecht, 2002, pp. 484-486

[146] *Hua.*, III/2, *op. cit.*, p. 522. Le texte n° 17 de Hua XV est explicite au sujet de la constitution transcendantale du moi primordial en tant qu'« homme », p. 282 *sq.* Au sujet du rapport du monde avec l'horizon, voir J.R. Mensch, *Intersubjectivity and transcendental idealism*, New York, 1988, p. 141, 143. Au sujet du monde comme l'horizon nécessaire à l'expérience des objets, voir K. Held : « Le monde natal, le monde étranger, le monde un » in : *Huserl-Aussgab und Husserl-Forschung*, Dordrecht, 1990, p. 15

[147] Voir *Hua.*, XXIX, *op. cit.*, p. 60-61.

[148] *Hua.*, VIII, p. 259. Dans *Idées. I*, Husserl commence avec le rapport de la connaissance naturelle qui va de pair avec l'expérience et demeure dans la limite de l'expérience. *Op. cit.*, p. 13 *sq.*, p. 103. Au sujet de la totalité mais par rapport à l'unité du vécu intentionnel, voir A. de Muralt, *L'idée de la phénoménologie*, Paris, 1958, pp. 278-279. Ailleurs, Husserl parle du monde en tant que cosmos et du rapport de l'homme avec la terre. *Hua.*, XV, *op. cit.*, p. 667

[149] Le rapport temporel de l'individu est défini, selon Husserl, dans le mode du maintenant (*Modus Jetzt*) dans lequel le Moi individuel est conscient ou encore le *Dasein* qui se trouve dans la forme d'un maintenant-de-l'être (*Jetzt-Seins*) et l'être-ici (*Hier-Sein*). *Hua.*, XXXIII, *op. cit.*, p. 292

retient la chair du monde et la proximité ontologique ne laisse pas de doute sur sa réalité. La chair se sent et se comprend dans son devenir ontologique, d'où sa kinesthésie, puisque c'est le monde qui se meut ontologiquement dans sa racine primordiale[150].

Le Moi représente en quelque sorte la conscience et par la suite la vivacité élémentaire et la réalité effective du monde. Cette proximité avec le monde et avec la nature devient le motif principal de tout établissement du monde factice. C'est ainsi que même le monde possible et toute subjectivité trouve son fondement dans ce Moi conscience du Moi dans le monde conscient[151].

La nature devient la localisation caractéristique du monde, c'est-à-dire pour concrétiser l'objectivité du monde, c'est la nature qui entre en jeu pour donner cette signification[152]. Le Moi vivant dans les diversités de la vie comme penser, souhaiter, juger etc., se figure en tant que Moi réveillé en train de faire l'expérience. Dans la constitution du monde originairement conscient le Je actif s'engage dans la constitution de la subjectivité voire la monadologie transcendantale.

Cela veut dire que même étant en sommeil ou en endormissement le Moi parcourt le trajet du processus du réveil et qu'il accomplit de façon permanente la période de l'éveil qui entoure les vécus, voire l'expérience du Moi dans le monde comme le Moi transcendantal. La réduction phénoménologique, d'une certaine manière, prend en charge l'altération du Moi dans ses activités éveillées pour le faire parvenir à l'état « idéal » ou *a priori* originaire[153].

Par-là, nous parvenons, d'une certaine manière, à l'idéalisme transcendantal où l'individu fait sa propre expérience en tant que le sujet effectivement réel. Le *Dasein* du Moi n'est pas simplement l'élément de mon sujet individuel mais concerne et se constitue par rapport à l'autre et à autrui. Le retour vers le sujet principal, le Moi, en tant que la constitution d'une réalité définie dans son entité met en œuvre la continuité du Moi qui fait l'expérience dans la *phantasia* autant qu'il fait l'expérience dans le monde réel. Le corrélat entre la possibilité dans l'expérience et la réalité effective du monde met en parallèle un équilibre harmonieux à partir du sujet en tant que réalité individuelle[154].

Le schéma eidétique du monde rejoint le schéma noétique de l'individu. L'individu est déjà dans le monde et il fait partie de son monde environnant, de son monde natal et de son monde en général. Autrement dit, la constitution du

---

[150] Jan Patocka, *Die natürlich Welt als philosophische Problem, Phänomenologische, Schriften I* in : *Ausgewählte Schriften.* 1990, p. 122

[151] *Hua.* VIII, *op. cit.*, p. 288 *sq,* ici p. 292. Husserl donne un aspect littéralement différent de Descartes quant à ce positionnement ontologique de l'individu ou de la personne. Il s'agit de la prise de position dans le monde réel et éveillé. L'homme comme le sujet-de-conscience (*der Mensch als Bewusstseinssubjekt*), *Hua.*, IX, 1968, Beilage XXVII, p. 489

[152] La nature, selon Husserl, étant la grande structure nécessaire du monde objectif, *Hua.* XXXII, Beilag XII, p. 211. Voir J. Scanlon, « Husserl's *Ideas* and the Natural Concept of the World » in : *Edmund Husserl and the Phenomenological Tradition : essays in Phenomenology*, (R. Sokolowski, éd.) Washington, 1988, pp. 217-233

[153] Voir *Hua.*, VIII, Beilage, XVIII, p. 413 *sq.*, au sujet de l'épochè, *ibid.,* Beilage XXIII, p. 444 *sq.*

[154] *Hua.*, XXXVI, *op. cit.*, pp. 146-150

monde ambiant est à partir du Moi psychique où l'homme se donne au monde et comme le monde s'est instauré intuitivement chez l'homme. Une image perçue dans la *phantasia* doit être selon un certain degré dans la sphère de la conscience et dans la conscience de conscience. Le postulat de la temporalité et la durée d'une donnée fictive comme l'image dans la *phantasia* ou le rêve fait que la conscience en elle-même se temporalise en se fondant en elle-même[155].

Dans ce sens, la question de la conscience de la conscience du temps relève d'une certaine manière de la transcendance de la conscience. On peut même dire que la réduction phénoménologique s'attache à donner une détermination à la conscience afin d'établir les diversités de la conscience dans ses visés. Il se peut que cette argumentation puisse rejoindre l'aspect selon lequel la psychologie est assujettie à la phénoménologie, dans la psychologie phénoménologique, en ce qui concerne la question de la connaissance et par là de la conscience[156].

En conséquence, le monde se donne originairement comme un, comme unique et téléologiquement comme le lieu de toute donation de la conscience et des objets intentionnels, y compris toutes les données subjectives, voire « non-réelles » comme la *phantasia*. Si Freud propose le penser du rêve, il convient de dire que chez Husserl la pensée ou le penser s'institue dans le monde de l'éveil et qu'il s'agit de l'accomplissement de la raison dans le processus de l'expérience.

À travers les quasi-données dans le domaine de la *phantasia*, nous tenons la vision comme l'une des notions auxquelles Husserl consacre son attention. La vision dans les écrits de Husserl a une nuance « fantasmagorique », avec un caractère intuitif. L'intérêt que Husserl porte à la vision semble avoir un côté individuel et volontariste qui se situe éventuellement dans l'expérience personnelle de Husserl même. On peut même envisager de faire une étude et une analyse quant aux expériences personnelles de Husserl, à partir des considérations de ce dernier au sujet de ces expériences[157].

Le § 20 du chapitre 3 du texte n° 1 de *Phantasia, conscience d'image, souvenir*, pose la question au niveau de l'imagination qui n'est pas donnée au moyen d'images physiques. On constate que Husserl prend, dans ce texte, la *phantasia* au sens d'imagination, d'où par la suite une absence de distinction dans de

---

155 Le monde natal est un espace particulier dans lequel l'homme retient et vit ses vécus, ses souvenirs et ses rêves. On peut supposer que le rêve dans le monde natal est approprié et que l'espace de ce monde est donné intuitivement au Moi tandis que le rêve dans le monde de la vie est donné par le souvenir, le vécu, et pour ainsi dire la culture.

156 Voir R. Bossard, *Psychologie du rêve*, Paris, 1972, critiquant la théorie de Freud, pp. 121-124, ici pp. 123-124

157 On connaît d'autres passages qui ressemblent à celui que nous abordons ici. Il s'agit des conférences de Freiburg où une fois Husserl parle de l'intuition en citant le cas des mystiques. A la fin de la quatrième leçon, Husserl conclut ses propos de la façon suivante : « Par conséquent le moins possible d'entendement, mais autant que possible l'intuition pure (*intuitio sine comprehensione*) ; *L'idée de la phénoménologie*, p. 88. Certaines lectures à ce propos ne voient pas qu'il s'agit d'une tendance mystique chez Husserl, voir Ronald Bruzina, *Logos and Eidos : the concept in phenomenology*, The Hague, 1970, p. 39

nombreux passages ou textes dans cet ouvrage. Les images de *phantasia* supprimées, c'est la perception qui est mise hors circuit au fur et à mesure pour donner l'opposition entre la réalité effective et le caractère d'image-de-*phantasia*[158].

Quand on croise la notion de *Dasein* dans ce passage, on s'aperçoit que cette notion s'est fait jour chez Husserl bien longtemps avant ses écrits des années vingt. Ce qui montre que Husserl donne une signification plus ou moins particulière aux phénomènes et aux choses à partir de leur positionnement catégoriel sous le registre de *Dasein*[159]. Le fait le plus marquant, c'est que Husserl souligne notamment ici dans le même temps la mise hors circuit du corps vivant, du *Leib*, comme faisant partie du monde vivant et de la réalité. Autrement dit, l'absence du corps vivant dans l'absence de la réalité donne lieu au monde de la *phantasia* perçu comme le monde réel[160].

Dans ce passage, Husserl introduit la question du rapport hylétique et imaginaire sans évoquer les détails. L'état de transe du visionnaire relève plutôt d'une temporalité où la conscience varie d'une attitude à l'autre sans perdre le processus permanent d'explicitation originairement donnée dans sa constitution. La vision nous conduit à l'état dans lequel l'individu perçoit sans toutefois avoir le pouvoir d'intervenir. L'état de transe est celui dans lequel l'individu est plutôt spectateur mais éventuellement avec intérêt. Si l'intérêt peut avoir lieu dans cette situation, il est possible d'établir un parallèle entre cet aspect et l'aspect selon lequel l'individu réveillé trouve son intérêt et que le monde réel est le seul à avoir l'intérêt pour les vivants dans la réalité. Cela accentue le propos de Husserl qui tient à la mise en analyse de la visée transcendantale dans le processus de l'éveil et le rapport entre l'acte hylétique sous le registre de la passivité et l'affection, et l'acte noétique où s'inscrit une bio-neurologie de la conscience en mouvement[161].

En suivant le texte, nous constatons que Husserl envisage la possibilité de la conscience dans la formation-de-*phantasia.* Le processus qui mène de la *phantasia*, et en l'occurrence du rêve, vers la perception réelle et actuelle est porteur de la conscience car l'intention vise le monde et les choses à mesure que l'individu se réveille.

Le texte n° 1 daté de 1904-1905 est rédigé dans un esprit différent de celui des années postérieures, tels les numéros 19 et 20. Ce passage témoigne de l'originalité de propos de Husserl quant à l'établissement d'un lien entre le champ noétique et l'acte hylétique.

Le passage qui suit nous fournit quelques éléments utiles :

---

158 *Phantasia., op. cit.*, p. 82. Husserl plus tard parle de ce fait conflictuel dans le texte n° 18, *Ibid.,* p. 489

159 *Phantasia, ibid.,* p. 82

160 On peut considérer une mise en application d'un tel passage à la vision mystique cependant il est à souligner que les données phénoménologiques ne sont pas originairement destinées à une telle application.

161 Voir A. Montavont, « La question de la pulsion chez Husserl », dans *Etudes de philosophie ancienne et de phénoménologie*, 1999, pp. 381-400

> Nous l'admettons également dans le cas du *rêve*, et pas simplement du rêve dans le sommeil, mais aussi des rêveries éveillées (*im wachen Träumen*). Parfois nous nous donnons tant aux voies de la *phantasia* que nous commençons à réagir aux apparitions-de-*phantasia* dans des actions *telle que c'est comme s'*il s'agissait de perceptions : notre poing se resserre, nous tenons une conversation à haute voix avec les personne imaginées (*eingebildeten*) etc. C'est, bien sûr, avec cela justement que le rêve se termine d'habitude, la perception effective chasse l'imagination (*Einbildung*) [...][162].

Il est essentiel, en premier lieu, de constater l'emploi de la notion de conscience (*Bewusstsein*) et sa contribution dans la formation-de-*phantasia*. Husserl parle à la fin de ce passage du cas le plus fréquent dans lequel nous voyons sombrer le monde réel tandis que nous suivons nos *phantasiai*. Si on suit le texte, cela veut dire que nous sommes toujours dans l'état de vision des choses et dans l'état du visionnaire. Quant à la vision, celle-ci est est prise dans le visé de la conscience intentionnelle et dans ce cas la vision n'a pas une catégorique propre à elle face à l'intentionnalité.

3. L'unité du Moi dans la constitution de l'unité du monde

Une fois l'unicité du monde constituée, nous parvenons au Moi conscient vivant dans un monde conscient et dans l'unicité avec l'espace et le temps. Le Moi conscient est conscient de ce monde et de l'unicité localisée dans l'espace dont l'espace du Moi éveillé et ses activités dans le processus temporel.

Psychologie phénoménologique représente une œuvre majeure dans la mesure où Husserl part d'une implication de la psychologie dans la phénoménologie ou encore la « phénoménologisation » de la psychologie avant de parvenir aux problèmes traités par *La crise des sciences européennes*. Le Moi comme entité propre réunissant et manifestant le vécu de l'individu est une notion centrale quant à la relation avec le monde réel.

On peut repérer trois aspects du Moi éveillé et conscient : d'une part la *psychologie phénoménologique* représente l'aspect selon lequel le Moi trouve une place centrale et l'ouvrage souligne cet aspect. La synthèse passive est un deuxième aspect qui donne encore une approche du Moi éveillé notamment quant à la kinesthésie et au processus transcendantal vers le futur et à la connexion du Moi dans un monde éveillé ou en train de s'éveiller davantage pour parvenir aux couches sublimes dans le temps et dans l'espace du monde de la vie[163]. Un troisième aspect est repérable dans les écrits de Husserl sur l'intersubjectivité et montre l'attachement voire même l'enthousiasme de Husserl pour la question du sommeil et le questionnement au sujet de la vie et de la mort.

---

162 *Phantasia, conscience d'image, souvenir*, *ibid.*, p. 82

163 Dans un contexte d'intersubjectivité, Husserl souligne que dans chaque vue ou vision (*Anblick*) il y a un non point de vue (*Unstandpunkt*) du Moi. *Hua.*, XIV, p. 253

Le moi éveillé est le signe de la psychologie phénoménologique proprement dite car il ne s'agit plus de l'attitude naturelle comme le voulait la psychologie traditionnelle mais de l'attitude eidétique à partir de la réduction phénoménologique. Dans cette attitude, le *Traumwelt* (monde du rêve) est censé accueillir le monde éveillé et c'est même le moi éveillé qui fera sa propre expérience dans le *Traumwelt.* Voici le passage de la *psychologie phénoménologique* [§ 41] :

> Il est le moi des affections et des actions, le moi qui, dans le flux des vécus, n'a de vie que parce que, d'une part, il exerce en eux, à titre de vécus intentionnel, des intentions qu'il est donc dirigé vers leurs objectités intentionnelles et a affaire à elles, et d'autre part, parce qu'il reçoit des stimulations de ces objets, qu'il est touché par eux en tant que moi qui ressent, qu'il est attiré vers eux, qu'il est motivé par eux à agir. Pour autant qu'il est cela, il est « éveillée » et, en cela, il est particulièrement « éveillé » de différentes manières en vue de tels ou tels objets. Mais il peut également être un moi insensible, dormant. C'est-à-dire que, que ce soit sur un mode immanent ou transcendant, rien ne se détache, tout est intriqué de façon indifférenciée dans un flux. Alors, même le moi lui-même est précisément et à sa manière un pôle-sujet qui ne se détache pas, à savoir qu'il n'est pas alors un pôle qui fonctionne dans des fonctions égoïques variables, touché par des affections particulières et les attendant, attiré par elles, puis, suivant leur impulsion et réagissant par des activités égoïques et des mouvements actuels d'attention. Le moi dormant (*schlafende Ich*) ne se dévoile naturellement, dans son caractère propre, qu'à partir du moi éveillé, moyennant une réflexion rétroactive d'un type propre. À examiner les choses de plus près, le sommeil n'a de sens que relativement à la veille et porte en lui les potentialités de l'éveil (*Potentialität des Erwachens in sich*).
>
> Considérons les actes du moi. Le moi, comme moi éveillé (*Ich als waches*), est actif en un sens spécifique. Par exemple : j'ai une aperception de type perceptif, je « considère » quelque chose, je me dirige vers le passé par le souvenir, je le saisis, j'accomplis une présentification qui est une prise en considération, j'explicite l'objet (*Gegenstand*), je le détermine en tant que substrat (*Substrat*) doté de propriétés qui lui appartiennent, je le rapporte à d'autres objets, compare et différencie, je l'évalue comme étant beau ou haïssable, je l'imagine comme étant différent et plus beau, je souhaite qu'il soit autre. « Je peux » le former autrement, le vouloir et le réaliser. Dans de tels événements que l'on peut mettre au jour sur un mode purement interne, le moi est toujours là- non pas comme un mot vide mais comme un centre que l'on peut mettre au jour directement, comme un pôle (*Pol*)[164].

Retenons une nuance entre les deux états d'être endormi et d'être en sommeil. Par le premier nous entendons le sommeil avancé et la position submergée de l'individu tandis que par le sommeil on peut entendre une vague idée de l'individu dans un état non réveillé. L'opposition que Husserl met entre le Moi dormant ou en sommeil avec le Moi réveillé fait appel à cette nuance. Autrement dit, cette opposition se trouve plutôt dans l'emploi de deux mots

---

164 *Psychologie phénoménologique*, trad. de l'allemand par Philippe Cabestan, Natalie Depraz et Antonino Mazzú ; revue par Françoise Dastur, Paris, Vrin, 2001, pp. 196-197

différents, *Erwachen* qui signifie le fait de se réveiller dans la durée et *Weckung* qui représente l'acte même de l'éveil en tant que tel.

Le Moi occupe une place déterminée par le temps mais un temps temporalisant son *Dasein* comme faisant partie de ce monde même[165]. Ainsi, tout ce qui appartient au monde appartient au Moi en commençant par le caractère conscient du monde. Même si nous dormons, nous avons une certitude préalable que nous sommes vivants, présents et en train de vivre des vécus sur lesquels notre conscience a le contrôle.

Ce que souligne Husserl dans les premiers propos de ce texte, à savoir que « le moi dormant (*schlafende Ich*) ne se dévoile naturellement, dans son caractère propre, qu'à partir du moi éveillé », provient de cette signification et veut insister sur la « région » du réveil comme le centre de *Dasein* de l'individu. Le Moi en tant que pôle-sujet est la signification phénoménologique de *Dasein* de l'individu dans le monde et plus précisément dans la nature constituée dans la sphère de la conscience mondiale et universelle.

L'idée du Moi éveillé dans le monde de la vie souligne un aperçu plus représentatif chez Husserl, à savoir la volonté, qui se donne au monde et qui devient créatrice des actes à accomplir. La volonté est le signe même de la conscience éveillée qui se dresse pour présenter l'intérêt et la motivation de l'individu, du Moi. La force (*Kraft*) dont l'emploi surgit dans les écrits de Husserl, se constitue selon une volonté à l'échelle universelle qui transcende l'acte de l'individu réfléchissant toujours vers le point du présent continu où la conscience s'accomplit dans le processus temporel de concordance des données.

Husserl parle aussi du fait que le mot Moi n'est pas vide et cela pour cette raison qu'il est actif et dans un mouvement « esthétique » ou kinesthésique où la volonté met en œuvre le pouvoir d'accomplir des actes[166]. Le Moi n'est pas vide car il est toujours en train d'accomplir et de constituer sa propre monadologie transcendantale. Le moi devient comme étant le centre car l'intérêt se propage dans le monde constitué à partir du Moi actif qui parcourt la diversité vers la constitution de l'unité et de l'unité transcendantale pour remplir les champs divers du monde ambiant. L'être n'est pas vide mais il se remplit dans le flux du temps, il se remplit en temporalisant son temps transcendantal[167].

La *phantasia*, les actes intuitifs, et tous autres data subjectifs sont *a priori* les signes de ce pouvoir car il s'agit de la constitution dans le monde et dans la nature. C'est la raison pour laquelle le Moi ne s'identifie pas avec le sommeil et avec la « région possible » mais c'est dans l'enceinte du monde et de la nature qu'il trouve sa provenance et l'attitude transcendantale. La constitution du *Leib*

---

165 Husserl parle de l'esprit de l'homme et de sa signification et dans ce sens, il parvient à démontrer la localisation du corps dans l'espace et dans le temps. *Idées.*, II, p. 285,

166 Dans un passage, daté de 1931, Husserl précise que les kinesthèses ne sont eux-mêmes un mode de volonté mais ils se constituent, par rapport au but, un chemin de volonté. Voir *Hua.*, XV, *op. cit.*, p. 330

167 Voir G. A. de Almeida, *Sinn und Inhalt in der genetischen Phänomenologie E. Husserls,* Den Haag, 1072, p. 219

dans la nature et l'aspect somatologique permet de considérer que l'image de la *phantasia,* et en l'occurrence du rêve, s'instaure dans une attitude consciente, voire la réduction phénoménologique, qui correspond à la constitution du monde conscient.

On comprend mieux pourquoi Husserl insiste sur le monde et le Moi éveillé si on considère le défi dans lequel lui-même et la phénoménologie se trouvent. Alors que la psychanalyse tente de positionner le Moi dans son état « clinique » (et cela dans un contexte de maladie) et que l'individu est mis en « analyse », Husserl maintient l'homme dans sa position vitale et originaire, comme le centre de tout l'intérêt dans le monde[168].

Quant au rêve pour Freud, la question peut être posée aussi sur le plan de la « maladie », d'où il insiste sur l'inconscient et sur son rôle pour interpréter la fonction mentale et les actes psychiques. Autrement dit, Freud voit l'individu en tant que malade pour enfin l'amener à la guérison alors que Husserl veut toujours le sortir de l'état d'oubli et de maladie et de l'inconscient pour l'amener à l'état de veille[169].

4. Le monde en éveil et le Moi réveillé

Le questionnement au sujet du monde éveillé trouve encore place dans les écrits de Husserl comme par exemple dans le texte n° 3 qui figure dans « Autour des Méditations cartésiennes ». Après avoir parlé du monde et du rapport intersubjectif dans l'altération et l'apparence *(Schein),* Husserl traite, dans le passage qui suit, la question du réveil :

> Qu'en est-il de l'« entrée dans la vie » (*ins Leben Treten*) de la naissance (*Geborenwerden*) ? Est-ce un mode d'éveil (*Erwachen*) ? Y a-t-il des modes d'éveil ? 1) S'éveiller du sommeil (*Erwachen vom Schlaf*) : s'éveiller sur le mode d'effectuer une synthèse avec un état de veille antérieur (*früheren Wachheit*) qui était passé, 2) un autre éveil comme étant de veille (*wachheit*) qui n'a derrière lui aucun passé constitué (*konstitutierte Vergangenheit*) [...][170].

---

[168] Avec Freud commence une nouvelle approche, entre autres, envers le rêve, c'est-à-dire la pratique clinique du moi psychologique, voir Andreas Hamburger, « Traumnarrative – Interdisziplinäre Perspektiven einer modernen Traumtheorie » in : *Der Traum in der Psychoanalyse*, Stuttgart, 1997, pp. 185-190, ici p. 186.

[169] Au sujet de l'inconscient, voir S. Freud, *Métapsychologie*, Paris, 1994, pp. 65-121. On parle de maladie et on vise la névrose comme le point de départ et le centre d'intérêt médical de Freud avant la « découverte » de l'inconscient. Il semble naturel que la névrose comme « une impasse imaginaire » reste toujours présente dans le discours psychanalytique qui, « peut nous faire sortir » de cette impasse. J. B. Pontalis, « La découverte freudienne » in : *Après Freud*, Paris, 1968, p. 75-76. Pour un aspect de la maladie qui est en rapport avec la douleur et le corps étranger, sans faire allusion à l'intersubjectivité, voir J. B. Pontalis, *Entre le rêve et la douleur*, « sur la douleur (psychique) », Paris, 1977, pp. 255-269. Le fort intérêt que Freud portait à la relation entre le rêve et la névrose a été étudié par K. Levin, *Freud early psychology of the neuroses*, Pittsburg, 1978, pp. 220-221

[170] *Autour des Méditations cartésiennes*, 1998, p. 71 ; *Hua.*, XV, p. 50

Pour parler plus précisément, il convient de signaler l'emploi des mots avec lesquels Husserl s'exprime quant au monde ou au Moi éveillé. Il emploie tour à tour les mots *Erwachen*, qu'on traduit dans ce contexte par éveil ou par celui qui est éveillé, *Aufwache,* le fait de se réveiller, *Wachen*, l'éveil sur ses gardes, et *Wachheit*, l'état d'éveil et les mots composés *Ichwach*, le Moi en éveil ou en veille, *Welt erwach*, le monde éveillé, etc.

À première vue, il s'agit de nouveau de la temporalité dans les différentes formes de l'éveil ou bien de la diversité de la consciente temporalisante selon le processus du flux de conscience. De même qu'il existe un temps intermédiaire, il peut aussi exister un monde intermédiaire à propos duquel Husserl pense et pose des questions sans toutefois avoir toujours des réponses satisfaisantes.

Husserl donne deux modes d'éveil : le premier est le fait de s'éveiller du sommeil, ce qui correspond à la vie réelle dans laquelle l'enchaînement des actes est constitué dans le processus temporel. Dans ce premier mode d'éveil il y a un passé et le sommeil s'effectue dans le monde vivant finissant par l'éveil effectif qui peut être en concordance avec un éveil dans le passé. Mais le deuxième éveil ressemble plutôt à la naissance et il peut correspondre à l'un des modes d'éveil. Dans ce cas, la naissance peut ressembler à un éveil mais dépourvue de passé constitué.

En conséquence, la naissance se détermine selon l'éveil de l'étant dans le monde pour constituer son sens à l'infini dans le monde déterminé. C'est le cas quant à la mort qui est la perdition du Moi et le renoncement de la personne à la vie et au monde. Le Moi éveillé peut être décrit comme le Moi constituant son sens dans une temporalité définie alors que le Moi perdu est le Moi perdant ou en train de perdre le sens et l'intérêt dans un temps achevé.

Entre le sommeil et la mort, nous ne vivons pas la mort que de façon symbolique, mais il s'agit aussi de la temporalité de la mort. La diversité qui existe dans le monde se donne dans des horizons différents de la constitution du monde et des phénomènes. C'est la raison pour laquelle Husserl parle de divers modes de l'éveil qui s'inscrivent dans le flux temporel de la conscience et la temporalité du monde originairement constitué. Si autrefois on croyait au fait que nous nous réveillons quand nous sommes morts, on peut poser la question de savoir si chaque sommeil, aux yeux de Husserl, projette son propre éveil. Nous ne mourrons que les yeux ouverts, éveillés de la vie et de notre vécu.

De la synthèse passive, § 3 de l'introduction intitulée « le souvenir s'oubliant en lui-même », parle de cette possibilité du moi actif présentifiant des actes effectifs et des actes du moi perdu dans le souvenir et le rêve. Le trait caractéristique de ce passage se manifeste à deux niveaux. L'accent est mis sur le Moi, comme nous le voyons à la fin du passage, en tant que Moi central. La complexité de ce passage est dans le discours mené au sujet du sommeil sans rêve. Le moi en question ici dans l'analyse de Husserl est posé d'une part en tant que le sans Moi par rapport au sommeil sans rêve en raison de l'absence des vécus rêvés et d'autre part en tant que le moi éveillé par rapport à la perdition du moi.

Le souvenir en tant qu'acte du moi mène le souvenu sur lequel nous sommes orientés dans le sens naturel. Nous percevons des souvenus, des choses, des objets sur lesquels nous pouvons réfléchir puisqu'il s'agit des données actuellement reçues et mises en perception intentionnelle. Mais ce n'est pas une observation effectivement réelle ni non plus une perception effectivement réelle. Les objets se sont présentifiés et ils ont le caractère de présentification. Ils ont le même fonctionnement que la présentification de perception à la différence majeure que leur mode d'apparition se renouvelle dans l'enchaînement de la conscience et le processus du passé, ce qui fait que ces objets en question sont présentifiés dans la perception du passé ainsi que dans l'apparition du passé[171].

On retient, de nouveau, la réflexion comme l'élément marquant de la manifestation de la conscience et notamment de la constitution des objets dans le sens de l'accomplissement de la raison comme nous l'avons vu dans le texte n° 20 de *Phantasia, conscience d'image, souvenir*[172]. Cela permet à Husserl de revenir sur une reformulation essentielle, à savoir la distinction entre la perception comme lieu de l'originalité (*Stätte der Originalität*) et le souvenir comme lieu de la présentification (*Stätte der Vergegenwärtigung*)[173].

Il est évident que Husserl attribue une valeur éminente à la perception comme la donnée qui représente le monde réel, effectif et en activité. Le mot d'originalité montre l'évidence de la perception et du monde réel comme la base originairement donnée du monde de la veille[174]. On peut aussi comprendre, comme Husserl y insiste, que le souvenir doit être tiré vers une direction normale et réflexive. C'est-à-dire que toute apparition et représentation « imaginaire », voire toute *phantasia* et tout *phantasieren* doit reposer sur le sol réel de la perception envers et en face du monde perçu actuellement.

Aussitôt après cette distinction, Husserl essaie de répondre à une objection citée, en prenant, toujours comme base, le moi conscient[175]. Tout d'abord, il rectifie la présupposition en précisant que « je vis maintenant » (*Ich lebe jetzt*) ne doit pas signifier que je suis en tant que moi central du présent « éveillé » et « en action »[176]. Ensuite, c'est le soulignement au sujet du moi éveillé et le regard vers le souvenir de façon consciente, ce qui donne lieu à un deuxième sens de souvenir c'est-à-dire « un pas entier de vie du moi passé est présentifié avec ce qui se tenait là comme monde extérieur expérimenté [...] »[177].

---

171 *De la synthèse passive.*, p. 58. Aussi, L'attitude naturelle est tout juste la vie d'un éveil normal, (*Die natürliche Einstellung ist die des normalen wachen Dahinlebens*), *Hua.*, VIII/458

172 *Ibid, p. 58*

173 *Ibid.*, p. 57. Le mot immersion (*Versunkenheit*) revient plus tard dans les écrits de Husserl (*Hua.*, XXIX/337), employé comme nom composé *Versunksein*, par rapport au sommeil

174 En ce qui concerne l'emploi du mot *Originarität* et *Originalität* il convient de souligner que l'apparition des deux, de façon consécutive, met davantage en valeur le fait de présenter le monde éveillé originairement et originellement comme l'espace.

175 *De la synthèse passive.*, *ibid.*, p. 58

176 *Ibid.*

177 *Ibid.*

Husserl commence avec cette formule « je vis maintenant » et en déduit une dimension de perdition dans le rêve ou la rêverie qui va dans l'horizon d'une attitude inconsciente pour ainsi dire. Cette attitude rejoint l'acte du Moi qui se projette dans le passé, dans le souvenir mais le souvenir qui se présentifie dans le maintenant effectif. Le Moi conscient est éveillé pour autant car il vise le passé à travers la vue thématique. Pour Husserl, il y a un deuxième sens du souvenir qui est la présentification d'un morceau total du passé. Il convient de souligner que selon Husserl ce morceau total montre une entité identique temporelle d'un vécu du Moi. Cela est aussi en rapport avec l'expérience du monde-extérieur et l'exemple du théâtre. Ainsi, le Moi conscient a été dirigé vers un passé et un vécu faisant partie de son expérience propre dans le passé.

C'est dans l'évidence du monde et du moi conscient, en laissant notre auto-perdition, que nous sommes guidés. Revenir à soi et se réveiller est la situation normale à laquelle Husserl revient par la suite en reprenant la question quant au rêve[178] :

> À partir de maintenant, le moi éveillé regarde directement sur cette chose ou s'accomplit, toujours dans le cadre de la présentification elle-même, une réflexion sur les actes du moi, les apparitions passées, etc. Du passé et du ma présentification, le regard du moi éveillé glisse sur le présent actuel en tant que domaine de l'originalité, et trouve à présent, réfléchissant dans le cadre du maintenant, également ses vécus du présent et les actes du « je me souviens » dans lesquels ces passés sont centrés à partir du moi-centre éveillé. Regardant rétrospectivement vers les stades préliminaires, il trouve alors aussi les vécus effectifs passés de l'immersion en tant que vécus sans moi (*Ichlose*) formant un arrière-plan. Le contraste est à présent clair : si nous accomplissons effectivement, comme moi de la présence éveillé, le « je me souviens », alors, de ce centre éveillé, le rayon qui saisit se dirige vers le présentifié. Mais, tandis que nous étions dans l'immersion, comme moi actif agissant, nous n'étions justement pas sur ce plan ; nous rêvions et sur ce plan, il n'y avait que le moi rêvé du passé, conforme au souvenir. Tous les actes du moi étaient conscients comme quasi-actes, tous avaient le caractère de présentifications des actes antérieurs du moi antérieur, en relation aux objets passés de la perception passée [...]. Il résulte en même temps, pour le concept du moi éveillé, une détermination nouvelle et auparavant non accessible, dans la mesure où avant nous ne nous rapportions qu'à des actes du présent actuel et où nous ne pouvions opposer <ceux-ci> qu'au sommeil sans rêve ou aux arrière-plans sans moi. À présent nous avons appris à connaître la perdition dans le rêve, sous la forme particulière de la perdition dans le souvenir qui n'est pourtant pas privé de moi comme les phénomènes d'arrière-plan, mais dont le moi, pour autant qu'il est effectivement mon moi, à savoir conscient comme étant véritablement mon moi d'hier, est seulement présentifié et non pas comme moi présent (*jetziges*), actuellement actif. Et justement, pour cette raison, nous disons à présent : le moi n'est pas éveillé[179].

[178] La situation deviendra claire quand nous « reprendrons nos esprits », quand nous-mêmes, en tant que ceux qui se souviennent, nous nous laisserons éveiller de notre auto-perdition pour ainsi dire rêveuse : notre moi conscient de sa présence jette à présent le regard thématique dans le souvenir ; c'est-à-dire, à partir de l'ici et du maintenant, *ibid.*, p. 58

[179] *Ibid.*, p. 59

Actuellement, c'est du moi réveillé que le texte parle, le moi qui fonctionne dans le cadre de la présentification et réfléchit sur ses actes. Le moi éveillé a le même caractère et le même fonctionnement que le moi positionnel de l'époché husserlienne quant au rêve. Il est naturel qu'on ne doive pas identifier les deux mois de l'époché par rapport au rêve avec celui par rapport au souvenir de façon tautologique, mais les considérer sur un fondement de sol du moi réveillé. La réflexion sert à tenir le moi éveillé dans ses souvenus, ses « penser » mais elle est aussi une *Stiftung* (constitution, fondation) du moi éveillé dans le monde. L'accomplissement de la réflexion est l'accomplissement de l'affection dans le contexte de la conscience affective du monde.

Le cas particulier du moi ici est la scission entre le moi réveillé ou le « je me souviens » qui se dirige vers le présentifié et le moi dans notre immersion qui n'était qu'un moi rêvé du passé.

Husserl insiste sur une deuxième distinction quant au concept du moi éveillé. Cette distinction est essentielle et se distingue de l'époché par rapport au rêve du rêve du fait que le premier moi se situe dans le sommeil sans rêve. Ainsi, le sans moi se rapporte au sommeil où le sujet rêveur est absent. Un deuxième moi est posé par rapport à « la perdition du rêve sous la forme de perdition dans le souvenir qui n'est pas privé de moi »[180].

Par le biais de cette distinction, Husserl parvient aussi à l'état distinct entre le Moi conscient et le Moi perdu dans le rêve qui est présentifié mais ce n'est pas le Moi présent et agissant dans le maintenant actuel. Cette distinction fait appel, à notre sens, à l'idée d'une transcendance ou à l'idéalisme phénoménologique car le Moi dans la scission temporelle ne signifie pas un Moi factice mais un Moi qui se projette dans son intersubjectivité individuelle transcendantale. Comme on peut le constater, Husserl soulève la question de la perdition dans le rêve comme une forme particulière de perdition du Moi. Cela signifie que les critères de l'engloutissement et le sommeil sans rêve peuvent être similaires à ceux du rêve. Autrement dit, le Moi central veille sur son double, son autre Moi qui coexiste avec lui et il fait avec lui une continuité d'acte à partir de son éveil constant.

Le moi éveillé a des particularités distinctes. Il se distingue des actes du sommeil sans rêve ou bien de l'arrière-plan sans moi. Le sujet étant absent, il n'y a rien à observer comme l'individu rêvant ou le moi visant les images ou les objets. Mais il y a aussi le cas de la perdition sous la forme de souvenir qui n'est pas un rêve en tant que tel et qui n'est pas privé de moi. Pourtant, dans les actes souvenus on constate que le moi dans ce cas est toujours présentifié et non pas présent. Ce que Husserl cherche à montrer, c'est le moi éveillé comme le véritable centre d'intérêt qui, visant le monde et les objets, est une présentification consciente de maintenant et d'ici[181].

---

180 *Ibid.*, p. 59

181 Auparavant, et de façon méthodique, Husserl écrit au sujet d'une « certaine division de l'âme », c'est-à-dire « une distinction en *couches psychiques* qui correspondent à des couches de conscience. Il est possible que les couches les plus élevées soient supprimées et alors l'âme, changeant de

La présentification des vécus dans le maintenant actuel est un acte noétique de la conscience éveillée. Le lien entre les actes réels et les quasi-actes pour Husserl semble avoir une importance majeure dans la mesure où il s'agit, pour lui, de faire une distinction de valeur entres ces actes. Husserl, soucieux de prouver le processus des data noétiques dans la temporalité de l'individu, tente de mettre en avant le processus de l'éveil et la mise en œuvre du Moi conscient comme le centre thématique des réflexions de l'Ego.

Ce qui suit à la fin de ce passage est en quelque sorte l'éthique de la perception ou l'éthique du moi et du monde éveillé selon Husserl[182] :

> Le moi éveillé est le moi qui accomplit à présent des actes effectifs et active, en ceux-ci, une vie d'acte qui jaillit constamment de sa source, en rapport avec un présent conforme à la perception. Je vis entièrement plongé dans le souvenir rêvant, cela signifie : mon flux de vécus présent est d'une manière propre sans moi, sans actes du moi effectifs, qui à partir du maintenant, du présent conforme à la perception, vont vers quelque chose qui est maintenant et, à travers une présentification conscience maintenant, vers quelque chose de passé ; aussi pleine de vie que soit la vie immergée dans le souvenir et pour autant que cette vie se joue en actes présents, ce présent n'est pourtant pas un présent thématique, celui qui s'est perdu dans le rêve n'a en général aucun présent thématique, il n'est pas éveillé pour celle-ci ni pour lui-même. C'est seulement avec le réveil que suit dans le flux de la conscience le soleil du moi central comme centre de rayonnement d'actes effectifs et c'est à présent seulement que les vécus de souvenirs se transforment en vécus centrés dans le moi présent actuel, en actes effectifs du « je me souviens »[183].

Si le monde est un monde réfléchi, c'est parce qu'il est un monde éveillé et s'il est éveillé, c'est parce qu'il peut être un monde conscient. Dans le monde conscient, la preuve de la vie repose sur le fait que l'individu ou le Moi peut être conscient c'est-à-dire qu'il peut être conscient de la conscience du monde, ce que nous pouvons appeler la conscience de la conscience du monde. Autrement dit, l'être conscient s'institue et se fonde selon l'étant originairement conscient et qui constitue de façon permanente sa conscience d'être comme la forme originelle de la temporalité du temps.

Dans le manuscrit A VI 14a, Husserl analyse la position du Moi dans le contexte de la problématique de l'existence, notamment quant à la question de l'inconscient, à propos de laquelle nous trouvons les principaux points suivants :

- les deux modes d'existence et la position du Moi
- le Moi en tant que le sujet principal dans le monde et en tant qu'intéressant

---

niveau, change d'espèce, comme par exemple l'âme qui est constamment en état de sommeil, dans laquelle nul *cogito* n'est accompli ». *Idées directrices.*, II, *op. cit.,* p. 193.

[182] Husserl, lui-même, parle de l'éthique de l'époché, (*ethischen ἐπόχη*), *Hua.*, VIII/319.

[183] *De la synthèse passive, op. cit.,* pp. 59-60

- entre l'inconscient et l'éveil : association[184]
- la temporalité ; l'endormissement

Le texte commence en posant la question du Moi et de sa position dans une logique de négation selon laquelle le pouvoir (*Können*) du Moi n'est plus vivant (*nicht mehr « lebendig*). Les horizons déjà formés ne sont pas non plus des horizons affectifs (*Affektionshorizonte*) et le Moi est sans conscience spécifique (*Bewusstsein von*) et intentionnelle (*Intentionen*), il dort et il est sans conscience (*bewusslos*). Ainsi, l'intérêt et la volonté du Moi sans conscience sont morts (*Ersterben*), il n'est mû par rien et il ne se meut pas et il ne fait aucune expérience (*erfährt es nicht*), il n'entend rien (*hört nicht*) et il ne fait rien (*handlet nicht*). Mais il peut s'éveiller[185].

Husserl parle de deux modalités (*Modi*) : la première modalité consiste dans une conscience active (*Bewusstseinstätige*) du Moi, une intentionnalité authentique (*eigentlichen Intentionnalität*) et un Moi orienté (*gerichtet*) par des actes. Le Moi qui a un horizon des objets existants (*seienden Ggenständen*) vers lequel il se dirige implicitement, un horizon du monde (*Horizon von Welt*) comme son monde d'intérêts gradués (*abgestuften Interessen*)[186].

La première modalité est caractérisée par la conscience active et une intentionnalité ce qui montre que le Moi se donne comme étant conscient et comme le centre d'intérêt et le pôle d'activité propre dans le monde. L'expression-clé des « objets existants » est le signe que le Moi est constitué dans une relation intersubjective et qu'il est effectivement réel avec le monde dans le flux du temps car il s'agit d'un monde d'intérêts gradués.

L'expression de Moi « dénué de conscience » (« *bewusslose »*) est synonyme du Moi endormi ou bien dormant (*schlafende Ich*). Le premier point qu'il est pertinent de remarquer est une mêmeté identique (*dasselbe* ; *Selbigkeit*) que Husserl met entre le Moi intéressé (*interessierte Ich*) et le Moi désintéressé (*interesselose*). Car le Moi s'intéresse au monde qui est aussi dénué d'intérêts mais qu'il a déjà constitué lors d'un intérêt antérieur (*früheren Interesse*). Ce qui signifie que Husserl suit toujours son argument fondateur, à savoir que dans le flux du temps, c'est l'éveil qui domine comme l'intérêt originairement constitué selon l'étant du Moi constitué en tant qu'en éveil.

---

[184] Du vivant de Husserl, la relation entre l'inconscient et l'association était un objet d'étude. Voir M. Geiger « Fragment über den Begriff des Unbewussten und die psychische Realität », in *Jahrbuch für Philosophie und phänomenologische Forschung*, Vierter Band, 1921, p. 78, *sq.*, ici p. 79 où l'auteur cite le nom de Freud. C'est le cas pour Husserl lorsqu'il étudie la question de l'inconscient et l'association dans le contexte de la synthèse passive, sauf la question traitée était à l'état de notes qui ne sont parues qu'à titre posthumes. Au sujet de la relation entre l'association et l'inconscient chez Husserl voir l'article de A.L. Mishara « Husserl and Freud : Time, memory and the unconscious » in *Husserl studies*, vol. 7, n° 1 1990, pp. 29-58. Dans cette étude comparative, qui semble ne pas être très exhaustive, l'auteur estime que la notion de l'association exprime l'approche husserlienne de l'inconscient, *ibid.*, p. 31

[185] Manuscrit A VI 14, p. 48=34a ; tr. fr. in *Alter op. cit.*, p. 167

[186] *Ibid.,* trad. fr., p. 168

C'est ainsi que Husserl souligne que cette constitution n'est pas perdue (*nicht verloren*) mais que tout est tombé dans le mode de l'immersion (*Versunkenheit*) qui signifie l'absence d'intérêt (*Interesselosigkeit*), dans le « pur » sommeil (« *reinen* » *Schlaf*) du Moi qui finalement ressemble à l'absence de conscience étant l'évanouissement total et « l'absence absolue d'activité » (*Tatenlosigkeit*). Husserl, par la suite, introduit la pause ou la période du sommeil dans le temps temporalisant sans toutefois citer l'expression.

Husserl continue en parlant du réveil du Moi (*Wechung des Ich*) qui est le réveil du centre des intérêts (*Zentrums des Interessen*) qualifiés comme l'intentionnalité propre. Ensuite, Husserl distingue deux sortes d'affections dont la première réveille le Moi (*Ich aufweckt*) et les affections déjà en expérience par le Moi (*schon wache Ich erfährt*). Ainsi, une fois réveillé et vigile, ce sont ses intérêts qui sont vigiles et cela de façon immédiate (*Unmittelbar*) ou médiate (*mittelbar*) et c'est là que les mouvements associatifs (*Assoziationsbewegungen*) jouent (*spielen*) le rôle de transmettre les intérêts effectivement réalisés (*verwirklicheten Interessen*), des intérêts de ce qui est déjà existant (*schon Seiendes*), quel qu'en soit le mode, comme pour les intérêts vivants (*lebendige Interesse*) en question[187].

Alors qu'une caractéristique déjà connue chez Husserl est la diminution de l'acte de l'individu et que le mode de l'inconscient se définit aussi par la perdition d'activité dont une quasi-expérience, l'individu en se réveillant confirme son activité consciente déjà accomplie dans la vie. Une pseudo-activité et une pseudo-expérience se transfèrent en une activité déjà connue dans le monde de la vie et la fin perdue dans le sommeil de la vie consciente trouve de nouveau son lien historique et ontologique[188].

Ce propos présente aussi une valeur théorique du fait qu'on y trouve la notion d'affection en tant qu'élément fondateur de *Leiblichkeit.* Cela montre d'une part que l'affection est portée sur le Moi éveillé et dans une position vers la conscience et qu'elle est le signe par excellence de la vivacité du Moi éveillé dans le monde. C'est sur le fond d'une telle affection que va se reproduire l'intérêt et l'association reproductive comme motif[189].

L'individu en sommeil revient vers l'éveil, vers la vie et c'est une transition non pas encore accomplie dans laquelle la chair projetée dans l'éveil reçoit au fur et à mesure des données provenant de l'association. L'idée de la transition entre le rêve et la veille signifie une transition transcendantale. C'est l'autre face de la même réalité, du même vécu, c'est-à-dire l'accueil réservé au rêve avant la domination du sommeil et l'accueil de l'état de la veille après être sorti du sommeil. La transition dans cette attitude est le jeu entre deux mondes, deux

---

[187] *Ibid.,* p. 49, tr. fr. p. 168. Il faut signaler que « le moi vivant », à la fin de ce passage, se trouve dans la traduction française mais n'est pas dans le texte de Husserl.

[188] Au sujet des modes de l'inconscient chez Husserl, voir R. Bernet « Unconscious consciousness in Husserl an Freud » in *The New Husserl*, Indiana, 2003, pp. 211-214.

[189] Il est à signaler que la reproduction empirique de la faculté de l'imagination est guidée par la loi empirique de l'association selon Kant. Voir P. Kitcher, *Kant's transcendental psychology*, New York, 1990, p. 81.

états, deux prises de positions où la position du Moi et la place du Moi originaire change, s'altère et donne naissance à un Moi transcendantal[190].

Si Husserl parle de l'impuissance de l'inconscient, c'est par rapport à la puissance du monde éveillé mais il ne s'agit pas de négliger la projection éventuelle de données provenant de l'attitude de la neutralité de conscience. Dans la suite du texte, Husserl parle de l'éveil du monde entier, ou dans sa totalité (*ganze Welt ist geweckt*) et du fait qu'à partir de mon intérêt vivant (*von meinem lebendigen Interesse*), d'autres intérêts particuliers s'éveillent (*besonderer Interessen wecekend*), un tel éveil est le soulignement (*Heraushebung*) et le motif de la reproduction associative (*Assoziative Reproduktion*).

Ce passage commence par prendre en considération la différence entre l'intensification (*Steigerung*) et la diminution d'intérêt (*Minderung des Interesse*) – et en conséquence le mode de la forme de l'éveil. En fait, Husserl pose l'intérêt comme la question principale car c'est à partir de l'accroissement ou de l'appauvrissement de l'intérêt que le sommeil peut surgir pour faire la pause ou la période où la vie éveillée sera engloutie par la chimère de la fatigue. L'intérêt représente la vie active (*tätigen Lebens*) qui est définie comme le passage de la temporalisation intentionnelle effective (*Gang wirklicher intentionaler zeitigung*). Husserl finit cette partie en développant la thèse fondatrice de la temporalité comme étant l'unité déjà constituée du temps dans la temporalité universelle sous la forme de la vie intéressée (*Interesselebens*)[191].

C'est l'intérêt qui met en jeu des intérêts multiples (*mannigfaltige Einzelinteressen*) et le jeu se fait selon l'intérêt. Le jeu du monde et dans le monde est la forme sublime de l'activité éveillée. En considérant la temporalisation, nous sommes déjà donné dans la conscience vigilante du monde et nous sommes déjà dans le jeu du monde, et le sommeil comme la conséquence de la diminution ne vient que périodiquement. Le monde considéré dans la temporalisation met en œuvre le jeu comme le noyau formel du mouvement dont la forme est la vie même de l'intérêt[192].

La question de l'intérêt sous l'angle de la sédimentation figure dans le manuscrit D 14 de Husserl. La période-d'éveil (*Wachperiode*) est considérée dans son fondement temporel et dans la temporalité même[193]. La période-d'éveil représente une unité temporelle et l'intérêt de l'éveil relève de la volonté qui le

[190] Voir *Hua.*, IX, appendice XXIV, p. 479 *sq.*

[191] A VI 14, *ibid.,* tr. fr. *ibid.* Dans le contexte de l'intersubjectivité, le temps et le monde font une temporalité dans l'absolu (*gezeitigt im Absoluten*) qui est le fluent-stable du maintenant (*stehend-strömendes Jetzt*). *Hua.*, XV, *op. cit.*, p. 670.

[192] Dans le contexte de la réduction phénoménologique, Husserl parle à nouveau de l'intérêt, du Moi dans l'intérêt, du domaine de l'intérêt et de la conscience. Le Moi intéressé est celui qui a l'intérêt et le rapport intéressant-Moi (*Interessen-Ich*) est synonyme de Moi à l'éveil (*wache Ich*). *Hua.*, XXXIV, *op. cit.*, pp. 202-227, ici p. 215. La question de l'intérêt a été qualifiée par Husserl selon deux sens, étroit et large. *Expérience et jugement*, *op. cit.,* p. 100 *sq.*

[193] D 14, *op. cit.*, pp. 30-42

constitue. L'intérêt est toujours en train de « se remplir »[194]. L'affection vient par la motivation et celle-ci, à son tour, par le fait de déterminer (*bestimmt*)[195].

On peut constater qu'en parlant de l'éveil l'unité de la conscience ainsi que la temporalité de l'affection sont caractérisées car par l'éveil, le Moi est toujours en affection[196]. C'est dans l'horizon de la temporalité que s'inscrit aussi l'endormissement comme un mode particulier de l'activité en repos. Ce mode d'activité selon Husserl est dans le contexte même de l'éveil car il s'agit d'une temporalité constituée dans le monde. Si je suis en affection dans le monde d'endormissement, c'est parce qu'il y a une volonté-d'endormissement (*Einschlafenwollens*)[197]. Le Moi a l'intérêt encore dans ce mode puisqu'il s'agit d'une même temporalité universelle dans laquelle le Moi en devenir passif est comme le Moi-intéressé[198].

5. La chair du rêve

Après avoir parlé au sujet du Moi éveillé dans le monde éveillé, nous parvenons à une activité du Moi qu'on peut considérer comme l'espace du rêve. En fait, la localisation du monde par l'espace doit déterminer ce que la psychanalyse qualifie en tant que l'espace du rêve. Du point de vue phénoménologique, un tel espace n'a pas de lieu puisque la donnée est originairement fictive.

Mais on peut considérer la question d'une autre manière, c'est-à-dire la mise en considération du rêve par rapport à l'espace dans la constitution originairement intuitive du *Leib*, ce qui implique naturellement la kinesthésie proprement dite. Par ailleurs, on peut aussi parler de l'espace (comme du temps) dans le rêve comme la donnée intuitive mais sous le registre de l'imagination consciente et de la conscience d'image dans le rêve.

L'espace du rêve dans le contexte de la constitution originaire du *Leib* peut être défini dans le fait de l'implication des membres corporels qui de façon kinesthésique ouvrent un champ perceptif (sous l'aspect de la *phantasia* ou de la perception, de souvenir ou de la synthèse passive) afin de permettre de situer l'image du rêve par rapport à un espace donné.

Ce que nous savons du rêve n'est pas dans le rêve mais dans une apparition ou une manifestation picturale, comme par exemple dans le cas de la peinture. On sait que l'artiste, selon toute probabilité ontologique, se nourrit de ses rêves et que telle ou telle œuvre peut signifier tel ou tel rêve vécu par l'auteur. Ainsi, le rêve trouve un espace pictural concrétisé par le travail du peintre, ce qui veut

---

194 *Ibid.,* p. 31/17, « Das Interesse ist immerfort « erfüllt ».

195 *Ibid.,* p. 32=18, « Ich werde « bestimmt » = ich werde « motiviert », in einem Sinne, = ich werde affiziert ».

196 *Ibid.,* p. 33/19

197 *Ibid.,* p. 40/22

198 *Ibid.,* p. 41=23a

dire la mise en forme de l'image perçue dans le rêve sous un aspect étendu dans une temporalité objective.

Mais ce qui relève de l'espace comme la réalisation singulière du monde réel ou encore comme la forme de la sensibilité, n'est pas applicable au rêve et le fait de montrer la peinture comme une donnée objective d'un tel espace ne pourrait pas être justifiable. La question de l'espace du rêve doit plutôt partir de l'espace de l'éveil comme la période permanente de la vie de l'individu. Alors que dans le rêve le corps est en repos (*Ruhe*) le registre du mouvement a changé et l'individu ne se trouve pas dans une sphère esthétique mais dans celle de la kinesthésie[199].

Le sujet ou le Moi dans le rêve, lui, ne pense pas car il n'a pas de position réelle et effective mais c'est le Moi dormeur qui pense et qui est capable de se souvenir. Seulement, le sujet rêvant ne se donne à la pensée que s'il est en éveil étant conscient dans l'épochè universelle. Là, il est en position du Moi vivant et en activité et il accomplit une situation dans laquelle le rêve devient objectif à mesure que l'étant du sujet remplit le positionnement temporel et permanent[200].

Mais la question peut se situer au niveau de la kinesthésie où le *Leib* en repos perçoit toujours des données et, en l'occurrence, des images. Le sujet ayant reçu chaque fois les images a la conscience de la perception ou bien la *phantasia* perceptive dans une quasi-position qui sera transcendée par la réduction. L'individu étant dans le rêve se donne déjà comme étant en éveil qui touche un autre éveil. D'où l'association ou la ressemblance, voire même la confusion, dans la perception des images car la répétition permanente est le signe de la vivacité corporelle où le mouvement du *Leib* se transmet par des kinesthèses et où la pause ou la période du sommeil est entourée par la durée temporelle de l'éveil.

Le rêve étant sans sol et comme quasi donné dans l'expérience de l'individu ne peut pas avoir un espace proprement dit. Pourtant, nous savons que le rêve et les images du rêve proviennent d'un espace déjà donné dans la perception antérieure ou bien qui raconte un espace donné. Cela veut dire que le rêve nous donne une image de l'espace sans en avoir, ce qui fait que le rêve en tant qu'étant quasi-expérience apparaît dans l'expérience de l'individu.

Cependant, l'impossibilité d'attribuer l'espace au rêve n'empêche pas Husserl de donner une autre analyse pour expliquer l'emplacement et le positionnement du rêve. En fait, Husserl, en parlant de la *phantasia* et alors qu'il

---

199 Au sujet du rapport entre le *Leib* et l'espace dans le contexte de la kinesthésie, voir L. Binswanger *Le problème de l'espace en psychopathologie*, Toulouse, 1998, p. 57. Si la part de ce chapitre au sujet de l'espace esthétique est mince, cela montre qu'encore à cette époque, en 1932, l'esthétique n'est pas une priorité théorique et analytique chez l'auteur mais que du moins il s'intéresse à la question de l'espace en tant qu'espace de sens (*Sinnraum*), voir H. Vetter, *Die Konzeption des Psychischen im Werk Luwig Binswanger*, Bern [et al.], 1990, p. 158 ; il faut signaler que la question de l'espace repose dans le contexte de l'existence de l'homme chez Binswanger, *ibid.*, p. 78.

200 Le sujet esthétique ne rêve pas car il remplit une position en tant que telle et non pas comme quasi-position. Manuscrit A VI 14a, *op., cit.*, p. 15= 65 A - 5

dénie l'espace de la *phantasia*, parvient à parler de la spatialité de la *phantasia*. Ainsi, nous n'avons plus à parler de l'espace du rêve mais de sa spatialité.

À chaque moment où la *phantasia* apparaît, il y un espace fictif à repérer même si la figuration ne se donne pas dans l'image, cela veut dire que l'espace dans le vide étant vide sera rempli à mesure que la conscience perçoit les données fictives. C'est aspect est le travail de la conscience d'image qui tente de démontrer la spatialisation dans le rêve, notamment dans la sphère de la réduction phénoménologique.

Le désir de voler est un désir de parcourir le monde dans un espace prédonné ou déjà figuré. Le mouvement apparu dans le rêve fait appel au mouvement dans le monde. Ainsi, étant en unité, le mouvement dans le monde trouve sa spatialisation et chaque mouvement dans le rêve enchaîne sa vie effective en expérience dans une sensation corporelle et charnelle. L'unité du monde se situe dans un espace figuré quelconque et la continuité du mouvement dans le monde trouve sa version écoulée dans le temps sur une base qui va définir le noyau individuel, c'est-à-dire le mouvement du corps et le mouvement dans le corps.

À ce titre, il faut rappeler que Husserl, dans le texte n° 7 de *Phantasia, conscience d'image, souvenir*, de 1909, souligne la définition de la sensation comme « la conscience immanente originelle du temps (*ursprüngliches immanenetess Zeitbewusstsein*) »[201]. Ce qui signifie le rapport étroit entre le *Leib* dans sa constitution originelle avec le temps et que chaque sensation est temporalisée car la constitution instituée s'enracine dans le temps.

Le mouvement du corps est l'aspect fondateur qui concerne l'esthétique alors que le mouvement dans le corps représente une kinesthésie. L'espace appartenant au monde comme la localisation immédiate de l'unité du monde et dans le monde, ainsi que l'unité du Moi, dans sa multiplicité transcendantale, s'étale sur le mouvement du corps et dans le corps[202].

La monadologie transcendantale de Husserl qui s'investit autant dans la relation intersubjective que dans l'établissement du Moi phénoménologique objectif est le centre de l'aperception phénoménologique de l'unité du Moi et du monde. L'unité du monde qui s'enracine dans l'unité du Moi, et *vice versa*, devient le repère généalogique d'une phénoménologie transcendantale du Moi où ne pourrait exister aucun Moi parallèle comme ne peut exister aucun monde parallèle[203]. La recherche d'un Moi parallèle ou d'un Moi propre au domaine du

---

201 *Phantasia, conscience d'image, souvenir, op. cit.*, p. 265

202 Voir P. Federn, *La psychologie du Moi et les psychoses*, Paris, 1979, p. 101. Au sujet du surmoi et à la question de son idéalisation, voir H. Hartmann et al., *Eléments de psychologie psychanalytique*, Paris, 1975, p. 197 *sq*. Quant au rapport esthétique et kinesthésique de l'intersubjectivité, voir *De la phénoménologie à la métaphysique*, Grenoble, 2001, p. 45 sq., ici, p. 58-59 *sq*.

203 Au sujet de « l'idéalisme phénoménologique transcendantale en tant que monadologie », voir G. Römpp, *Husserls Phänomenologie der Intersubjektivität.*, Dordrecht, 1992, pp. 191-203

rêve ne relève pas d'une description phénoménologique mais de la psychologie ou de la psychanalyse[204].

Le caractère homogène du Moi avec le monde suscite l'intérêt fondamental des vécus du Moi dans la conscience sous toutes ses dimensions dans le passé comme dans le futur, dans l'affectivité comme dans les actes hylétiques[205]. Il s'agit d'un seul Moi qui forme une unité exerçant diverses activités dans différents statuts temporels et spatiaux. Dans cette unité du Moi, l'oubli ou la mémoire, le passé ou le futur, la relation d'intersubjectivité ou l'épochè ne fonctionnent que sur le champ de l'aperception d'un seul Moi dont la diversité ou la séparation temporelle ou spatiale ne se mesurent que selon l'unité corporelle et charnelle de l'individu. La continuité temporelle dans ses attitudes naturelle et transcendantale s'accomplit à juste titre selon la monadologie transcendantale où toutes les relations possibles reposent autour du Moi, le Moi qu'on peut qualifier comme le Moi du monde (*Weltich*) ou encore le phénomène du Moi (*Ichphenomen*)[206].

La constitution de l'unité du Moi est le défi de la constitution phénoménologique de la phénoménologie même. Dans la constitution de l'homme et la monadologie transcendantale, c'est le Moi phénoménologique qui se constitue dans son entité ontologique et historique. C'est ainsi que Husserl parvient à démontrer l'enjeu phénoménologique quant à la naissance et à la mort et en l'occurrence au sommeil et au rêve[207].

Avec la constitution de l'unité du Moi, Husserl vise une perspective fondamentale qui définit le caractère phénoménologique même de la phénoménologie du temps. Le Moi en tant que sujet du comportement causal (*Verrhaltungsweisen*) se constitue en tant que temporel et dans la temporalité du temps. Le Moi constitué dans le temps est temporel et il réfléchit en se temporalisant et il constitue la temporalité dans laquelle le sujet temporel pense

---

204 Husserl dans sa lettre adressée à Hering dénie le sujet et le Moi du rêve. Lettre adressé par Husserl à Hering datée probablement de 1930 in : *Briefwechsel*, Band III, Dordrecht, 1994. On trouve une traduction de deux lettres échangées entre Héring et Husserl avec une étude par la suite, voir Philippe Ducat, « Le sujet du rêve : présentification de la correspondance Husserl/Héring », *Alter*, n° 5, 1997, pp. 175-190. Au sujet de la phénoménologie du rêve dont celui de Héring dans cette lettre, voir H. Sepp, « Phänomen *Traum*, Ein innerphänomenologischer Dialog », in *Traum, Logik*, *Geld*, Tübingen, 2001, pp.110-124

205 On peut exprimer ce fait que l'Homme ne se souvient pas seulement de sa propre vie mais aussi de l'histoire de l'homme et du monde entier. Voir G. Mackenthun, « Seminar « Schlüsselbegriffe der Tiefenpsychologie », 8- Gedanken zur Theorie des Bewusstseins, in http://home.arcor.de/g.mackenthun/lect/keywords/key08.htm

206 Dans une lettre adressée à Mahnke, Husserl retrace d'emblée le parcours de son enseignement au sujet de la méthode phénoménologique qui passe par une « phénoménologie égologique » (*egologischen Phänomenologie*) et dans ses leçons il parlera du tout-Moi transcendantal (*transzendentalem Ichall*) ou bien de monade transcendantale (*transzendentalen Monaden*). Husserl place cet aspect de son enseignement dans la « monadologie » de Leibniz. *Briefwechsel, Band III : die Göttniger Schuhle*, Dordrecht, 1994, p. 460.

207 Au sujet de cet aspect de la fondation et de la constitution de la phénoménologie, voir H. Rombach, « Das Phänomen Phänomen » in *Phänomenologische Forschung*, Band 9, 1980, pp. 7-32.

à sa propre temporalité autant en ce qui concerne ce qui est dans le passé que ce qui est dans la continuité[208].

Le parcours universel qu'on fait dans un moment donné du rêve dans le contexte de l'époché est un signe de l'unicité du monde constituant l'unicité spatiale et temporelle qui est originairement une constitution de l'unicité du Moi dans le monde. La constitution de l'unicité signifie l'unicité de la période d'éveil (*Wacheperioden*) car le commencement (*Anfang*) est toujours l'éveil du sommeil (*Erwachen vom Schlaf*)[209].

L'éveil corporalise, en quelque sorte, sa vivacité dans le rapport entre le monde et l'homme. La caractéristique de cette unité universelle est autant dans son fondement que dans sa fonctionnalité. L'unité du monde représente une nouvelle constitution de l'unité de l'éveil universel qui détermine tout acte et toute donnée humaine ou même animale, que ce soit dans l'éveil ou dans le sommeil[210].

Le rêve sur le sol de la nature est une mise en application du rêve dans l'unité du monde. Ainsi, les images du rêve ne viennent pas d'au-delà mais de la nature, et ne sont pas incompréhensibles mais symboliques dans l'appréhension du monde de la vie. Les images du rêve se jouent entre le corps du monde et le cœur de l'homme comme elles peuvent se jouer entre le cœur du monde et le corps de l'homme.

6. La constitution du Moi-pôle comme étant le Moi rêvant, le voyant, le rêveur :

L'intersubjectivité nous conduit toujours au Moi comme le centre et le pôle autour duquel se fonde l'intérêt. C'est, à l'évidence, un Moi éveillé et encore plus, un Moi qui se donne « avant » et son *Leib* comme *Leib* primordial ou *Leib* originaire (*Urleib*), présentifie le monde par le corps étranger[211]. Un tel Moi repose sur un fondement très contrasté et souligné comme le Moi monadique. Le Moi tend sa vivacité vers le monde où il obtient la vie comme celle-ci peut exister en lui.

Le Moi n'est pas simplement, il n'est pas seulement mais il est son propre étant (*Seiendes*) et il est pour soi dans son vrai objet intentionnel[212]. Un Moi enraciné en-soi est un sol solide qui est capable de se percevoir soi-même comme il perçoit autrui. Il se détermine comme Moi-pôle et ainsi il peut

---

208 Dans les manuscrits de Bernau, la question du temps et du rapport temporel avec le Moi pur fait l'objet de quelques considérations de Husserl, notamment dans le texte n° 15. *Hua.*, XXXIII, *op. cit.*, pp. 281-288, ici p. 281, 284

209 Manuscrit, 1931-1933, D 14, p. 37=21

210 Husserl exprime cette idée de l'unité de l'éveil universel dans *Hua.*, XV, *op. cit.*, p. 618. « Alles menschliche und analog animalische Leben in Wachheit und Schlaf gehört zur Einheit einer sich immer neu konstituierenden universalen Wachheit ».

211 *Hua.*, XV., p. 572

212 *Hua.*, XIV., p. 275

déterminer la relation intersubjective avec l'étant de l'autre. Il est naturel qu'on évite de dire que l'expérience d'autrui est la mienne mais on peut considérer que dans cette expérience on trouve d'autres expériences dont la mienne. Le Moi est une donnée transcendantale car il se dresse de façon permanente vers les couches supérieures du monde de la vie. Le Moi transcendantal n'est autre chose que la personne humaine (*menschiliche Person*) dans le sens objectif. L'intersubjectivité transcendantale, à son tour, n'a pas d'autre sens que l'ouverture infinie (*offnen unendlichkeit*) de la communauté-de-personne (*Menschengemeinschaft*)[213].

Étant le pôle, le Moi est central dans son étant dans le monde, un étant ontique, actif et composant de lui-même. Il est non modifiable mais il perçoit toute modification dans son entité spécifique. Il a la présence dans un présent actuel mais il est le centre de toute perception et tout le processus temporel du flux de conscience aussi bien dans la présentification que dans la présentification du souvenir[214].

Si on identifie d'une certaine manière le Moi monadique et la subjectivité transcendantale dans le contexte de l'intersubjectivité, on peut considérer la question du Moi fendu qui coexiste avec le Moi pôle, l'original. Autrement dit, la subjectivité transcendantale se trouve sous l'angle d'un Moi qui se trouve dans une temporalité par exemple dans le passé. Ce que Husserl tente d'analyser à la fin de l'appendice XXI de *Hua.*, XV montre que le Moi comme pôle réel mène son Moi dans une présentification ou un souvenir sur une temporalité infinie de la perception fictive[215]. On peut dire que le Moi coexiste avec son Moi feint selon une relation intersubjective. Si je rêve que je suis en Afrique, je me trouve dans le conflit entre le Moi et mon moi ambiant et le Moi fendu dans le rêve ou dans la *Phantasie* ou encore la fiction[216]. Cet aspect ouvre sur la question du Moi intermonadique à propos de laquelle Husserl entame une discussion pour parler d'une nouvelle expérience.

C'est dans le texte 21 du même ouvrage que Husserl parle de cette expérience dans l'unité de la valeur de ma propre possibilité et ma propre apparition[217]. Alors que Husserl distingue cet aspect intermonadique de deux autres aspects, il considère la question en tant que métaphysique de fait originaire[218]. À notre sens, c'est dans l'aperçu d'une unité transcendantale qu'on peut comprendre l'attitude de Husserl dans la constitution monadique et intermonadique. En rêvant ou dans des modalités comme la présentification, le souvenir etc., le Moi parvient dans la sphère de l'expérience monadique où le

[213] *Hua.*, XXXIV., p. 246

[214] Concernant le Moi dans le contexte de la relation entre l'empathie et le souvenir, voir *Hua.*, XV, Beilage XXXII, pp. 514-518

[215] Hua. XV, *op., cit.*, p. 357 *sq.*

[216] *Ibid.*, p. 359

[217] *Ibid.*, p. 368

[218] *Ibid.*, p. 366-367

Moi concret et constitué fait l'expérience avec l'autre, il coexiste avec l'autre dans cette expérience.[219]

7. Einfühlung et unité intersubjective

Le rapport intersubjectif et la question de l'empathie, la question du « toucher » d'autrui et de son influence dans la formation des images etc. est le défi même du corps qui « est touché » de façon passive (le sens de *Wahrnehmung* dans sa totalité ontologique). Le Moi constitué dans une relation intersubjective est, d'une part un être monadique qui représente la continuité du processus temporel et le flux de conscience, et d'autre part qui met en valeur et en validité le rapport avec autrui. Mais cela est la donnée immédiate d'une telle relation et il nous faut un élément qui lie le Moi monadique dans sa vie et ses communications intersubjectives[220].

L'idée d'une relation étroitement liée entre le Moi et la communauté d'Hommes relève d'une relation encore plus charnelle, à savoir l'attachement du corps vivant de l'individu au corps vivant du monde. Comme la naissance et la mort nous sont données dans notre plus intime existence sensorielle, cela va de soi quand on parle de l'affectivité dans la communauté d'Hommes. C'est la tradition existante dans le monde par laquelle nous percevons d'autres rayons du monde de la vie et du *Dasein* du monde dans son horizon éveillé[221]. Pour dire comme Husserl, le rêve et le sommeil ne peuvent être définis et déterminés que si nous pensons seulement à l'éveil et c'est dans la sphère de l'éveil que la question du sommeil et du rêve trouve son origine analytique d'intersubjectivité.

Dans le contexte de l'intersubjectivité, la question du sommeil et du rêve diffère selon le plan d'approche analytique, que ce soit la diversité des actes du Moi, les modalités, la constitution monadique et monadologique de l'individu, etc. Ici, nous allons présenter encore une modalité, par rapport au rêve et à

---

[219] *Ibid.*, p. 369

[220] Concernant le Moi monadique dans le contexte de l'unité subjective et en relation avec l'intersubjectivité, voir § 42 de *Hua.,* IX, pp. 216-217 (tr. fr. pp. 202-204) ; Beilage XXVII, pp. 487-507. Ici, la subjectivité est considérée comme étant thématisée et comme thème. *Hua.,* IX, p. 489, aussi, p. 501.

[221] Parmi les rares fois où Husserl définit la question de la tradition, on peut citer notamment le texte 30 et son appendice XXIV qui retrace la vie dans l'horizon de l'expérience éveillée du Moi dans le monde. Voir *Hua.*, XXXIV, *op. cit.*, pp. 431-445, ici p. 432, 442. Au sujet de la tradition dans la phénoménologie de Husserl, voir A. Ponsetto *Die Tradition in der Phänomenologie Husserls : ihre Bedeutung für die Entwicklung der Philosophiegechichte*, Milano, 1974. Par la tradition il faut entendre « l'oubli des origines, le devoir de recommencer autrement et de donner au passé, non pas une survie qui est la forme hypocrite de l'oubli, mais l'efficacité de la reprise de la « répétition » qui est la forme noble de la mémoire ». M. Merleau-Ponty, *La prose du monde*, Paris, 1997, p. 96. Il est à considérer aussi que la tradition correspond à l'unité de l'éveil universel dont le renvoi associatif par les couches sédimentaires, le présent continu de l'intentionnalité, se fait dans le contexte de l'intersubjectivité.

l'imagination dans les actes positionnels et de la neutralité, un texte dans lequel Husserl essaie de montrer le rapport entre immanent et transcendantal. Dans ce rapport, l'exemple de l'attitude prise dans l'imagination et la perception sert à confirmer la modification du Moi[222].

L'appendice correspond à des cours de janvier et de février 1927 durant lesquels Husserl parle de l'empathie, de la réduction phénoménologique et des divers aspects du Moi phénoménologique. Le texte commence par souligner que dans la sphère originale, le Moi fait des expériences et qu'en étant dans l'affection par la perception des objets, le Moi se tourne vers eux et un plaisir naît du fait de l'affect sur le plan esthétique. Cela montre, selon Husserl, que le Moi au travers des activités et des orientations de l'intérêt (*Tätigkeiten und und Interessenrichtungen*) tombe dans le domaine de l'expérience originale (*Bereich originaler Erfahrung*) qui relève d'une égoïque spécifique[223].

C'est dans la sphère des actes égoïques que peuvent apparaître aussi les différentes modalités. En évoquant ces actes, Husserl parvient à citer les actes positionnels dans le passage suivant, dans lequel il parle du rêve et de l'imagination[224].

Il s'agit de considérer avant tout le rapport intersubjectif dans le sens de la transcendance intersubjective qui préoccupe Husserl. Ainsi, une fois posée la question de l'intersubjectivité, c'est la subjectivité ou le Moi monadique qui fait place dans la prescription. Le Moi qui est le porteur des images et qui les perçoit ou qui fait des actes mais qui est dans une modification, c'est-à-dire dans le mouvement d'une prise d'attitude à l'autre. La question particulièrement intéressante est que le rêve est assimilé à l'imagination. Husserl précise qu'il s'agit de la présentification qui est donnée de façon ontique et en étant-là (*seiend*) ou selon une manière d'être. C'est encore dans cette présentification comme manière d'être que Husserl définit le caractère ontique de la présentification identifiée comme vraisemblable, douteuse ou nulle.

Husserl, à travers la notion de comme-si, désigne l'imagination et même toute sorte de certitude selon l'aperçu du non réel. La double réflexion dont parle Husserl est un acte de la multiplicité de conscience qui est donnée déjà comme conscience positionnelle et conscience neutre. La double tranche de la réflexion est mise en œuvre dans le but de la présentification de l'imagination ou encore de la modification dans la sphère du présent comme Husserl le souligne un peu plus loin. L'enjeu est dans la modification du fait que le Moi du

---

222 *Hua.*, XIV, Den Haag, 1973, pp. 439-440 ; tr. fr., *Sur l'intersubjectivité, II, op. cit.*, pp.131-135. Comme nous l'avons vu précédemment, le texte n° 20 de *Phantasia, conscience d'image, souvenir*, est dans le même contexte expliquant la modification dans l'attitude mais ici nous sommes menés sur un plan intersubjectif. Il est à noter que la traductrice regroupe cet appendice à la suite du texte n° 21 alors que chez les éditeurs des textes de Husserl cet appendice fait partie du texte n° 24

223 Tr. fr., *op. cit.*, p. 131

224 Tr. fr., *ibid.*, pp. 131-132 : « En fait partie tout le domaine de l'imagination (*Phantasie*). Se projeter en imagiantion à l'intérieur d'une conscience (*hieinphantasieren*), s'y perdre (*Verlorensein*). Le fait de rêver (*Träumen*) que l'on accomplit des actes, mais il s'agit d'un rêve : on vit en imagination »

comme-si n'est pas un Moi du passé mais modifié en imagination c'est-à-dire la modification ou la présentification de l'imagination même à partir de la réception du présent.

L'immanence considérée dans une unité n'est autre que l'unité du monde objectif même si le registre de la perception ou de la réceptivité est différent. Autrement dit, l'unité de l'immanence rejoint intérieurement la transcendance qui s'est donnée dans l'unité du monde objectif. L'immanence dans son unité chez le Moi devient l'immanence du monde dans son rapport avec l'Homme.

Husserl continue son analyse en parlant du fait que ce qui ressort à la perception peut aussi être neutralisé, être élevé du mode de la positionnalité à celui de l'imagination ou de la neutralité mais la conclusion finale que tire Husserl confirme qu'il s'agit d'une modification qui « traverse toute conscience » (*eine durch alles Bewuusstsein hindurchgehend Modifikation*)[225].

Husserl met en considération les éléments qui font partie de l'immanence des données comme le fait de voir un paysage dans le souvenir après que nous l'ayons perçu et ensuite il considère le fait que dans les réceptions des données c'est la conscience qui est en modification. Tout être transcendant possède son « mode de donation immanent » dans « chaque maintenant » comme tous les objets transcendants apparaissent dans l'immanence en tant qu'unité de l'immanence comme étant la « vie concrète de la subjectivité » mais une donnée transcendante renvoie toujours « plus avant à un remplissement possible, ou à un remplissement qui a été possible antérieurement »[226].

8. Phantasia, le Moi et le rêve le contexte de l'idéalisme transcendantal

Une lecture au sujet de la *phantasia* s'impose quand il s'agit de la *phantasia* dans la sphère de l'idéalisme transcendantal où la facticité est la donnée principale notamment dans la multiplicité du Moi ou du sujet transcendantal[227]. Dans le texte n° 9 daté de 1921, Husserl s'intéresse à l'analyse de la trans-fiction (*Umfiktion*) par rapport à la corporéité charnelle et à l'intersubjectivité sous

---

225 Tr. fr., *ibid.*, p. 132

226 Tr. fr., *ibid.* pp. 133-134

227 Dans *Méditations cartésiennes*, Husserl s'attache catégoriquement à présenter un idéalisme transcendantal qui ne peut être identifié qu'à la phénoménologie même. Cet idéalisme « n'est rien de plus qu'une explication de mon *ego* en tant que sujet de connaissances possibles ». *Méditations cartésiennes : introduction à la phénoménologie*, Paris, 1966, p. 72. Aujourd'hui certains penchent pour le fait qu'un tel idéalisme peut poser le « pire contresens » en dehors des limites de la phénoménologie de la connaissance husserlienne. Voir R. Bernet *Conscience et existence., op. cit.*, pp. 143-168, ici, p. 168. L'auteur prend en considération certains textes de Husserl (publiés dans *Hua.*, XXXVI) en comparant avec *Ideen I*, ainsi *Nachwort*, et il exprime étonnement et contestation, suite à ce que Husserl avait mis en avant comme idéalisme, jusqu'à ce jour. *Ibid.*, p. 143. Une lecture tente de donner une nouvelle explication au sujet de l'idéalisme transcendantal de Husserl et du réalisme de l'attitude naturelle. Voir D. Zahavi, *Husserl's Phenomenology*, Stanford, 2003, pp. 68-72, ici, p. 70

l'aspect de l'idéalisme transcendantal. Le texte est intitulé « Argument pour l'idéalisme transcendantal. La trans-fiction dans l'enchaînement de la corporéité charnelle et de l'intersubjectivité[228]. Face à l'expérience de la possibilité dans la *phantasia*, voire la trans-fiction et le monde réel dans lequel l'individu s'est constitué, il existe un seul sujet transcendantal qui diffère selon le positionnement et la prise d'attitude mais reste toujours en tant que le sujet dans son unicité et son entité factice.

La problématique du Moi en expérience dans la sphère de l'idéalisme transcendantal s'est représentée dans le fait que le Moi ou l'individu est donné dans le sujet de son expérience possible, dans ce qu'il *phantasme*. Le Moi donné dans le sujet de sa *phantasia* montre un conflit (*Widerstreit*) étant donné l'emplacement du Moi et la diversité de l'imagination dans l'expérience possible. Le texte commence par mettre en question ce conflit du Moi dans la *Phantasie* perceptive d'un centaure à la fois perçu blond et noir sur le fond de recouvrement (*Deckung*). Husserl commence par cette idée que la possibilité d'un centaure (*Möglichkeit eines Zentauren*) est le corrélat (*Korrelat*) de l'expérience concordante d'un centaure (*Möglichkiet einer einstimmigen Erfahrung eines Zentauren*). Ainsi, la possibilité représente la donnée même d'où il résulte que le Moi-conscience (*Ich-Bewusstsein*) représente ce qui est dans le rang des vécus[229].

Le Moi ou le sujet est donné dans ce qu'il perçoit dans l'imagination et est transporté dans ses vécus factices. Je me trouve dans le conflit entre deux centaures et l'altération ou encore la transformation de l'un en l'autre par le recouvrement d'identité de l'objet[230]. Husserl met entre guillemets le mot *wandelt* (altéré, ou modifié) pour montrer la confusion entre l'altération ou la modification posée comme problème d'une part et le Moi en tant que sujet en modification ou en altération d'autre part. C'est là que se pose le problème de la situation de l'altération et le corrélat entre la possibilité définie d'un centaure et l'imagination de centaure par rapport au Moi en *phantasme*.

En effet, il s'agit du rapport entre le sujet dans ses vécus avec l'expérience de la possibilité qui nous est donnée en *phantasia*. Dans ce contexte, l'emploi du mot *Wanelung* (changement, altération) est très caractéristique de la manière dont Husserl retrace le trajet et la mise en œuvre de la facticité du Moi par rapport au Moi réel en tant que tel. Cette caractéristique rejoint aussi l'expression de *Phantasiewandlung* (changement-de-phantasia) dans l'examen de la temporalité même de la facticité du Moi dans l'imagination ou la *phantasia*. On

---

228 *Hua., XXXVI*, *Transzendantaler Idealismus.*, Dordrecht, 2003, p. 151 *sq.*, La phénoménologie comme dit Fink s'inscrit dans l'histoire du problème de l'idéalisme mais encore il s'agit d'une phénoménologie transcendantale constitutive qui d'une part s'enracine dans l'attestation concrète de l'analytique phénoménologique et d'autre part tente de préciser la position de l'étant à l'égard de la subjectivité. *Sixième méditation cartésienne.*, *op. cit.*, p. 211 *sq.*, ici, p. 213, 218

229 *Ibid*, p. 151. En ce qui concerne le corrélat, Husserl le définit comme « constitution, chaque fois, du monde ambiant » (« *Konstitution jeweiliger Umwelt* » dans *Hua.*, XXXIV, *op. cit.*, p. 430, ce qui signifie que le sujet factice dans son rapport corrélé établit son propre monde ambiant.

230 *Hua., XXXVI, ibid.* « Die eine « wandelt » sich in die andere unter Identitätsdeckung des Gegenstands ».

peut dire que la temporalité se fait non seulement dans la réceptivité d'autrui par le *Leiblichkeit* mais aussi dans la visée intentionnelle de ce dernier à travers l'affectivité. La transcendantalité de *Leiblichkeit* et la facticité du Moi ce sont transformées dans la temporalité du Moi où le Moi factice s'instaure *a priori* dans la conscience intentionnelle du Moi actuel.

Husserl donne une première réponse en disant que je peux procéder en mettant un sujet feint comme le centaure blond et l'autre comme le noir sans connexion ou enchaînement entre eux[231]. Pourtant la question est de savoir comment il faut comprendre la lecture concernant le Centaure même ?[232]

C'est le Moi qui se positionne et tient une attitude dans laquelle l'intentionnalité se donne dans la pensée. Ce qui veut dire que l'acte de « je pense » est le signe du positionnement du Moi par rapport à l'imagination de Centaure sur un fond réel et effectivement présent. On peut dire que l'intentionnalité du Moi a pu emmener le vécu imaginaire et le sujet même de l'imagination dans un positionnement actuel. Husserl continue et il dit que le premier signe contient en soi (*birgt*) cette intention et ainsi cela signifie l'absurdité d'un changement ou d'une transformation (*Veränderung*). Mais Moi, je laisse aller dans la quasi-prise d'attitude (*quais-Stellungnahme*) et de positionnement de l'être et donc je me présente avec le sol (*Boden*) de Centaure noir. Et là je peux me situer dans la continuité (*fortfahren*). En conséquence, j'ai croisé chacune des possibilités de façon égale (*nebeneinander Möglichkeiten*), chacune est libre de se positionner (*setzbar*) l'une sur l'autre, et sur la forme temporelle même (*dieselbe Zeitform*) et de demeurer dans l'auto-recouvrement (*Selbstdeckung*)[233].

Tout de suite après, Husserl pose la question de savoir si un tel Moi, qui se représente dans l'expérience, en tant que corrélat, qui ne relève pas d'une nécessité, peut donner la nécessité à chaque objet possible de se représenter en faisant l'expérience actuelle ? Il répond aussitôt négativement et le justifie en disant que je me représente un objet dans mon expérience à moi, l'objet qui reste pour moi un étant (*seiend*) même si je ne peux plus l'avoir dans l'expérience[234]. Par ce fait, Husserl souligne le côté intuitif de cette possession qui est dans une représentation aussi intuitive que factice. Autrement dit, les vestiges de la représentation intuitive et de l'intuitivité marquent la mise en œuvre de la facticité dans la mesure où le Moi fait l'expérience de la facticité et où même toutes les données peuvent ne pas être dans cette expérience.

Husserl continue en disant que la chose (*Ding*) doit être transcendante en soi, alors l'étant sans être dans l'expérience est dans une constante [de l'état] expérimentable[235]. Cela veut dire que pour Husserl le corrélat est posé dans la sphère de la transcendantalité où la chose peut avoir toujours la tendance ou le

---

231 *Ibid.*

232 *Ibid.*, pp. 151-152

233 *Ibid.*, p. 152

234 *Ibid.*

235 *Ibid.*, « *Das Ding soll ans sich, transzendent : seiend auch unerfahren, aber doch beständig erfahren.* »

passage vers une expérience non encore accomplie. Mais cette transcendantalité et l'expérience du possible s'effectue à travers le Moi, un Je qui met en œuvre cette possibilité et l'état de la chose en validité. On peut dire que la chose trouve son origine transcendantale de l'état des choses lorsqu'elle est en état de faire l'expérience. La chose ne peut être que si elle est dans la transcendance de l'expérience. La chose ne fonctionne que si elle se meut pour faire l'expérience, c'est-à-dire que la chose ne peut devenir et ne peut se mettre en œuvre dans l'expérience.

Ce qu'explique Husserl par la suite montre cette nécessité de la mise en œuvre de l'expérience de la chose par le Moi. Une chose (*Ding*) comme possible se représente, elle est comme l'auto-donation, et l'expérience d'un Moi fictif en expérience. On ne peut pas non plus feindre sans qu'elle fasse l'expérience de feindre avec un Moi en expérience fictive parallèle. La chose transcendante est le signe du contexte de l'idéalisme transcendantal où les données sont à l'horizon de l'expérience permanente ou bien à l'état d'expérience. Ce qui relève du fait que la chose est dans un horizon de la transcendantalité mais aussi du fait qu'elle ne tombe pas dans le domaine de la métaphysique car elle est attachée au sol de la réalité transcendantale.

Husserl continue pour préciser cet aspect de son analyse qui consiste à démontrer le positionnement du Moi dans le feint et l'activité factice dans un monde réel. Ce qui permet au Moi de feindre et d'établir un environnant factice est le Moi en tant que thème et en tant que le sujet de la thématisation propre à lui. Le Je actif fait un monde ou un acte sous le règne de la conscience qui concerne son « je suis ». Le positionnement du Moi dans un champ des *phantasiai* ou de l'imagination factice transporte le Moi réel dans une circonstance et une situation dans laquelle la constitution du Moi suit la continuité de sa donation originaire.

Nous faisons le monde factice non seulement par le savoir mais par le pouvoir et non seulement un pouvoir mais un pouvoir réfléchi, c'est-à-dire le je peux dans le je suis déplacé qui fait l'expérience de ce qui est en train de faire dans le sens de la connaissance transcendantale. C'est une altérité qui peut être le signe du mouvement permanent et qui fait surgir aussi le rapport esthétique avec le monde environnant dans lequel le corps vivant trouve son entité dans une position de pure possibilité, dans une quasi-expérience et une quasi-perception. C'est une raison de plus pour montrer comment l'altérité fonctionne quant au rêve et au sommeil sans qu'il s'agisse, dans l'immédiat, de l'épochè. Ce qui fait qu'on sort du rêve vers l'objectité mondaine et que la temporalité est donnée comme consciente dans un passé conscient ou en train de devenir conscient par la rétention et l'aller vers un avenir réfléchi par la protention.

On peut constater que l'expérience du Moi dans la facticité suit le conflit surgi dans l'altérité permanente et dans le même temps le positionnement du

Moi comme étant le porteur des données dans l'expérience y compris sa propre possibilité d'étant en expérience[236].

Une première leçon de ce qu'explique Husserl est dans l'horizon transcendantal du conflit dans lequel l'individu se trouve et où il est censé faire des activités en vue d'arriver à la concordance. Dans cet horizon, l'individu doit se situer dans l'expérience qui met en fonction la connaissance eidétique du monde. Seulement, ici il s'agit d'un rapport plutôt fictif qui relève du domaine intuitif et noétique. Dans ce cas, par l'expérience il faut entendre une acception plus ample que le rapport esthétique (charnel ou corporel) avec le monde mais un rapport fondé dans le sens de la constitution du monde réel et objectif[237].

C'est aussi la constitution du Moi par l'expérience qui fait l'objet de l'attention, c'est-à-dire que là où je cherche où « je suis », c'est là que commence une constitution du monde et commence une constitution du monde constituant le Moi. La fondation d'un Moi est la fondation d'une perception propre dans la perspective de la réceptivité du monde qui sort de l'extériorité pour se fonder intérieurement[238]. Seulement, Husserl souligne ce fait que dans cette facticité d'un Moi où celui-ci est transporté dans la fiction, c'est le Moi réellement existant qui peut être aussi dans la fiction comme étant le corrélat. Là encore nous avons l'entité du sujet constituant une unicité qui fonctionne dans la facticité. Ainsi, chaque fois qu'il y a une altération ou modification, le Moi réel ne change pas dans son horizon transcendantal et phénoménologique[239].

Le passage qui suit décrit plutôt l'expérience de l'individu sur laquelle Husserl revient ultérieurement. C'est l'acte du Moi de se transformer en fiction tout en se présentant dans les différentes possibilités. Il s'agit de l'acte continu et du contraste de l'individu en se mettant dans une position qui couvre et ainsi de suite. Ce qui montre l'altération et le changement constant du positionnement et encore la réception de l'objet au cours de l'acte factice du Moi. Cette facticité est considérée comme propre vécu du Moi, à savoir le fait de se transformer par la fiction. Autrement dit, l'individu dans le sens transcendantal se transforme à travers l'acte factice tout en étant dans l'acte et l'objet même de l'acte[240].

Husserl revient aussitôt sur cette caractéristique du Moi à travers la fiction en parlant du Moi-en-*phantasie* (*Phantasie-Moi*)[241]. Non seulement le Moi aux

---

236 *Ibid.*, pp. 152-153

237 Le rapport d'« interfacticité » entre le Moi et le monde sous l'aspect de l'épochè a été examiné dans une étude qui peut être comparable avec les données de ce texte qui nous intéresse, voir M. Richir « Intentionnalité et intersubjectivité : commentaire de Husserliana XV, pp. 549-556 », dans *L'intentionnalité en question : entre phénoménologie et recherches cognitives*, Paris, 1995, pp. 147-157, ici, pp. 154-155

238 *Hua., XXXVI, ibid.*, p. 153

239 Au sujet du Moi comme anonyme et comme fondé pré-égoïque et qui s'est donné égologiquement, voir J. Mensch « What is a self » dans *Husserl in contemporary context : prospects and projects for phenomenology*, Dordrecht, 1997, p. 69, 72, 77

240 *Ibid.*, pp. 153-154

241 *Ibid.*, p. 154

yeux de Husserl se représente dans une situation transcendantale et il ne s'agit pas simplement de la constitution de l'unité du Moi mais on peut aussi comprendre qu'il s'agit de la constitution du monde ambiant et de la multiplicité du Moi à partir d'un seul Moi singulier. Le vécu est un vécu individuel même s'il est en transformation par une fiction ou encore une quasi-perception. Autrement dit, le Moi dans le fantasme s'exerce lui-même mais dans une diversité et multiplicité qui revient toujours et chaque fois à lui en tant que le centre, le fond voire le point zéro temporel. D'où le rapport entre l'immanence et la transcendance où l'unité de l'immanence rejoint l'unité transcendantale, c'est-à-dire le lien accompli de l'immanence dans l'acte du Moi vers la transcendance du monde objectif.

On peut poser la question de savoir si le fait optique relève de la multiplication, dans ce cas quel est le rapport entre la multiplication du Moi en tant que subjectivité transcendantale et la multiplication dans le champ optique ? Il semble que Husserl s'attache à mettre en valeur ce côté de la multiplicité de l'individu, du Moi, car la constitution de l'unité permet au Moi de s'orienter à partir de son sol singulier comme le pôle d'intérêt. C'est le même cas dans le domaine de l'acoustique qui relève de la répétition. En entendant les différents « bruits », je ne me trouve pas dans une unité subjective déchirée entre différents morceaux sonores mais je suis un seul et unique individu qui entend les différentes répétitions sonores, temporelles et spatiales[242].

Le Moi corrélat transcende le Moi factice en activité dans la mesure où il est, lui-même, sa donnée de la facticité. La subjectivité dans cette perspective relève du Moi monadique qui affirme une ontologie transcendantale voire une autonomie immanente, qui parcourt en soi et dans ses démarches factices comme il parcourt dans la nature et dans le monde de la vie. Husserl nous livre aussi cet aspect de la subjectivité (le fondement de la monadologie transcendantale) qui fonctionne dans ses diverses formes et diverses modalités de vie. Le Moi est légué dans sa représentation « fantasmagorique » qui se trouve à l'intérieur même de l'individu avant qu'il soit penché vers autrui comme étant dans une relation d'intersubjectivité[243].

Husserl explique ce côté du moi dans son acte multiple où il parle du fait que chaque sujet extérieur feint correspond à un sujet dans la multiplicité de ma trans-fiction. Autrement dit, la multiplicité dans l'acte et la représentation de l'acte du Moi permet d'intégrer des objets extérieurs feints sur le fond de la subjectivité[244].

Après avoir parlé de la relation factice du Moi dans la sphère de la transcendance et du fait d'établir une sorte de subjectivité en multiplicité qui relève de la multiplicité transcendantale dans l'expérience de l'individu, Husserl

---

242 Voir Georges Thinès : « Erwin Strauss et la phénoménologie dans *Vom sinn der sinne* », dans *Figures de la subjectivité*. Paris, 1992, pp. 9-49, ici p. 27

243 Au sujet du Moi monadique, voir M. Richir « Monadologie transcendantale et temporalisation », *op. cit.*, p. 65 *sq.*

244 *Hua., XXXVI.*, *op. cit.*, p. 154

s'interroge face à une difficulté. Le problème est de l'ordre du clivage entre le Moi dans son imagination propre, ayant une possibilité d'obtenir une fiction, et l'incapacité de ce Moi même quant à l'accomplissement de la mise en jeu du possible. Le Moi factice ne peut se mette en œuvre originairement que dans un horizon temporel ou du moins dans la facticité du Moi. Là, il existe une difficulté d'ordre temporel qui fait que l'unité du Moi se temporalise au moment où le Moi factice est feint.

Pourquoi au début le Moi ne parvient-il pas d'emblée et d'un coup à obtenir la possibilité extérieure et n'y arrive-t-il qu'après avoir feint un Moi extérieur? Le fait de feindre un Moi pour expérimenter une qualité pose en soi le problème de la temporalité, car le Moi assujetti dans son imagination est encore incapable de parcourir en fiction toute couleur possible. Mais c'est par rapport au sujet étranger et au moi extérieur feint que le Moi d'origine parvient, symboliquement, à faire l'expérience du possible[245]. Doit-on comprendre que la manière symbolique dont parle Husserl est le moyen le plus immédiat de résoudre le clivage temporel quant au Moi factice ? Autrement dit, le Moi factice ne renvoie-t-il pas au Moi originel comme celui-ci renvoie au Moi factice, chacun opérant dans la continuité temporelle ?

C'est dans le long passage suivant que Husserl s'explique quant à la difficulté posée précédemment[246]. Ce passage contient quelques propos fondamentaux dans le sens de l'intersubjectivité mais sur le fond et le soubassement d'une monadologie transcendantale. Pour ce dernier, il faut notamment se référer à des textes sur l'intersubjectivité où la question de la monade et de la monadologie transcendantale a été traitée, notamment ceux des années trente. Un premier point à souligner est la ressemblance entre ce qui est pensable et ce qui doit-être intuitionné. En parlant de cette idée au début de ce paragraphe, Husserl parle aussitôt du domaine de l'expérience qui s'appuie sur l'empathie. Or celle-ci s'instaure dans la sphère de l'intersubjectivité en tant que relation liée de façon affective entre les individus, voire les Hommes et la communauté humaine. Si on comprend bien, Husserl lorsqu'il parle du fait d'intuitionner ce qui est pensable et de l'empathie par la suite comme le registre d'une relation d'intersubjectivité, soulève un rapport établi de façon monadique entre les individus[247].

Mais dans le même temps nous sommes conduits à considérer la subjectivité transcendantale, qui fait que l'expérience monadique se constitue dans l'immédiat, dans son propre champ intuitif, même si elle est en train de transcender vers l'autre et l'expérience d'autrui. Ce qui vient par la suite dans le texte comme la possibilité de feindre d'un Moi capable de feindre fait appel à cette subjectivité qui donne lieu à l'expérience intersubjective de façon intuitive. L'intuitivité dont parle ici Husserl est dans une acception ontologique

245 *Ibid.*, pp. 154-155

246 *Ibid.*, p. 155

247 Ce rapport transcendantal et la manière de l'empathie ont été discutés de nouveau plus loin dans le même texte, *ibid.*, p. 161

transcendantale où l'individu peut toucher de façon charnelle le corps vivant du Monde dans le Moi-en-*phantasie*. L'intérêt phénoménologique de ce texte, à ce stade, est de mettre en parallèle ce côté intuitif du Moi en tant que monade dans sa transcendantalité à l'égard de l'expérience de l'autre, en sachant que la source de la donation à autrui s'inscrit dans l'expérience intropathique propre du Moi en activité affective.

Je feins dans l'affect de l'autre car le Moi traverse le monde dans sa constitution transcendantale qui chemin faisant produit et crée les rapports conséquents. Le Moi en train de feindre est dans une activité créatrice qui se donne à l'autre dans une sphère de la temporalité qui vient d'un passé (connu ou inconnu) vers le présent. C'est toute la temporalité qui entre en jeu au moment où le Moi en feint un autre, car avec l'acte de feindre il crée un rapport et un monde factice dans lequel la temporalité propre de ce monde surgit et encore plus la temporalité de la chose dans son entité. Si le Romantisme parlait d'un voyage initiatique qui atterrissait sur un terrain mystique pour le déplacement du Moi, Husserl parvient à démontrer une approche et une méthode selon laquelle le moi fait son monde factice en vue d'obtenir la connaissance transcendantale dans le sens du *Logos* universel.

Factum et le monde factice dans la réalité de l'expérience du Moi se transporte à autrui et établit un lien interpersonnel et interfactice dans un monde commun, un monde facticement commun. Mais n'est-ce pas qu'en constituant un monde factice, un monde comme tel postule le rêve et les images de la rêverie à sa manière ? Le Moi factice imagine de pouvoir de visionner mon corps vivant et du coup il peut aussi voir les *phantasmes* vécus en Moi. Autrement dit, ce que je peux rêver et les images de la rêverie que je peux voir se trouvent dans le recouvrement du Moi factice, mais dans le même temps perçu de façon factice par Moi-même comme étant celui qui fait la facticité ou encore celui qui met en œuvre la feinte transcendantale. Les images du rêve sont apparentes dans la modalité de l'aperception (par le Moi factice ou par Moi en tant que tel) et dans la perception-de-*phantasie* (imagination) et elles sont comme (quasi-) données dans la vie actuelle et dans le présent.

On peut aussi exprimer ce rapport dans le mode de modification qui relève du mouvement temporel permanent où la conscience transcendantale du Moi factice s'accomplit dans ses actes de présentification. Ce que fait le Moi est penché, d'un lien immanent dans l'aspect noétique vers l'extérieur dans le monde eidétique où l'idéalité s'est constituée dans l'objet donné au Moi réfléchissant. Ce rapport entre l'immanent et la transcendance figure encore sous l'affection comme l'état originaire du Moi dans son intentionnalité qui vise autrui à partir de soi-même. L'apparence du monde est une apparence constituée aussi dans la réceptivité de la noèse visant les données du monde apparent. L'apparence du monde et du Moi est comme le face à face de deux miroirs en vis-à-vis[248].

---

[248] M. Richir « Intentionnalité et intersubjectivité, commentaire de Husserliana XV »., *op. cit.*, p. 157 *sq*.

Au bout de cette analyse, Husserl parvient à parler de l'idéalisme transcendantal et de cet énoncé qui détermine l'essentiel du discours, à savoir qu'une nature n'est pas pensable sans l'expérience possible du sujet en co-existence en elle[249]. À partir de là, Husserl essaie d'analyser le rapport intersubjectif et la difficulté de l'incompatibilité qui concerne la validité de l'expérience d'un sujet par rapport à l'autre. Cette incompatibilité vise une autre nature dans la subjectivité qui sort du propos de Husserl, et celui-ci tente de montrer l'unité d'une expérience de la nature, pensable sous le règne d'une concordance possible de l'expérience du sujet en expérience[250]. L'incompatibilité met en relief les différents Moi dans la nature et les fonctionnements différents de chacun comme Husserl le conclut plus loin.

Husserl revient sur le propos de la facticité du Moi plus loin après avoir mentionné le rapport transcendantal entre le Moi qui représente un Moi de l'extérieur et que cela n'est pensable que sous l'aspect de l'empathie d'une corporéité charnelle transcendantale[251]. C'est à travers les modifications (*Abwandlungen*) que chaque Moi possible se représente à travers mon propre Moi. L'emploi de la notion de modification est le signe de la temporalité et de la prise d'attitude de l'individu très caractéristique chez Husserl. La modification est aussi le signe du mouvement voire de la réflexion universelle de l'individu dans ses démarches transcendantales.

Parmi les multiples formes du Moi, Husserl ici en désigne trois en commençant par le Moi factice, celui qui est donné facticement en vue de se créer dans le monde factice et en l'occurrence ici imaginaire, « *phantasmatique* ». Husserl souligne simplement qu'il s'agit du Moi qui suis-je. Autrement dit, on peut comprendre que le Moi factice est dans l'ordre ontologique du Moi existant, le Moi *Dasein* qui s'est donnée de façon factice. Un deuxième Moi est qualifié comme Moi en modification dont la facticité ne fonctionne que par l'imagination voire le fantasme. L'importance de ce Moi est dans son découvrement du Moi aussi bien psychique que charnel. Cela provient de la caractéristique de la modification qui est le signe du mouvement voir la *praxis* du Moi. Si ce Moi peut aller dans la région charnelle dans ses modifications c'est qu'il est d'une provenance d'un Moi factice dont la réalité effective se trouve à l'horizon de la modification. C'est encore ce Moi qui est censé réaliser la relation d'intersubjectivité pour la même raison qu'il est dans la modification c'est-à-dire la possibilité de la *praxis* d'un corps vivant à l'autre.

Le troisième Moi se trouve exactement dans la région de la *phantasie* même, mais étant créé sous le règne du Moi factice et ressemblant à celui-ci. Il est connu, dans le discours de Husserl, comme étant dans une position quasi fictive, où la réalité effective ne joue plus et où toute sorte d'activité demeure sans validité. Pourtant, il s'agit de l'une des multiples formes du Moi et la question peut être posée de savoir si, du moins, la validité du Moi fictif peut

---

249 *Hua.*, XXXVI, *ibid.*, p. 156

250 *Ibid.*, p. 160

251 *Ibid.*, pp. 161-162

exister pour autant ? Il semble que c'est d'abord dans l'ordre d'une connaissance transcendantale qu'il faut chercher la nécessité de créer le Moi factice dont celui du troisième Moi avec le côté fictif. Le Moi étranger dont on parle ici comme caractéristique de ce Moi fictif, est transcendé à l'horizon du Moi factice qui est en train de faire l'expérience de la temporalité et de la spatialité des données. Ainsi, la validité du Moi fictif est dans sa constitution dans l'ordre de la facticité, ou encore la validité du Moi fictif est dans son invalidité donnée de façon factice.

L'utilité du Moi fictif repose dans l'origine ontologique du Moi factice et dans ce que Husserl appelle la coexistence du sujet. Les multiples formes de la subjectivité transcendantale sont enchaînées dans une coexistence qui relève de la transcendantalité de la praxis de chacun mais qui fonctionne sur le sol réel du Moi comme factice. Le Moi factice se donne en tant que tel dans une relation d'intersubjective en donnant des Moi variés. Le deuxième Moi représente une altérité qui est propre à lui mais naturellement toujours dans la sphère du Moi factice. Un troisième Moi « étranger » qui se situe dans l'acte de *phantasmer* représente le côté intuitif de la facticité dont l'accomplissement se fait notamment selon une analogie[252].

Si on retire le Moi en modification il ne reste que le Moi factice et le Moi en fantasme mais en fait, on peut dire que le Moi en modification ne peut être donné que dans la modalité de la facticité ou bien de l'imagination. C'est un Moi purement fonctionnel ou opérationnel qui se meut dans la prise de position d'une modalité qui est même dans le flux de conscience et ainsi dans la modification. On peut supposer qu'il s'agit plutôt d'un Moi synthétisé qui parcours, d'un trait, du Moi factice au Moi fantasmé, d'une modalité intentionnelle à l'autre. Ce qui fait qu'on peut dire que l'intersubjectivité transcendantale fonctionne à travers la subjectivité transcendantale mais aussi que le sujet multiple et diversifié fonctionne l'un sur l'autre. La subjectivité, pour ainsi dire, s'exerce dans la temporalité du sujet et l'intersujet du sujet ou l'interfacticité des sujets dans le sens de l'épochè[253].

Une fois que la notion du corps vivant (*Leib*) entre dans le discours de Husserl on constate certains éléments qui s'enchaînent dans l'établissement de l'analyse. Dans les multiplicités du Moi, le troisième est analogue au Moi factice, comme Husserl le précise. Le problème, pour Husserl, c'est de penser à un être transcendantal en dehors de la nature, d'autant plus qu'en se référant à Kant, Husserl voudrait aussi tenir compte de l'objectivité transcendantale du monde où l'objectivité spatiale s'inscrit[254]. De plus, il faut considérer la possibilité d'envisager une nature sans la corporéité charnelle[255]. Cela veut dire comment

---

[252] Dans le passage suivant, Husserl souligne ce rapport, *ibid*, p. 162 et il revient à la fin de ce texte pour souligner le rapport de la possibilité d'une nature dans la sphère de la subjectivité, *ibid.*, p. 166

[253] Husserl parle de cette relation entre la subjectivité et l'intersubjectivité dans le contexte de l'épochè. *Hua. XXXIV, op. cit.*, pp. 98-99

[254] *Hua.*, XXXVI, *ibid.*, p. 162

[255] *Ibid.*, p. 163

un Moi fictif peut fonctionner sans *Leib* dans un monde où l'objectivité (temporelle et spatiale) exige la corporéité charnelle des données.

Le conflit est pensable entre un sujet sans corps vivant et un Moi dans sa corporéité charnelle selon un jeu dans un système de la modification possible. C'est dans ce contexte que s'est posé le problème d'un « solipsisme absolu »[256]. L'interrogation de Husserl va jusqu'à parler aussi du côté du feint pur de l'optique dans la sphère de l'apparition-de-perspective (*Lanschaftserscheinung*) comme étant un feint concret où se situe le quasi-perceptible en vue (*gesehen*).

C'est vers la fin du texte que Husserl, après avoir parlé de cette aporie qui provient de la situation du Moi multiple dans ses actes et de la situation de la position corporelle et charnelle, tente de donner quelques éléments de réponse. La réponse consiste dans le fait que je peux *phantasmer* mon *Leib* complètement atrophié (*völlig verschrumpfen*) et les images de la chose tenue et gardée (*behalten*). Mais la question est encore là de savoir si ces images de la chose intentionnelle sont inhérentes au Moi dans la « vérité » d'une nature que je peux avoir, une objectité transcendantale qui s'atteste en tant qu'étant[257].

Ensuite, Husserl continue sa réponse en parlant de la ligne kinesthésique qui apparaît comme une source de l'expérience du Moi factice[258]. Une considération inachevée, en ce qui concerne la ligne kinesthésique, mais d'une importance capitale. Husserl à notre sens est conduit à envisager la ligne kinesthésique comme la modalité la plus pertinente et la plus commode concernant le Moi feint, dans sa facticité dans le monde, où le problème est posé à l'intérieur de la multiplicité du Moi. Pour insister sur cet aspect, nous soulignons l'emploi du mot haptique (*haptisch*) qui signifie tout ce qui est lié au toucher s'inscrivant dans les traits kinesthésiques que nous trouvons aujourd'hui notamment dans des images virtuelles. On peut considérer que les propos de Husserl visent un domaine virtuel voire d'images de synthèse originairement constituées dans le rapport kinesthésique dans la perception générale des données.

L'analyse de Husserl essaie à l'évidence de ne pas approcher du domaine psychologique où l'expérience optique dans un monde réel et effectif fait défaut. Le problème pour la psychologie devient plus facile à l'égard de la phénoménologie car ni le Moi et le sujet dans sa constitution originairement singulière qui pose des problèmes ni l'acte factice du Moi et du monde pour donner lieu à un *Leib* « étranger » afin de viser le Moi dans sa position corporelle et charnelle, ne seraient pris en charge. Il se peut que selon cette approche nous puissions parvenir à établir une méthode en ce qui concerne le rêve et l'éveil, à partir de l'ensemble des données phénoménologiques de Husserl. Dans cette perspective, les données kinesthésiques viennent s'ajouter aux données esthétiques étant donnée la position du *Leib* qui constitue une

---

[256] *Ibid.*, p. 164
[257] *Ibid.*, p. 165
[258] *Ibid.*, p. 165

subjectivité à l'intérieur même de son statut jusqu'à l'accomplissement analogique du Moi fictif.

À notre sens, dans la multiplicité des Moi énuméré par Husserl, le troisième Moi est le Moi du rêve, celui qui fait le rêve et qui y reste. Mais le deuxième accomplit un acte de modification qui concerne la modalité de l'altération où le Moi factice peut sortir du rêve pour penser de façon objective. L'altérité du Moi lui permet de se positionner dans l'épochè et la mise en attitude de la rêverie où l'individu, selon le *Logos* universel, sort vers l'état de veille. Le Moi factice est un Moi transcendantal qui, se créant dans sa position, se regarde et se réfléchit à travers lui même par le biais du Moi en modification. Le Moi et le sujet transcendantal fondent une sphère de la transcendantalité où toute la corporéité charnelle se met en mouvement et toute possibilité (y compris *phantasmée*) devient pensable sous l'empire de la subjectivité.

On peut dire que les kinesthèses se sont données les unes aux autres puisque chaque membre du corps est concerné par l'attitude hylétique de l'autre. Les images du rêve étant possibles et dans la sphère de la possibilité s'inscrivent (malgré leur caractère basculé, cassé et renversé) dans les données de la nature, du moins dans la représentation du Moi et du sujet transcendantal dans la nature. Autrement dit, les images du rêve et le rêve en tant que possibilité et comme quasi, font partie des *data* de la nature où le sujet factice peut aller les chercher dans une position de rêverie, ou les repérer dans une neutralité en modification. D'où l'aspect analogique par lequel le Moi factice peut se voir dans une position qui n'est pas la sienne mais qui vient de lui et dans laquelle il se positionne dans l'ordre de la possibilité d'une nature[259]. Les dernières considérations de Husserl soulignent de nouveau la subjectivité et la possibilité d'une subjectivité qui rejoint la possibilité de la nature[260].

Il est aussi pertinent de considérer l'emploi du Moi *Denkbar* dans le texte qui, semble-t-il, modalise le *Logos* universel et la sphère de la pensée sous le règne de la raison. La référence à Kant n'est pas négligeable dans la mesure où Husserl en inclinant à l'objectivité transcendantale du monde tente de donner une analyse encore plus distincte. Sans insister sur ce côté de l'intellect mis en jeu, nous pensons que Husserl, comme on l'a constaté dans d'autres écrits, met en parallèle l'aspect noétique dans la sphère de la pensée avec celui de l'acte kinesthésique qui en se rejoignant établissent le sujet transcendantal dans sa *praxis* des données ou encore des choses possibles. Comment l'homme parvient-il à penser soi-même et l'autre, et les autres choses seulement à partir de soi-même et là non pas dans le sens du solipsisme mais dans une subjectivité transcendantale factice ?

---

[259] Pour cet aspect de l'analyse de Husserl voir G. Römpp, *Husserl Phänomenologie der Intersubjktivität. op., cit.*, p. 56 *sq.* ici, p. 58

[260] *Hua.*, XXXVI, *ibid.*, p. 166

Chapitre 3 - Rêve et éveil dans le contexte de l'Anthropologie phénoménologique

1. Le monde éveillé, l'étant et le sommeil

La crise des sciences européennes et la phénoménologie transcendantale est un ouvrage caractéristique du fait que la phénoménologie prend place au rang des disciplines scientifiques et que Husserl en fait un objet d'étude en se situant tant sur une échelle historique que sur une échelle mondiale (européenne). Dans *La crise des sciences européennes*, et notamment les écrits posthumes, l'aspect historique est représenté et mis en avant. Cet aspect rejoint celui de l'anthropologie, notamment dans le volume XXIX qui nous intéresse, et aussi l'idée husserlienne du monde de la vie (*Lebenswelt*)[261].

Le texte numéro 28 de *Husserliana* XXIX est essentiel pour la constitution de la méthode phénoménologique de la description du rêve. Le texte décrit l'aspect anthropologique mais il est, en réalité, une approche phénoménologique ou encore une anthropologie phénoménologique transcendantale à partir de laquelle Husserl revient sur la question de la mort, du rêve et du sommeil[262]. Comme on peut le voir dans le texte, l'accent est mis sur le monde réel dans lequel le temps et l'espace sont pensables[263].

---

[261] Au sujet de *Lebenswelt* et son acception phénoménologique, voir W. Marx *Vernunft und Welt*, Den Haag, 1970, p. 63, *sq*. Parmi des études consacrées à *Lebenswelt* on peut aussi citer notamment M. Sommer, *Lebenswelt und Zeitbewusstsein*, Frankfurt, 1990, p. 59 *sq*. P. Ricœur évoque la place qu'occupe l'histoire chez Husserl notamment dans ses écrits des années 1935-1939, « Husserl et le sens de l'histoire », in *À l'école de la phénoménologie*, Paris, 1986, pp. 21-57. En ce qui concerne l'influence de Brentano, notamment quand on pense à la Philosophie première, voir Balazs M. Mezei, « Brentano and Husserl on the History of Philosophy », in : *Brentano Studien*, Band, 8 (1998-99), pp. 81-94. Un autre article met en lumière cette approche seulement dans la perspective d'un monde historique de la vie et sa genèse, ainsi que le développement de la subjectivité dans l'histoire et son fondement que la phénoménologie peut thématiser le problème transcendantal de l'histoire. Voir S. Luft, « Husserl's theory of the phenomenological reduction between life-world and cartesianism » in *Research in Phenomenology*, 34, 2004, pp. 198-234, ici, p. 220

[262] L'anthropologie comme la science de l'homme dans le monde et en tant que réflexion de l'homme comme personne fut l'objet des remarques de Husserl. Voir *Hua.*, XV, texte, n° 30, pp. 480-484. On trouve d'autres considérations de Husserl qui vont dans le sens du développement de la constitution de la phénoménologie en tant que la nouvelle science philosophique. Voir « Phänomenologie und Anthropologie » daté de 1931 dans lequel Husserl soulève plusieurs questions dont l'épochè transcendantale et la position de l'Ego. *Hua.* , XXVII, *Aufsätze und Vorträge*, 1922-1937, Dordrecht, 1989, pp. 164-181

[263] Il existe une traduction française de ce texte auquel nous nous référons. Voir « Le monde anthropologique (fin août 1936) », in *Alter*, n° 1, 1993, pp. 271-290

2. L'approche anthropologique

Il convient d'insister de nouveau sur l'approche anthropologique. Le texte fait partie des écrits posthumes de Husserl dans le contexte du sujet qui touche le thème de *La crise des sciences.* Comme on peut le constater en suivant le texte, Husserl mène une analyse concernant le sommeil, le rêve et la mort dont l'appartenance, sur un plan théorique et scientifique, à l'anthropologie paraît évidente mais à juste titre Husserl tente de critiquer l'approche anthropologique[264].

Aux yeux de Husserl, nous ne devons pas chercher une « historicité » pour ce qui est du rêve et il ne faut pas aller chercher des origines inconnues dans le temps occulte bien antérieur à la civilisation et au monde réel. Car, semble-t-il, c'est non seulement le flux du temps entre deux extrémités qui fait qu'on réfléchit « un instant » à un temps éternel (entre le passé absolu et l'avenir absolu) mais la recherche même de ce temps nous conduit dans un temps où l'éternité fait partie intégrante de la problématique[265].

Dans les années trente, Husserl s'intéresse aux sujets moins considérés auparavant comme la naissance, la mort ou en général le monde de la vie dans ses différents aspects « subjectifs ». C'est le monde de la vie qui est l'enjeu à travers lequel Husserl cherche à décrire et à analyser le monde dans sa racine et son origine individuelle. C'est dans ce monde de la vie que la mort, qui ressemble au sommeil, et l'enfant dénué d'expérience ont chacun leur place, un monde constitué dans l'expérience corporelle et charnelle[266].

La question du temps, jamais négligée, revient dans ses écrits posthumes et se présente d'un point de vue différent, à savoir la recherche au sujet du temps écoulé depuis un passé lointain, et le présent actuel pour cerner un entre-temps ou un monde intermédiaire à l'intérieur même d'un du-dedans ou dans l'intervalle (*inzwischen*) pour qu'il puisse couvrir cette durée temporelle ou temporaliser la naissance et la mort. Le temps intermédiaire dans un monde intermédiaire fait appel à l'unité du monde qui constitue l'unité du temps et de l'espace. On entend par là que même le temps intermédiaire et le fait de la recherche d'un temps intérieur dans la temporalité du temps. Le temps

---

264 Le jeune Husserl parle de cet éternel dans le rapport entre le maintenant et le passé, *Chose et espace*, *op. cit.*, p. 90. Il est possible que l'un des traits de la critique de Husserl vise cet aspect notamment chez Hegel. Voir *Werke*, 10, *Enzyklopädie der philosophischen Wissesnschaften im Grundrisse, 1830*, Dritter Teil, Frankfurt, 1995, p. 75 *sq*. Car celui-ci malgré la définition, par exemple, de l'éveil comme la conscience concrète (*ibid.*, p. 88), détermine ce concret dans le champ de l'esprit où la conscience se reporte à l'esprit. *Ibid.*, p. 199

265 Il existe certaine lecture où l'éternité n'est pas admise, comme celle de E. Lévinas. *La mort et le temps*, Paris, 1992, pp. 37-38. Très influencée par Heidegger, la lecture de Lévinas au sujet de la mort semble bien loin de l'expression husserlienne.

266 E. Fink parle de ce monde de la vie. Voir « Die spätphilosophie Husserls in der Freiburger Zeit », in *Nähe und Distanz : phänomenologische Vortäge und Aufsätze*, Freiburg, München, 1976, pp. 205-227, ici, p. 215. Aussi sur la vivacité de la vie, à travers la nature comme la grande éveillée (*grosse Wachstum*), et le rythme de la vie, voir *Metaphysiqk und Tod*, 1969, p. 183

temporel est une temporalisation effective dans le flux absolu des données aussi bien dans le sens objectif que dans le sens subjectif. Husserl revient sur la question de la constitution du temps absolu dans la transcendantalité et il définit l'absolu en tant que Raison (*Vernunft*) et dans la temporalité de Raison.

Le passage qui nous intéresse pose des questions fondamentales quant au réveil et à la mort. L'approche de Husserl représente l'intérêt le plus essentiel que puisse connaître l'homme dans sa vie éveillée. Cet effort de mener la vie endormie ou en sommeil vers la vie consciente, sur laquelle nous revenons souvent, constitue, d'une certaine manière le fondement de toute la démarche phénoménologique de Husserl. Cela veut dire qu'une lecture phénoménologique du rêve et du sommeil s'inscrit dans l'horizon absolu de la phénoménologie de l'éveil. Cela nous rappelle que le défi de Husserl ne s'arrête pas à la frontière de l'» inconscient », mais qu'il va au fond même de la vie et du vécu instantané[267].

Le texte se divise en deux chapitres dont le premier s'intitule « la description générale du monde anthropologique ». La lecture d'une description générale de tout ce qui est corporel (*Körpern*), tout ce qui relève de l'organisme (*Organismen*), l'homme comme sujet personnel (*personalen Subjekten*) dans son rapport de la généralité suprême sera un entendement naïf (*naiv verstanden*)[268].

Husserl insiste sur une formule fréquente dans ses écrits : le monde n'est pensable et imaginable (*denkbar*) que comme monde du temps-espace étant des réalités localisées (*lokalisierten Realitäten*) dans le temps-espace et de façon spatio-temporelle[269]. Cet emploi du mot *Realität* montre que le monde aux yeux de Husserl est réel aussi bien dans son repos que dans son mouvement. Ce qui veut dire aussi que la loi du monde mène la réalité même du monde dans l'aperception intuitive sous les aspects temporels et spatiaux considérés comme les données substantielles.

Par la suite Husserl entame un court questionnement pour déterminer la forme de l'expérience du corps comme le lieu de l'attitude naturelle de l'homme. Ce questionnement fait appel avant tout à une recherche de primordialité dans des vécus de l'individu dont la relation avec le monde et avec lui-même passe par le corps *a priori*. Cependant, Husserl s'interroge quant au monde intuitif (*anschauliche Welt*) qui ne se définit pas comme un monde de corps (*Körperwelt*) et qui pourtant l'est. Il est compréhensible qu'ici Husserl tente de prendre en compte le problème kantien de l'espace-temps *a priori* qui détermine l'expérience synthétique entre l'homme et le monde[270].

---

267 Au sujet de ce texte n° 28, voir M. Richir « Vie et mort en phénoménologie » in *Alter*, n° 2, 1994, pp. 333-365

268 Tr. fr., p. 271. La traduction française de ce texte renvoie toujours à *Alter*, n° 1, 1993 et ensuite à la pagination.

269 Tr. fr., pp. 271-272. E. Fink, dans son analyse de la conception aristotélicienne du temps parle du fait que « dans-être-le-temps « (*InderZeitsein*) est le composant ontologique de *physei onta*, voir *Zur Ontologische Frügeschichte von Raum-Zeit-Bewegung*, Den Haag, 1957, p. 229

270 Tr. fr., p. 273

Toujours dans le contexte du monde de la vie, l'interrogation de Husserl doit supposer d'une part l'expérience empirique dans le monde et l'aperception *a priori* par le corps de l'homme et dans le même temps la prise en considération de l'intuition dans ce processus de la vie de l'homme. La question posée au sujet de l'aperception par le corps vivant ou la chair (*Leib*) est une implication de la « théorie de l'empathie » (*Theorie des Einfühlung*) sur laquelle Husserl insiste pour parler de la fondation de validité et des synthèses. Par-là, on peut comprendre que Husserl cherche à cerner le rapport apparaissant entre les modalités subjectives avec le monde objectif. Ce qui donne lieu au rapport problématique entre noèse et *eidos* dans l'aperçu phénoménologique, et en l'occurrence ici intuitif, sur le sol réel et objectif des données vécues. Ainsi, le monde est un monde d'Hommes car la constitution du monde est une donnée humaine dans l'attitude naturelle et encore selon le mode intuitif. Ce qui relève d'une nécessité apodictique, c'est le retour permanent à l'homme comme la donnée de la monadologie transcendantale ou la monade « monadisant » toujours dans sa transcendantalité[271].

À notre sens, la nuance scientifique de l'analyse de Husserl repose sur la recherche de la proximité naturelle entre l'homme et la nature (animaux et plantes) dans laquelle surgit une anthropologie proprement dite dans l'absence de l'âme (*Seele*), qui va être transcendée vers une attitude subjective transcendantale dans laquelle l'empathie représente la mise en œuvre du corps monadique voire le rapport corps-chair dans sa constitution phénoménologique. D'où la naissance qui relève de cet aspect de l'attitude naturelle où l'homme ressemble à l'animal alors que la mort représente la disparition du corps-chair étant dans la « culture ».

La deuxième partie intitulée « vie du monde et mourir de la subjectivité transcendantale humaine » se consacre à l'évidence originelle du monde. Husserl reprend la question principale du monde réel et objectif, étant sous la forme d'une présomption apodictique (*apodiktischen Präsumtion*), comme le sol de toute donation y compris l'auto-donation (*Selbstgegebenheit*) de l'homme sous l'aspect d'une subjectivité transcendantale[272].

Le monde comme le monde temporel (*Zeitwelt*) et le monde spatio-temporel (*raum-zeitlich Welt*) est, aux yeux de Husserl, une entité et une unité qui relèvent de l'évidence[273]. Toute chose est une donnée temporelle et elle est dans la temporalisation. Le monde est un monde factice pour tous et c'est à travers mon *Leib* que je retrouve mon mode temporel comme c'est le cas pour chacun des hommes. C'est un monde « commun » et cela dans le mode d'intersubjectivité. Le monde factice est en tant que monde de la vie dont la corporéité n'est pas la seule caractéristique mais il aperçoit aussi le *Leiblich* ou

---

[271] Tr. fr., p. 274
[272] Tr. fr., p. 280
[273] Tr. fr., pp. 277-278

un psychique secondaire[274]. On peut dire que toucher l'autre ou autrui est toucher le monde voire toucher un monde humain, un monde des hommes.

En citant Heidegger, on a le sentiment que Husserl veut, d'une certaine manière, répondre à ce que Heidegger avait pris en analyse au sujet de la mort. Husserl met en avant l'évidence du monde et la réalité objective et transcendantale du monde qui continue après Moi et qui est pensable sans Moi. Toutefois, il est aussi évident que sans Moi ne veut pas dire sans Homme car il s'agit d'une relation atomisée où la disparition du Moi ne signifie pas la disparition du monde. C'est dans cette évidence apodictique que la question de la mort et de la naissance est posée avec la présupposition de l'être que le Moi éveillé à la transcendantalité (*Meiner Transzendenatalität als waches Ich*).

Husserl, dans ce texte, souligne que le monde n'a pas d'autre sens pour lui que la vie éveillée ou bien la vie en état de la veille[275]. Cette réflexion, qui se manifeste à travers le texte en question, est liée littéralement à l'idée d'une mise en valeur de l'ontologie (considéré chez Husserl comme la science de la science du monde de la vie) exprimée dans le texte numéro 11 dans le même volume. Cette conviction a été reprise et a été analysée pratiquement partout où Husserl parle du monde[276].

C'est dans l'ordre de cette vie qu'on peut considérer que tout appartient à la vie. La vie est donc opposée à la mort et il n'est pas possible d'observer et de déterminer le domaine du commencement et de la fin. À partir de cette difficulté de déterminer ce qui est dans le rapport entre le monde et l'homme et tout vivant, les premières questions se posent : chaque moment de présent temporel ne correspond-t-il pas au moment de l'écoulement et du flux (*Ström*) primitif et la continuité du présent temporel comme la perception-même de la continuité de l'écoulement originaire ?

La mort est comprise par Husserl comme élimination (*Ausscheiden*) de l'Ego transcendantal de l'auto-objectivation (*Selbstobjektivation*) en tant qu'homme[277]. Husserl cherche à établir le discours quant à la mort après que l'évidence de la mort est acquise. Le monde n'ayant pas d'autre sens pour le Moi qui est constitué en Moi et à partir de ma vie éveillée (*meinem wachen Leben her konstituieren*) je suis conscient du sens de la mort d'autrui et de la mienne comme

---

[274] Tr. fr., pp. 278-279

[275] Tr., p. 283. Autrement dit, la vie consciente comme vie du moi éveillé est un acte continuel chaque fois rempli par un nouvel acte, « *Bewusstseinsleben ist als waches Ichleben ein fortlaufendes Akte und immer neue Akte Vollziehen* », *Hua.*, XXIX, *ibid.*, p. 195. Le texte n° 5 de ce volume de *Husserliana* XXIX reprend le même thème mais sous le registre de la temporalité (*Vergangenheit* temps passé) et notamment l'étant entre Moi et le monde.

[276] Cette façon de considérer l'ontologie en tant que forme spécifique de la science de la nature sous le règne de la phénoménologie remonte à des années antérieures. Voir *Hua.*, XXIV pp. 427-428, appendice V de 1908 ; *Hua.*, XXVIII p. 304. Plus tard, Husserl parle de l'ontologie transcendantale, voir *Hua.*, VIII p. 217. Au sujet d'une ontologie comme construction systématique de l'universalité de la science du monde, voir : *Hua.*, VIII pp. 212-218, ici p. 218

[277] Tr. fr., p. 282. Le mot Ego employé par Husserl peut être considéré dans la même signification que le mot *Ich* comme l'entité individuelle en train de faire l'expérience réelle selon toutes ses possibilités effectives.

non-être ou n'être pas (*Nichsein*) et anéantissement. C'est le royaume de mon évidence, mon interprétation à partir de la raison apodictiquement dernière[278].

On constate l'effort de Husserl pour questionner et chercher à comprendre un entre-temps ou un temps-intermédiaire, un du-dedans, un intervalle qui, autonome, peut nous fournir cette distance universelle et historique de l'individu qui se trouve face à la question du sommeil, de la naissance et de la mort. Le sommeil, le fait de se coucher donne une autre signification à l'homme, au Moi et au monde et le temps basculé dans le sommeil établit un espace-temps autre que dans l'état de veille : l'homme en sommeil en tant qu'homme faisant l'expérience de la mort puisqu'il s'agit d'une prise de position et d'une attitude ressemblante ; autrement dit, nous appartenons en quelque sorte à la mort, que nous avons conscience de cette fin, ce qui veut dire que la mort n'existe pas tant qu'elle n'est pas arrivée, et qu'elle ne se présentifie dans notre vécu et que si on peut l'imaginer toujours pour la simple raison que nous pouvons dormir.

Le pouvoir dormir peut signifier dans le même temps la volonté car par la notion de volonté Husserl entend une force ou une puissance dans la continuité de la vie effective. S'il existe la volonté de la modification c'est parce qu'il existe le pouvoir d'apporter la modification dans la temporalité du temps. Ce qui fait le trait caractéristique de cette volonté c'est qu'elle n'est pas arbitraire et qu'elle s'inscrit dans le sens de la démarche méthodique de la conscience et de la perception consciente dans la vie de l'individu, celle de la vie du Moi.

La pensée autour de la mort, le temps primitif, le sommeil et l'idée fondatrice que je vis étant conscient du monde comme monde en écoulement ou comme monde fluent (*Weltbewusstsein als strömende Welt*) qui, à son tour, appartient au deux pôles de revenir-à-soi-même *(Zu-sich-selbst-Kommens)* et de se-détacher-de-soi-même (*Von-sich-selbst-Loskommens)*, est l'essentiel du questionnement quant à la constitution d'un monde-du-milieu ou encore monde-intermédiaire (*Zwischen-Welt*) et encore d'un du-dedans (*inzwischen*)[279].

En parlant du temps primitif, désigné ici par Husserl comme le moment ou l'instant primitif (*Moment urtümlichen*), on peut entendre encore que l'homme est considéré dans la « civilisation » où les actes et les vécus sont compréhensibles par la conscience dans l'écoulement du temps.

Le monde est un monde en mouvement qui touche l'homme comme le monde est touché dans l'aperception de l'homme à travers le *Leib* qui met en œuvre ce rapport sous la modalité transcendantale. Dans le mouvement, nous avons besoin de la motivation, de la fonctionnalité des membres comme l'œil, l'oreille, les pieds et tous autres moyens qui définissent le mouvement immanent du corps non seulement en tant que *soma* mais encore comme corps vivant *(Leib)*. Le sol du monde se meut mais il y aussi le repos. Cependant, dans celui-ci le mouvement ne s'arrête pas mais il continue d'une autre manière et selon une autre modalité.

---

[278] Tr. fr., pp. 282-283

[279] Tr. fr., p. 285

L'enjeu terminologique semble avoir une importance aussi considérable que l'aspect analytique dans ce texte. L'effet caractéristique du temps entre deux extrémités est marqué par ce qui ne fait pas partie du présent (*Entaktualisierung*) et ce qui est du présent (*Aktualisierung*). Ce rapport est rempli, en quelque sorte, par une connexion perpétuelle et continue par la perception (*wahrenhmungsmässiger kontinuierlicher Zusammenhang*) et dans ce cas la perception se positionne comme l'état originaire de ce processus temporel :

Moi, homme, couché dans le lit (*im Batt liegend*), dormant un temps indéterminé (*lange schlafend*), dans la chambre à coucher, qui continue de durer (*fortdauert*) pareillement à tout, y compris moi au lit, comme la chambre à coucher durant le temps de la journée (*während der Tageszeit*) où je ne séjourne pas, mais me trouve dans mon cabinet d'étude ou dans la rue, etc[280].

Nous sommes dans le contexte de la synthèse passive, du moins d'une attitude dans laquelle nous percevons des données à partir de notre emplacement corporel où l'esthétique s'absente de plus en plus pour donner lieu à la kinesthésie. Le Moi en question pour Husserl est un homme dans le lit, couché, c'est-à-dire une position « anormale ». Pourtant, ce qui est frappant, comme nous avons constaté lorsque Husserl parle de la relation d'entre deux mondes, n'est pas dans l'immédiateté de cette position mais le fait du positionnement de l'homme dans le monde ou bien dans un quasi-monde qui n'est pas en éveil ou qui peut basculer dans l'engloutissement.

L'homme renversé dans le sommeil représente un espace renversé et il donne une nouvelle situation, une nouvelle attitude. Mais quel intérêt phénoménologique avons-nous dans cette position de l'homme couché ? Nous pensons que le postulat d'un temps-espace spécifique à cette situation et à cette position de l'individu est acquis et que le renversement spatial va de pair avec le temps, même si le statut de chacun a changé. Autrement dit, le flux du temps ne disparaît jamais mais c'est le contraste temporel qui change selon la position de l'individu comme c'est le cas de l'homme couché. Cette spatialité différente peut donner lieu à un temps propre qui est celui de l'engloutissement ou du sommeil mais il est toujours dans le contexte du temps continuel universellement présent. C'est la raison pour laquelle nous trouvons les objets dans leur emplacement même si nous occupons une position différente car le temps écoulé est le même que si nous étions dans une position éveillée. Cette représentation du temps est le fondement de toute la temporalisation universelle qui relève de l'unité du monde et par la suite de l'unité spatio-temporelle.

Au lieu de l'espace en tant que tel nous avons un spatial, une ambiance autre que l'espace perceptif dans une actualité présente car c'est l'attitude qui change. Ce que Husserl exprime quand il parle de l'espace de *phantasia* car la perception de l'espace dans cette position n'est pas dans l'horizon de l'esthétique corporelle et dans la répétition. Pourtant, comme le temps qui se transmet dans une perception actuelle et dans le moment unique et présent, l'espace aussi

---

280 Tr. fr., p. 285

trouve le même sort du fait qu'il existe un espace *a priori* là avant nous comme tel et qu'il continue à vivre après nous. On peut dire que le spatial aussi, à son tour, représente une donnée périodique ou transitoire où la concordance entre la perception de l'espace comme tel et la prise d'attitude de la présence vivante devient objectale.

Dans cette position, le Moi persiste dans le vécu même de cette situation. Le Moi se situe entre les deux modes de l'inactualisation et de l'actualisation que nous avons évoqués une fois quant à la conscience d'être. Ce n'est pas sans raison que Husserl insiste sur l'acte de devenir-conscient et des efforts, ce qui veut dire comment les données découlent dans cette prise de position. Cela veut dire qu'on ne cherche pas seulement à mener la chose au présent actuel mais à repérer l'emplacement du temps dans la proportion charnelle de l'individu affecté quelque part dans le monde de la vie. Le temps primitif et le souvenir d'un temps lointain repose dans la noèse et le rapport noétique où l'individu est conscient de ce temps, de ce passé même s'il tombe sous le coup d'un engloutissement ou du sommeil. Le fait de devenir conscient fonctionne autant dans un rapport temporel dans le passé que dans la présentification car c'est l'éveil et le point zéro rétentionnel qui fait l'enjeu de l'aspect noétique-objectif[281].

L'état dans lequel se trouve le Moi donne une nouvelle dimension à la question au moment où Husserl tente d'arguer cette attitude en tant que continuité de l'éveil même à la suite du passage[282].

L'argumentation de Husserl sur l'éveil tente de montrer une profondeur phénoménologique qui va toucher le fond du côté psychique. Cet effort analytique est représenté, entre autres, par le mot abandon (*Sichentlasten*) ou bien un cas-limite de se laisser aller ou d'abandonner (*als Grenzfall für eine Weile alles Seinlassen*). Mais la complication est dans le fait de cet acte d'abandon ou de se laisser aller donnant une position qui est dans la continuité de l'éveil mais qui ne relève pas du même statut spatial et temporel.

On peut, peut-être, dire que sous le registre de l'esthétique, le mouvement représente bien le monde éveillé et conscient avec tout ce qui appartient à cette échelle et cette position corporelle. Mais une fois le mouvement parvenu au repos et que le registre de l'esthétique s'arrête au seuil de la passivité, c'est là qu'il faudrait chercher le registre kinesthésique afin de nous donner la

[281] Cet aspect du temps dans la conscience actuelle fut l'objet d'attention par certains mais dans un autre contexte, voir B. C. Hopkins, *Intentionality in Husserl and Heidegger : the problem of the original method and phenomenon of phenomenology*, Dordrecht, 1993, pp. 75-76

[282] Tr. fr., *ibid.*, p. 286, « Mais l'endormissement (*Einschlafen*) ne va-t-il pas plus loin, dans la mesure où il peut encore y avoir des différences par rapport à ce « cas-limite » (*« Grenzfall »*) ? Quand je suis totalement exténué (*übermüdet*), j'aspire en vérité au sommeil (*nach Schlaf*) [...]. Cela peut valoir dire que je rêve (*vorträume*) à des idées agréables, à des situations excitantes (*reizvolle Situationen*) [...] ». Comme on peut le constater, la traduction française rend l'expression *Welthabe* par « les biens du monde », qui n'est pas tout à fait la même acception que l'expression employée par Husserl. Par *Welthabe* chez Husserl il faut entendre la conscience du monde où l'individu aperçoit le monde en tant que tel et lui-même comme étant dans le monde. C'est-à-dire que l'aperception du monde est visée dans la perception du monde par l'individu.

description convenant quant au mouvement dans le repos et au nouveau positionnement spatio-temporel.

Husserl, quant à lui, donne une telle description en posant la question de savoir si le sommeil ou l'endormissement ne se situe pas comme une différence possible faisant la démarcation. Il convient de souligner un jeu terminologique qui semble avoir une importance capitale, c'est-à-dire l'emploi des mots *Schlaf* et *Einschlaf*. La différence entre ces deux mots n'existe que dans la durée : le premier est long et continuel alors que le deuxième est plutôt court, précaire et transitoire. La temporalité du premier relève de la perdition du Moi dans le sommeil alors que par le deuxième se continue le mouvement de l'éveil. Il existe aussi l'aspect de la vie ou de vivre qui détermine cet emploi terminologique[283].

Husserl se situe dans le contexte du sommeil ou de l'endormissement et en parle pour donner la description de cet état. Le Moi se trouve dans une relation paradoxale entre le désir de dormir ou « se réfugier » dans le sommeil à cause de la fatigue et l'impossibilité de résister en état de veille à la satisfaction des différents sens du corps qui provoquent en lui une réaction à l'excitation ou à la stimulation (*Reizn*) de façon temporelle. Autrement dit, il y a le fait du désir de dormir qui ne me donne pas forcément la bonne humeur (*frischer sein werde*) pour le lendemain matin et le maintenant actuel dans lequel le sommeil m'envahit.

Dans cette situation, nous sommes dans une temporalité entre un maintenant durement dominé par le désir du sommeil et l'avenir dont le statut de passivité selon un état d'âme n'est pas envisageable. Le fait de partir dans le sommeil est une conclusion ou l'achèvement du mouvement de perdre le monde éveillé. On comprend que selon Husserl l'enfermement de tous mes sens (*Sinne*) est synonyme du dessaisir de l'avoir le monde. Le *Welthabe* se transmet en un monde-de-quasi (*Quasiwelt)* ce qui veut dire que le sens d'être dans le monde n'est plus le même que quand nous étions éveillé et l'espace et le temps nous seront donnés de manière complètement différente.
Avec la perdition dans le sommeil il y a des rêves qui nous parviennent, c'est-à-dire qu'ici Husserl accorde un rapport *a priori* entre le sommeil et le rêve. Le rêve et les images rêvées sont aussi, d'une certaine manière, en opposition avec l'imagination ou le fait de *phantasmer*. Dans les données dont parle Husserl au moment du sommeil et du rêve, nous trouvons le côté passif de l'aspect psychique dans lequel l'affectivité est en marche de façon débridée. Par exemple lorsque nous dormons, nous pouvons voir des représentations agréables et des changements heureux de la vie.

Autrement dit, la perdition du monde à cause de la fatigue ne donne pas toujours des images douloureuses mais il existe une telle possibilité de l'aperception de l'affectivité. La fatigue comme étant la cause du sommeil revient dans la suite du passage et Husserl en parle plus explicitement pour

---

283 C'est dans le contexte de l'« existence » que Husserl pose la question dans le manuscrit E III 6 daté de 1933 tout en pensant à la vie comme l'horizon du monde dans lequel nous rencontrons l'angoisse ou d'autres problèmes psychiques, p. 7=5a

donner les différentes sortes de fatigues[284]. Husserl décrit la question de la fatigue dans une sorte de temporalité et que d'une forme à l'autre on va d'une fatigue à l'autre. Dans ce cas, même en nous laissant aller dans le sommeil et l'aperception des images rêvées ou perçues dans les rêves, nous sommes dans le contexte de la temporalité de la fatigue.

Il faut se rendre compte que Husserl met le mot rêve entre guillemets pour signaler le fait qu'il s'agit de la *phantasia* et de l'imagination et non pas simplement du rêve dans le sommeil ou encore, comme on peut le constater dans certains de ses manuscrits, il s'agit d'une distinction entre le rêve et l'engloutissement. Nous avons déjà remarqué que le mot rêve chez Husserl renvoie à la fois, et de façon équivoque, au rêve dans le sommeil, au rêve comme l'imagination libre de la pensée et au rêve en tant qu'illusion voire vision comme ayant les yeux ouverts. Quant à l'emploi de l'expression « joli roman » nous ne pensons qu'à l'acte implicite de jugement dont le vestige se trouve aussi dans l'emploi du mot « träume » dans ce même paragraphe.

Le côté rétentionnel de ce processus de l'endormissement non volontaire peut favoriser l'idée d'une différence entre un sommeil non encore accompli ou la rêverie momentanée et l'endormissement accompli dans lequel le sommeil domine le corps, et le fait se perdre dans l'oubli et l'inconscience. Mais, comme nous allons le voir, l'analyse de Husserl surprend car il revient de façon non explicite à l'idée que le non volontaire est donné originellement.

Par la suite, Husserl revient sur la dimension temporelle de la question et de nouveau sur la question du sommeil et du rêve. Si Husserl ne s'attarde pas à examiner différents côtés de la question (au niveau de la réduction phénoménologique, la prise de position du sujet, la rétention etc.), c'est parce qu'il est dans un contexte dans lequel l'examen du sommeil et du rêve soulève notamment une dimension ontologique. On peut même dire que l'étant de l'homme se caractérise, d'une certaine manière, entre ce qu'il expérimente à travers ses vécus et la temporalité diagnostiquée sous l'angle de la vie et de la mort.

Il est clair que rêver est un mode anormal de veille (*Träumen ein anomaler Modus von Wachheit*) – une suspension (*Enthebung*), assurément, du monde environnant effectif (*« wirklichen » Umwelt*), mais rêvant-imaginant (*träumend-phantasierend*), je suis dans un quasi-monde de quasi-intérêt, et je suis en eux, mais dans un intéressement modifié (*abgewandelten Interessiertheit*)[285].

Ce paragraphe, en quelque sorte, est le nerf de l'analyse de Husserl et le centre de la visée phénoménologique de la question principale. Husserl dit que le fait de l'endormissement volontaire ou non volontaire est compréhensible à travers le processus de flux temporel. Ce qui signifie que la temporalisation est

---

[284] Tr. fr., *ibid.*, Il y a des fatigues différentes : « Ah ! je suis fatigué de toute cette agitation (*Treibens*), du combat contre les adversités (*Widrigkeiten*) – je baisse les bras et je « rêve », (« *träume* ») [...]. Lorsque l'on veut dormir (*Schlafen-Wollen*) et, de même, lorsque l'on s'endort de fatigue sans le vouloir (*unwillkürlichen vor Müdigkeit Einschlafen*), il en va de telle sorte que toutes les affections, soit toutes les aperceptions s'endorment »

[285] Tr. fr., *ibid.*,

l'enjeu fondamental de l'approche phénoménologique au sujet du sommeil et du rêve dans leur rapport avec la mort.

Un autre point qui occupe une place considérable, c'est que Husserl qualifie cette relation entre volontaire et non volontaire aussi appliquée à l'épochè et comme les deux positions qui s'altèrent. Nous pouvons constater que ce paragraphe cite le mot quasi-monde *(Quasiwelt)* et c'est parmi les rares fois où Husserl attribue au rêve le titre du monde ou quasi-monde. Cela encore apparaît dans le contexte de *Dasein* du Moi qui se trouve entre deux mondes voire deux prises d'attitude.

Si nous tentons de faire une comparaison entre l'application transcendantale de l'épochè et la question prise en compte ici par Husserl, nous pouvons engager certaines considérations. Tout d'abord il convient de souligner qu'il peut exister une réduction phénoménologique quant à la mort comme au sommeil. Chaque fois sorti du sommeil, l'individu se trouve dans la continuité de l'éveil et celui-ci étant la réduction phénoménologique de *Dasein* représente une épochè. Le « retour » vers le point zéro est une affirmation qu'on revient vers la présence et que chaque fois une réduction met en présence la conscience[286].

La dernière phrase de ce paragraphe nous semble avoir une importance majeure dans l'interprétation de Husserl au sujet de l'épochè. Husserl confirme que le rêve est un mode anormal du réveil, ce qui représente le postulat essentiel du propos phénoménologique de Husserl chaque fois qu'on croise la question du sommeil ou du rêve. Il emploie le mot *wirkliche* pour montrer que le rêve est une déprise du monde environnant réel. C'est-à-dire que le rêve est détaché du monde en mouvement, et qu'il se trouve dans l'attitude du repos où, étant dans le suspens, nous nous référons à la kinesthésie. Mais ce qui est extraordinaire et qui change le registre de l'analyse du rêve dans ce passage est l'affirmation par Husserl de l'intérêt interchangeable entre les deux mondes, le réel et celui du rêve.

Que peut-on comprendre de cette remarque si ce n'est l'évocation d'un monde apparent dans lequel le monde du rêve suit le monde vivant et éveillé ? De plus, c'est sous le registre d'analyse du sommeil que Husserl parvient à décrire la relation variable et altérante entre ces deux mondes. C'est la raison pour laquelle Husserl parle du sommeil sans rêve pour dire que le fait de voir des images des rêves peut ne pas avoir lieu dans le sommeil car le retour vers le monde éveillé est toujours imminent dans le flux du temps.

Le sommeil sans rêve ouvre un nouveau champ d'investigation qui doit solliciter d'autres questions comme celle de la mort. Tout d'abord, Husserl continue le questionnement en parlant du sommeil sans rêve :

> Le sommeil sans rêves (*Traumloser Schlaf*) est une limite extrême (*äusserster Limes*) qui se pré-dessine lorsque l'on s'endort, et que l'on ne peut, une fois qu'il est atteint, naturellement pas répéter sur le mode d'un re-souvenir. Pourquoi puis-je

---

286 Au sujet de la modalité zéro (*Null-Modus*). Voir Rohr-Dietschi, *Zur Genese des Selbstbewusstseins.*, *op. cit.*, Berlin, 1974, p. 106 *sq.*, ici p. 109.

me souvenir du procès où l'on sombre (*Absinkens*) dans le sommeil ? Dois-je dire que c'est parce que je suis encore si « éveillé et actif » (« *wach aktive* »), à ce point « dans l'effort » que je refoule les excitations, que je me déprends des exigences de la participation, etc. ?[287]

Si le sommeil sans rêve est une limite extrême, c'est parce que, à notre sens, l'intériorité du sommeil est à travers le rêve qui est un acte ou un quasi-acte interne. D'où la différence avec le ressouvenir car il fonctionne comme les images du rêve fonctionnent dans un processus temporel. Cette différence se situe aussi, peut-être, sous l'angle de la rétention étant donné la temporalité du ressouvenir qui tombe chaque fois sous le coup des moments retentis alors que le sommeil sans rêve représente plutôt la mort de tout fonctionnement.

Est-ce que pour Husserl le sommeil sans rêve est comme un mode de l'inconscient ? En lisant les manuscrits dans lesquels la question du sommeil et du rêve a été abordée, nous constatons que Husserl s'interroge sur le moment du sommeil et on trouve même l'idée d'une temporalité du rêve mais dans le contexte de l'activité réelle. N'est-ce pas que Husserl chercher à donner une description du sommeil à partir du mouvement et de l'éveil ?

Le questionnement de Husserl éclaircit l'idée selon laquelle le souvenir ou le ressouvenir est porté par une sorte de conscience et d'éveil dans la temporalité entre le sommeil et l'éveil actif. Avoir recours à une manière qu'on peut qualifier de logique d'authenticité d'origine permet à Husserl de renvoyer la problématique à la source positive d'origine. Husserl s'attache à arguer que l'individu ou le Moi parvient à avoir une attitude qui est comparable à la mort. Mais la logique phénoménologique avancée par Husserl, comme nous montre le passage suivant, confirme, en questionnant, que cette même prise de situation peut être une modalité de vie.

On peut comprendre que le soubassement d'une telle argumentation réside dans la diversité de la conscience et de la vie consciente dans le monde. Ou bien nous sommes en mouvement, en éveil et conscients de façon directe ou bien nous sommes dans une circonstance du « repos » et dépourvus de l'intérêt dans le monde mais tout étant en vie, c'est-à-dire conscients comme étant dans un mode de vie dans le monde conscient. Cela peut être aussi dans un sens de critique de l'anthropologie et le fait que le sommeil ou l'endormissement ne nous emmène pas à l'origine inconnue dans une historicité lointaine et dans un monde non effectif et non réel.

Husserl suppose le fond de la problématique et la ressemblance entre le sommeil sans rêve et la mort :

> Or, dans le sommeil sans rêves, il ne s'agit pourtant plus de plonger dans le sommeil (*Versinken*), mais <d'> y être plongé (*versunkensein*), ni de s'abandonner (*Fahrenlassen*), de se libérer à l'égard de toute emprise (*Griff Entlassen*), mais d'avoir été libéré (*Entalssen-Haben*), de n'avoir plus aucune prise sur rien, de n'avoir plus rien saisi par aperception, ni plus rien de présent [...].

[287] Tr. fr., pp. 286-287. Signalons l'apparition du mot *Limes* qui date des années antérieures. Voir par exemple *Hua.,* XXXV « *Einleitung die Philosophie : Vorlesungen 1922-23* », Dordrecht, 2002, p. 184.

> Naturellement, dans le monde – pour moi-, j'ai bien cessé d'être, j'ai cessé de vivre une vie mondaine, de vivre une vie psychique, de vivre dans le monde, en tant que vie de l'auto-perception de l'homme (*als Leben der Selbstwahrnehmung*) se sachant (*sich wissenden*) vivant dans le monde.[288]

La différence que Husserl fait au début de ce passage relève d'une position plutôt ontologique, à savoir le sommeil sans rêve considéré comme le lieu de l'engloutissement et le sommeil avec le rêve qui s'inscrit plutôt dans la temporalité, c'est-à-dire l'immersion dans le rêve. Dans le premier cas, le corps est en sommeil sans rêve et il s'agit d'un engloutissement total mais dans le deuxième cas il s'agit d'un parcours dans le rêve ou d'une certaine manière dans l'engloutissement.

Ce qui est décrit ici comme état est qualifié comme interruption (*aufhören)*, ce qui signifie l'absence totale de l'individu dans son intérêt mondain et vivant. Autrement dit, l'étant s'arrête au seuil du dessaisissement dans l'engloutissement du sommeil sans rêve. En conséquence, l'individu se trouve dans un état d'abstention de la vivacité dans le monde et nous sommes au fond de l'étant perdu où l'être même s'arrête dans le monde.

Cependant, il semble difficile de croire à une telle interruption brusque et déterminée dans la sphère de la phénoménologie. C'est la raison pour laquelle Husserl tente de donner l'explication de ce que cet état peut être un mode de vie. Dans l'immédiat, cette logique de retourner la question pour confirmer le statut d'origine du questionnement peut paraître simple voire même simpliste. On peut dire qu'une fois arrivé à ce stade de dessaisissement, il n'y a pas de raison valable pour créditer un mode de vie étrange et qui ne ressemble pas à la vie consciente en tant que telle.

Par ce questionnement nous entendons la simple chose banale de l'unité de la vie dans le cœur de l'unité du monde. Cependant, la simplicité de la question s'inscrit dans l'évidence transcendantale, car l'unité de la vie représente la volonté universelle et l'épochè, qui consiste en une démarche permanente et constante de la vie fluente. Le Moi dans son unité se renouvelle dans ce processus et la vie fluente, et c'est ainsi que Husserl tente de répondre au temps intermédiaire dans l'intervalle où la conscience tend à s'abstenir.

Le questionnement de Husserl s'engage dans une voie qui soulève encore d'autres questions mais qui va dans le sens de la mise en application d'une kinesthésie. Husserl, dans le passage qui suit essaie à la fois de cerner la problématique et de donner l'aperçu phénoménologique de la relation qui peut exister entre la kinesthésie et la perception ou encore les deux côté extérieur et intérieur quant au sommeil et à l'éveil :

> L'éveil (*Erwachen*) n'est-il pas d'autre part un changement modal (*modaler Wandel*) dans cet écoulement du flux, les sens s'ouvrent, les excitations des champs sensitifs font irruption, sont saisies par aperception, ce qui est ainsi saisi excite, en tant qu'objet, de l'intérêt (*Gegenstand des Interesse*) tout un champ de perception est éveillé (*ganzes Wahrnehmungsfeld ist geweckt*), un horizon devient actuel, etc. De cela je puis me souvenir. Dans l'éveil, mon lit, ma chair au lit, la chambre à

[288] Tr. fr., p. 287

> coucher s'éveille et pour ainsi dire, l'horizon du passé est éveillé (*geweckt ist der Horizon der Vergagenheit*) – dois-je dire que, dans ce premier éveil, <il y a> un horizon rétentionnel, que la chair qui s'est au lit éveillée, se détache de l'être plongé dans le flux ? Dois-je dire que, m'éveillant, je suis un <être> qui continue à durer à partir de l'obscur « lieu du dedans », tiré du sommeil par l'éveil (*wach geworden aus dem Schlaf*), et que <le fait d'>aller au lit, de s'endormir, etc. est par là aussi éveillé ? Tout cela s'enchaîne ensemble, et la seule question est alors de savoir comment donc ce sommeil perdurant (*fortwährende Schlafen*) est exhibé, tout de même, et l'être de ne cesser de durer dans l'espace-temps objectif.[289]

Le contexte de l'analyse de Husserl ressemble à celui que nous trouvons dans les analyses de la synthèse passive. Dans ce contexte notamment nous trouvons le processus rétentionnel, le rapport entre la kinesthésie et la perception et plus particulièrement les sensations qui s'altèrent entre le sommeil et l'éveil.

Le passage s'ouvre avec une question qui donne l'aperçu et l'essentiel de la visée phénoménologique, c'est-à-dire la fonction des sensations et l'excitation de champ-de-sensation (*Sinnesfeld*) sous l'empire de l'éveil qui est considéré, à son tour, comme la modification ou la variation de ce processus. L'enchaînement causal, ici représente une temporalité propre de l'éveil vers les sensations qui sont plutôt de nature kinesthésique. La raison en est, naturellement, dans le processus temporel entre le sommeil et l'éveil et les sensations sont à l'état passif tant qu'elles ne sont pas réveillées de façon effective.

La question posée se donne comme une confirmation puisque Husserl croit à ce processus temporel durant lequel le champ de perception s'ouvre à mesure que l'individu se réveille et que le devenir-conscient s'accomplit tant que l'acte de l'éveil se remplit dans la conscience. C'est à juste titre que tout de suite après cette question, Husserl parle de souvenir et le fait que « s'éveillant s'éveille mon lit, mon corps au lit, la chambre à coucher, et l'horizon du passé est éveillé ». C'est la temporalité temporalisante même qui se renouvelle dans le temps fluent de la vie consciente alors que la temporalité se constituant couvre les vécus de l'homme couché. L'homme endormi a parcouru d'un coup tout un trait « historique » et « ontologique » dans son vivant sous le coup d'un sommeil non volontaire.

Le souvenir est le signe de la conscience éveillée et de l'état de l'éveil dans la temporalisation kinesthésique. Le nouvel horizon dans l'éveil signifie l'éveil continuel de la conscience de l'individu selon le sens de la temporalité rétentionnelle. Si Husserl pose de nouveau et encore la question de savoir si « ce premier éveil est au courant d'un horizon rétentionnel », c'est pour montrer une sorte de déchirure ontologique difficile à cerner dans la sphère de l'analyse de la phénoménologie.

D'une part, c'est le corps en train de s'éveiller qui se présente devant nous avec tout ce qui l'entoure dans un temps espace objectif et réel. Mais d'autre part, ce corps même vit ou a le vécu d'une expérience dans un horizon perdu

289 Tr. fr., *ibid.*,

ou « mort », où l'intérêt se dissipe à mesure qu'on s'enfonce dans le sommeil. La question est simple mais la réflexion ne peut pas être évidente pour donner une réponse. Être dans un moment et dans un état de perdition où tout est absent et solitaire comme dans la mort et le moment où l'état même du sommeil nous paraît évident, il existe non seulement une déchirure à comprendre mais une continuité à vivre dans le monde réel.

L'espace est unique mais il n'est pas le même comme le temps qui est unique mais se diversifie dans une altération universelle. La question finale que pose Husserl s'inscrit dans cet horizon de relation entre le sommeil dépourvu du mouvement et l'espace-temps comme donné objectif dans lequel l'individu se trouve. Le problème se situe au niveau de la ressemblance qui peut avoir lieu entre le sommeil ou l'endormissement dans une durée courte et le sommeil sans rêve comme la véritable perdition dans un état d'oubli et d'» inconscience ».

Aussitôt posée la question, Husserl s'intéresse à la comparaison entre le sommeil, la mort et la naissance. Il se demande si on peut parvenir aussi bien à comprendre à travers la mort et la naissance ce que nous comprenons à travers le sommeil :

> Avec le sommeil on peut bien parvenir ainsi à une compréhension (*Verständnis*). Mais comment y parvenir avec la mort et la naissance ? Objectivement parlant, la mort survient parce que la structure organique (*organische Struktur*) de la chair comme condition de possibilité (*als Bedingung der Möglichkeit*) de la vie se mue en « cadavre » (« *Leichnam* »). Il y a une façon de mourir qui, par l'empathie, est à interpréter comme un endormissement tranquille et paisible (*still-friedliches Einschlafen*).»[290].

Pour commencer à creuser la question, Husserl définit la mort comme la transformation du corps vivant (*Leib*) à l'état de cadavre. Husserl donne deux approches quant à la mort dont la première est déterminée sous l'angle de l'empathie comme un endormi. Du point de vue terminologique l'emploi du mot *deuten* signifie l'interprétation d'une donnée ou bien l'explication qu'on peut apporter afin de bien situer le sujet en question et en l'occurrence ici, la mort. Mais il semble aussi qu'on puisse comprendre cette notion dans le contexte de sens (*Sinn*) et le fait de déterminer la donnée selon le sens universel.

La mort et la naissance, vu leur caractère indéfini pour nous, vont de pair avec l'inconscience, ce qui fait que nous sommes en face d'un fait apodictique et cela est conçu, comme Husserl l'exprime, en tant que problème transcendantal[291]. Le cas de la conscience est différent puisque la conscience se situe dans l'affectivité actuelle correspondant à la vie et au monde de vivre ou de vie[292]. On peut dire que le défi est dans le monde même et dans le monde de vivre car au-delà de la vie actuelle et affective c'est l'inconscience qui règne. Mais le fait marquant c'est que l'inconscient n'a pas d'autonomie en dehors de ce que nous lui attribuons.

---

[290] Tr. fr., pp. 287-288.

[291] *Hua.*, XXIX, *op. cit.*, texte n° 29 p. 340.

[292] *Hua.*, XXIX, *op. cit.*, p. 195.

Ici encore, Husserl met en œuvre une sorte d'intervalle qui peut exister quant à la mort. Alors qu'une sorte de mort relève de l'empathie, il y en a une autre qui relève de la souffrance corporelle. Le rapport de l'homme avec la mort peut aussi apparaître sous les deux registres physiques et psychiques. Ce qui semble avoir une importance remarquable est le fait de l'emploi du mot *seelisches* pour ce côté psychique. Autrement dit, Husserl, dans une certaine mesure, tente de soulever une question « éthique » dont le contexte se situe dans la constitution de la science. La visée, à notre sens, d'une telle « éthique » est l'homme dans son historicité ontologique[293].

En conséquence, la mort est un endormissement, ce rapprochement entre la mort et le sommeil est connu depuis l'Antiquité. Mais ce qui montre l'originalité de Husserl réside dans la mise en œuvre de la mort selon une acception qui relève de l'empathie et le fait de l'interpréter dans l'affectivité charnelle de l'individu. Ainsi, la description phénoménologique permet de considérer qu'étant en sommeil, nous vivons la mort d'une manière appropriée, nous la vivons dans notre conflit permanent puisque nous sommes conscient de l'inconscience de la mort qui nous touche dans notre vie actuelle.

Selon Husserl l'inconscient dans le sommeil comme l'inconscient de la mort se traduit et se transforme dans le processus de la conscience affective. Je sais qu'en m'allongeant sur le lit et en allant vers le sommeil, même si l'endormi est différent du sommeil, je vais à la rencontre de la mort et aux confins de l'inconscience en tant que domaine non réel dans le monde de la vie. Je suis touché et atteint de façon affective par la conscience dominante de la vie qui me rappelle ce moment comme je peux me rappeler que la naissance peut ressembler à l'éveil et le fait de se trouver, douloureusement, dans un monde en activité et en mouvement physique. Autrement dit, l'expérience de la vie nous permet d'instaurer notre étant humain même si cet étant humain n'a pas son expérience dans la naissance et dans la mort[294].

L'empathie est la condition immédiate et sublime de mon corps vivant qui me permet de me situer dans le monde de vivre dans lequel le défi reprend chaque fois au bout d'une activité qui s'arrête pour céder à une autre. Au cœur de la considération autour de la mort et du sommeil, alors que Husserl parvient à insister sur l'affectivité effective, il soulève une relation non déterminée entre la vie primitive et la mort de l'homme. Nous avons vu que c'est même dans ce contexte situé entre le processus temporel de la vie primitive et la vie actuelle qu'était posée la question de la ressemblance entre le sommeil et la mort[295].

---

293 Naturellement, il est logique et légitime de rendre le mot *seelische* dans le texte par le mot « psychique » mais il est aussi utile de signaler qu'il ne s'agit pas simplement du psychique comme confrontation face aux données physiques mais du fait que par l'âme, Husserl entend la spiritualité constituée dans l'histoire.

294 Un éveil immanent qui correspond tant à l'origine, au commencement, qu'à la fin. Manuscrit A VI 14, pp. 8-9=8a

295 Au sujet de l'affectivité, sous le registre de la passivité, voir A. Montavont, *De la passivité dans la phénoménologie de Husserl*, Paris, 1999, p. 161, *sq*.

Dans ce dernier passage, Husserl tente de donner une signification et de lancer une interprétation de ce qui peut être l'essentiel entre la vie primitive et la mort. L'astuce phénoménologique n'est pas simplement dans la description mais dans la recherche du sens des phénomènes[296]. Husserl ne tient pas aux négations pour établir une description phénoménologique de la mort et du sommeil mais il essaie de cerner le sens de ce qui peut se jouer dans le processus temporel du monde affectif et réel.

On peut mieux comprendre l'usage et la place de l'empathie chez Husserl quand on croise la logique du sens dans l'accomplissement de la description phénoménologique. Le néant ou le rien (*Nichts*) ne peut pas définir l'être ou l'étant car selon le sens universel le phénomène a une place significative dans le monde de la vie mais d'autant plus il peut produire un sens ou bien donner une signification dans son étant dans le monde. Husserl ici décrit une telle possibilité du sens de l'étant de l'homme :

> Tout cela n'est pas s'endormir – comme un sommeil dont on peut, en tant qu'homme se réveiller (*erwachen*). Mais ne doit-il pas pourtant demeurer une parenté (*Verwandtschaft*), la mort ne reste-elle pas pourtant la sœur du sommeil (*Tod Bruder des Schlaf*) ? La mort n'est-elle pas aussi, vue de l'intérieur (*innen gesehen*), un abandon du monde (*Fahrenlassen der Welt*)? [...]. L'homme ne peut être immortel. L'homme meurt nécessairement [...]. Mais la vie transcendantale originelle (*transzendentale urtümliche Leben*), la vie en dernier lieu créatrice du monde et de son moi dernier (*letztes Ich*) ne peut venir du néant et retourner au néant, elle est « immortelle » (« *unsterblich* »), parce que le fait de mourir n'a ici aucun sens, etc.[297]

D'abord Husserl distingue l'endormissement du sommeil mais tout de suite il s'interroge sur cette croyance antique de savoir si la mort est la sœur du sommeil[298]. L'interrogation de Husserl fini par ce résultat que l'homme ne peut pas être immortel et qu'il meurt nécessairement. Cela veut dire que la distance entre la mort et le sommeil est dans deux présences différentes du *Dasein* de l'homme. Dans le sommeil, l'individu est encore vivant et l'homme étant dans sa continuité est, de façon kinesthésique, en mouvement et en activité[299].

Le sens de l'étant et la signification de la mort peuvent être définis et déterminés selon l'empathie et l'affectivité qui relève du corps vivant dans sa vie consciente. Le sens de l'empathie est dans la constitution du sens kinesthésique qui nous représente dans un horizon universel. L'idée de vivre la mort, non seulement de manière symbolique, mais dans l'horizon ontologique de l'étant de la mort dans la vie avant la perdition complète, est le défi de l'homme dans son étant universel, dont le repère se situe dans le sommeil. Il semble même que ce qui conduit Husserl à considérer la question de l'angoisse, dans certain de ses manuscrits, s'institue dans cette mise en considération du *Dasein* et le fait que la

---

[296] *Autour des Méditations cartésiennes*, (1929-1932), *Sur l'intersubjectivité*, 1998, p. 65

[297] Tr. fr., p. 288

[298] L'analyse du sommeil est très difficile notamment dans la ressemblance avec la mort. Voir D. Cairns, *Conversation with Husserl and* Fink, The Haag, 1976, p. 19

[299] Husserl, auparavant, avait considéré la question dans la sphère hylétique. Manuscrit C 4, pp. 22-23 = 11b

mort est dans la vie effective et réelle et cela sous l'aperçu de la naissance de l'homme et de sa mort proprement dites. Le rapprochement entre la naissance qui représente un avant non défini et la mort qui représente un néant dans l'horizon de la disparition, constitue l'enjeu d'une anthropologie phénoménologique transcendantale.

Le sommeil sans rêve et le conflit avec la mort qui révèle la douleur et la souffrance, peut être une référence à Schopenhauer mais avec cette différence fondamentale que la vision de Husserl se prête à l'accomplissement de la vie universelle qui peut déterminer le moment « éternel » entre ce qui vient de la vie primitive et ce qui est de la mort et en chemin vers la mort de l'homme. L'homme dans le sommeil n'est pas abandonné car il est encore en vie mais il se peut qu'il soit dans une expérience de l'interruption et du renoncement au monde comme au vécu d'une vie primitive lointaine, et d'une mort éloignée pas encore achevée.

On peut exprimer la différence fondamentale entre la mort et le sommeil à partir de la vie même, c'est-à-dire que dans la mort nous n'avons aucune possibilité d'un retour vers l'éveil, voire la vie[300]. Dans la mort c'est la vie qui est mise hors du jeu du monde. Aucune possibilité d'en faire le sens et non plus d'établir une signification. La mort, c'est l'impossibilité de faire l'expérience humaine et de faire une constitution dans le processus temporel qui peut mener à l'aperception du monde et des choses.

Nous savons que l'analyse de Husserl ne tente pas de donner une explication totale envisageable. Mais une telle analyse dans une perspective phénoménologique élabore des non-dits dont on peut toujours trouver les traces. Il n'est pas étonnant que par la suite certaines études aient été menées quant à la question de la mort selon une description phénoménologique comme celle d'E. Fink[301]. Parmi des éléments frappants dans l'analyse de Husserl, nous pouvons relever l'idée d'une ontologie de la mort dans le sens où l'individu mène la mort à travers le sommeil tout en sachant la différence qui l'en sépare et le fait qu'il est vivant.

La force de la vie trouve ici une nouvelle définition dans la mesure où elle parvient à exister dans la continuité du temps. La vie plus forte que l'homme définit son être plus que celui de la mort car c'est encore à travers le monde objectif et conscient que la vie traduit son parcours. L'immortalité de la vie est dans le même horizon que ce que recouvre le mot *seelische*, c'est-à-dire la vie constituée et la constitution même de la vie dans son ensemble historique et

---

[300] Manuscrit, D 14/34a, *« Und der Tod. Er ist kein Einschlafen, von dem ein Wiedererwachen möglich wäre. »*

[301] Nous sommes de l'avis que l'établissement d'une histoire de la philosophie contemporaine (le XXe siècle) doit notamment tenir compte de cet aspect de relation intellectuelle entre Husserl et Fink. Par ailleurs, Fink a une contribution considérable dans la conversation qui traite la question du sommeil et du rêve. Voir M. Heidegger et E. Fink, *Héraclite*. Paris, 1973, pp. 189-205. Au sujet de cette relation intellectuelle, voir R. Bruzina, *Edmund Husserl & Eugen Fink.*, New Haven, 2004, p. 44 ; Fink en tant que co-penseur de la phénoménologie et la systématisation de la recherche phénoménologique, *ibid.*, p. 212

ontologique qui est donné originairement dans le monde et dans le monde de la vie[302].

Même si le langage de Husserl n'a pas de contenu émotionnel, on perçoit intuitivement une nuance sensationnelle par le fait que l'homme est mourant. Il est naturel qu'on puisse voir l'auteur même à travers toutes ces descriptions phénoménologiques et anthropologiques mais c'est encore plus frappant et plus touchant lorsqu'on constate cette auto-analyse et l'analyse de l'attitude individuelle sans n'en donner *a priori* aucun signe.

Le texte de Husserl représente un ensemble d'emblée total, et pourtant les réflexions ont un caractère « étrange » et inachevé comme c'est le cas dans de nombreux écrits posthumes. À première vue, nous constatons que Husserl cherche à analyser et à cerner certaines problématiques qui font partie de sa préoccupation de cette période de sa vie : le monde de la vie et le fonctionnement de la « communauté humaine » dans sa relation transcendantale de l'intersubjectivité. Comme nous l'avons remarqué, le texte qui nous intéresse dans l'ensemble des écrits posthumes réunis dans *Husserliana* XXIX, s'inscrit dans la perspective de l'analyse de Husserl quant à *La crise des sciences européennes et la phénoménologie transcendantale* Dans cette perspective Husserl met en analyse non seulement la crise mais il relève aussi le défi lancé à la phénoménologie par cette crise et par ce qui l'entoure comme problème.

La réflexion et l'» interprétation » de la naissance et de la mort et du sommeil fait partie de cette recherche qui ne vient pas explicitement dans les discours de Husserl. L'approche phénoménologique envers la naissance et la mort peut être traversée par la science déjà pré-donnée comme l'anthropologie ou la zoologie. Mais ce qui revient finalement reste dans le domaine du phénomène et de la phénoménologie, c'est-à-dire dans l'unité du monde apparent et de phénomène du monde. Nous naissons puisque la naissance est une apparition permanente dans le monde et dans l'homme comme la mort est une mise hors-jeu du corps en tant que l'apparition permanente de la disparition dans le monde. C'est en considérant la constitution de l'unité du monde, en tant que l'apparition de l'apparition et la phénoménologie de la phénoménologie, que l'homme parvient à passer de l'attitude naturelle à l'attitude transcendantale, d'un sentiment naturel à la loi universelle de la volonté.

Cela va dans le sens de la tradition dans la phénoménologie de Husserl qui prend en compte l'historicité ontologique. La lecture phénoménologique de Husserl assouplit la problématique de la naissance et de la mort en la mettant dans l'horizon ontologique du monde et de l'homme. C'est un effort qui peut s'inscrire dans la tradition comme étant la manifestation de la continuité du flux de conscience dans le monde de la vie. Cela veut dire que la phénoménologie se représente dans son historicité ontologique des données afin de montrer le statut de phénomène en tant que tel[303].

---

[302] A. Montavont, *De la passivité., op. cit.*, p. 155

[303] En ce qui concerne la notion de Tradition chez Husserl, voir J. Dodd, *Crisis and reflection, An Essay on Husserl's* Crisis of the European sciences, Dordrecht, 2004, p. 121 *sq.*

3. L'engloutissement dans le contexte du monde de la vie

Le manuscrit D 14 contient une partie dans laquelle Husserl s'exprime explicitement au sujet de la différence entre les actes en immersion (*Versunkenseins*) dans les souvenirs et la présentification à la manière de l'empathie, etc[304]. Cette partie, qui s'ouvre avec la question de la différence entre l'acte d'immersion et les souvenirs, entame encore d'autres problèmes notamment en ce qui concerne le Moi éveillé dans le champ de la perception, l'inconscient, etc. pour parvenir à l'écoulement du temps et au souvenir intuitif.

Husserl précise que l'immersion est intérieurement une conscience étrangère dans le souvenir et les actes dans lesquels le Moi n'est pas en immersion active et l'immersion (non plus ?) dans la présentification, l'oubli de soi (*Selbstvergessen*) intérieurement donné dans la présentification.

Ensuite viennent les deux possibilités que Husserl explique :

> 1) je « vis » dans le présent, j'accomplis les actes dans lesquels je prête attention au présent (je suis dirigé vers tout ce qui est présent) – je suis éveillé […]. Avant la réflexion, le Moi éveillé est déjà dans un mode distingué (particulier), dans un originaire mode actif : éveillé-actif.
>
> 2) Mais comment cela se passe quand je suis englouti et immergé dans un souvenir et que j'accomplis les actes de souvenir, les actes du passé comme s'ils étaient présents et comme si j'y suis (le Moi) éveillé et actif dans une vivacité originaire. Je ne suis plus « englouti » quand je suis conscient du présent et occupé par lui [le présent] et même quand j'active dans n'importe quels modes d'accomplissement comme par exemple dans le mode de « toujours percevoir » ou de « toujours être actif » les actes du présent dans la mesure où je ne les réactive pas comme des nouveaux actes dans un accomplissement originaire et je ne me dirige pas de nouveau vers quelque chose […]. Je suis toujours en éveil.[305].

La première modalité notamment fait appel à l'acte et à l'activité du Moi même s'il est dans un état d'auto-oubli. Le présent comme la temporalité et le point d'appui du temps fluent permanent est le repère de la vie fluente du Moi. La qualification de l'éveil actif comme mode originaire est la phénoménologie même de l'éveil où le rêve ou le sommeil et en l'occurrence ici l'engloutissement, sont à déterminer. Mais c'est encore dans le champ de la réflexion que figure et se réalise ce mode originaire, c'est-à-dire que le monde est originairement conscient même s'il apparaît d'un certain « degré » d'engloutissement ou d'oubli dans l'horizon de la vie éveillée et réfléchie[306].

La deuxième modalité reprend le même aperçu qui est l'éveil avec la nuance de la vivacité qui est, comme l'éveil, constituée de façon originaire. La vivacité originaire (*urlebendig*) du Moi actif nous rappelle que le monde est en mouvement et que le Moi étant dans le monde et constituant le monde ambiant

---

[304] Manuscrit, D 14, *ibid.*, p. 67/40

[305] *Ibid.*

[306] E. Fink parle de ce fait du sujet dans la conscience universelle où le Moi dans la méditation est explicite même s'il oublie le soi car il s'agit d'un retour thématique sur le soi. – E. Fink, *Autres rédactions des Méditations cartésiennes.*, 1998, pp. 37-38

à partir de sa vie-d'âme est donné dans le mouvement. Mais ce qui est à souligner est dans la vivacité du mouvement qui relève du mouvement kinesthésique dans le monde et en particulier le monde de la vie. Le monde n'est pas le simple local ou l'espace-temps où les Hommes se trouvent mais le bassin et le fond, le soubassement de la vie et des vécus. Le monde n'est pas mort mais rempli de la vie où la réflexion fait partie intégrante du monde dans l'horizon du *Logos*. C'est ainsi que l'engloutissement et toute possibilité d'oubli ou de perdition ne met pas en cause ce fondement de la vie et de la vivacité du monde.

Ce qui caractérise ce passage, à part l'entité d'unité temporelle dans le monde, est le temps présent comme une sorte d'acte immanent de l'éveil dans le monde actuel, dans la vie et dans la présence du monde. Ce qui nous paraît frappant dans ce passage, c'est que l'engloutissement ne peut pas parvenir à faire de creux dans la continuité du temps du monde, et que la conscience de perception, comme Husserl le croit et l'exprime ailleurs, se valide dans une répétition constante. La seule possibilité qui existe pour donner lieu à l'inconscient ou au creux temporel ou à toute sorte d'engloutissement de conscience ne peut être considérée que comme un passage ou un moment en devenir vers la conscience. Ainsi, la conscience du temps peut signifier la conscience temporalisante dans chaque présent, que ce soit par une conscience actuelle ou une conscience de ce qui s'est passé ou vient tout juste de passer.

Par la suite, Husserl parle de mode d'acte et de la question de savoir si le pur être englouti, comme je suis, comme Moi dans sa présentification du Moi, est un englouti dans le passé. Selon Husserl la question est là, dans le signe de retour du présent, c'est que l'intérêt ne se laisse pas engloutir dans sa gradualité et que le questionnement pur de l'être-englouti (*Versunkensein*) n'est pas dans une limite[307].

Dans le passage suivant, Husserl soulève la question du rêve mais comme c'est le cas dans certains écrits, le rêve est le synonyme d'une sorte d'engloutissement et il n'est pas pris dans le sens habituel du rêve en tant que tel :

> Je le suis, Moi maintenant, qui suis plongé (englouti) et je ne suis pas le Moi du passé dans lequel je le suis. Et pourtant « je ne suis pas présentifié pour moi », je ne suis pas conscient du mien comme [là où] je suis dans le présent, comme là où je suis occupé avec mon champ-du-présent mondain et avec mon champ-de-perception ontique [...]. Je suis moi-même pour moi dans un autre mode – dans un mode du rêve, de l'engloutissement justement. Moi, en tant que le centre d'activité, affecte tous les actes qui ont le mode d'étant-en-rêve, mais bien sûr, comme il apparaît, pas le mode de l'acte-du-rêve dans le sens habituel[308].

[307] D 14/40b « Was ist das nun für ein Aktmodus, dieses reine Versunkensein, und wie bin ich, das Ich – doch das « gegenwärtige » Ich – im Vergangenen versunken ? Es wird die Frage sein, ob dieses sich aus der Gegenwart zurückziehen, das Interesse sinken lassen nicht seine Gradualität hat und ob das fragliche pure Versunkensein nicht ein Limes <ist>. »

[308] D 14/40b, « Ich bin es, ich jetzt, der versunken ist und bin nicht das vergangene Ich, worin ich es bin. Und doch, ich bin « nicht für mich gegenwärtig », ich bin meiner nicht bewusst als gegenwärtig seiend, als mit meinem weltlichen Gegenwartsfeld, d.i. meinem ontischen

Une première chose à remarquer c'est que Husserl compare l'état de l'engloutissement ou de l'immersion avec celui du rêve, ce qui relève du fait que la signification du rêve chez Husserl est toujours le synonyme d'un moment de perdition et d'éloignement de l'origine perceptive de la conscience. Cet aspect du discours s'inscrit aussi dans le contexte de l'expérience de l'individu ou le Moi qui est perdu dans un mode du rêve dont la qualification est devenir inconscient (*unbewusst werden*) tout autant qu'il peut devenir éveillé (*wach werden*) comme Husserl le dit plus tard dans le même texte[309].

Par la suite Husserl entame d'autres questions qui amplifient encore ce champ d'étude qui concerne le rapport entre l'éveil et l'engloutissement ou l'immersion. Husserl se demande : comment je peux connaître une telle distinction ? Je suis de nouveau éveillé (*Ich bin wieder wach*) et je suis intérieurement comme étant éveillé de nouveau. Le Moi qui se souvient est un quasi-Moi même si à travers la réflexion il revient sur les souvenirs. La réflexion fonctionne dans le Moi qui est un Moi dans la veille et il perçoit mais étant tombé dans l'immersion l'état en question ne peut être qu'un quasi-mode du champ de perception.

Husserl voudrait assurer un état de veille présent dans lequel l'éveil et l'affection vont de pair. C'est l'état où le Moi est dans le champ-de-perception et qui se distingue de l'état de l'immersion par le biais de la réflexion. Le Moi comme Moi éveillé est dans un champ-de-perception et là commence le problème entre ce Moi dans l'éveil et la disposition-de-perception en tant que présent original affectif. Le « paradoxe » du Moi et de la perception surgit dans le contexte d'une percée (*Durchbrechen*) dans le champ-de-perception[310].

Le Moi transformé en quasi-Moi est le signe d'*a priori* du mouvement et de l'activité du Moi dans la vie et dans le monde. La position du quasi-Moi et sa conscience devient, selon Husserl, latente (*Mein Selbstbewusstsein war latent*) dans cette percée du champ-de-perception. Le Moi tombe dans une situation d'échange, d'altération et de modification (*abgewandelt*) qui fait partie de la continuité temporelle du flux de conscience et de la perception. Ainsi, chaque modification exprime une prise d'attitude différente qui, malgré la continuité du flux de perception, représente l'état de la conscience de l'individu. C'est la raison pour laquelle Husserl estime que l'immersion même est une expression (« *Versunken » ist ein Ausdruck.*)[311].

En conséquence, le Moi d'une part est originairement dans l'éveil mais d'autre part, étant dans une position de l'immersion, qui peut aller vers

---

Wahrnehmungsfeld geradehin beschäftigt[...]. « Ich habe » überhaupt kein Wahrnehmungsfeld. « Ich habe » ausschließlich das Erinnerungsfeld, « als ob » es Wahrnehmungsfeld wäre und als ob ich mich « in » ihm betätigte. Ich bin selbst für mich in einem anderen Modus – in einem Modus des « Traumes », eben der Versunkenheit. ich als Aktivitätszentrum. Und das betrifft alle Akte, sie haben den Modus von « träumenden ». Freilich, wie sich zeigt, nicht von Traumakten im gewöhnlichen Sinn. »

309 *Ibid.*, p. 70/41 ; 76/44

310 *Ibid.*, p. 69/41

311 *Ibid.*, p. 70/41

l'immersion pure, il se retrouve dans l'implicite de la conscience. Il est dans une modification entre la percée dans le champ-de-perception et la recherche de l'éveil. Mais Husserl pose un problème dans la suite du texte, à savoir qu'étant dans le présent effectif et étant éveillé et conscient, quel sera le statut de l'affection ? Autrement dit, le problème se pose au niveau de l'unité de la constitution de l'affection à juste titre dans sa position avec le Moi qui s'éveille ou en train de s'éveiller.

Husserl pose la question au niveau du mode (*Modi*) et de la manière-de-mutation (*Wndlungsweisen*) de l'intentionnalité. Nous avons un domaine d'affection positive (*Positiv affizierenden*) qui s'inscrit dans un sens pur et simple (*einem schlechthingen Sinne*) et un domaine de « non affection » (*Bereich des « nicht affizierenden »*)[312]. Le deuxième est d'une certaine manière dans l'intérêt du Moi et il est pour lui comme un domaine d'occupation en partie. Mais il n'est pas dans la sollicitation de l'affection positive et celle-ci reste l'élément essentiel quant à la vie éveillée (*waches Leben*), à l'acte-de-vie (*Aktleben*) et à l'unité de la sphère d'acte dans son mode originaire de l'état de veille (e*inheitliche Aktsphäre im Urmodus « Wachheit »*)[313].

Le passage montre clairement que Husserl tient à l'affection dans son unité positive, c'est-à-dire en tant que le signe et le domaine de l'éveil et toute donnée qui concerne sa position. Dans ce sens, l'affection signifie le présent actuel qui détermine toute modification possible à penser. À partir de là, Husserl commence à donner une distinction en deux parties, dont la première est une confirmation de l'unité de la constitution de l'affection[314].

La sphère de l'éveil constitue une unité à part entière mais aussi un tout, un ensemble donné homogène à l'intérieur et dans son être constitué. Husserl précise que la vie de l'homme dans le monde est comme l'éveil-en-vie qui est un champ-de-perception mondain, actuel-éveil-là, le présent mondain de l'objectité actuelle qui correspond, chaque fois, à un champ-de-perception (*als wach-lebend ist ein weltliches Wahrenehmungsfeld*). La perception est toujours remplie lorsqu'on regarde le monde et chaque vue, chaque regard trouve une réponse accomplie dans la « vision » et le regard jeté vers le monde qui nous regarde.

C'est le supposé principal, mais dans le même temps il peut exister un champ résiduel (*übrig Feld*), ou encore quelque chose d'une perception première (*irgendetwas primär wahrnehmend*) à laquelle le Moi s'intéresse et vers laquelle il peut s'orienter. Toutefois, ce n'est pas cela qui fait l'acte principal de l'affection car l'unité de l'affection est fondée sur le champ de tout (*Das ganze Feld ist so eine Einheit der Affektion*) et la partie ou le résidu ne peut être considéré que dans cet ensemble cohérent et constitué de l'affection. Ainsi, cette unité comprend aussi

---

312 *Ibid.*, p. 71/42. Husserl met entre guillemets le mot « non en affection » pour souligner, semble-t-il, le fait que le Moi ne perd l'affection à aucun moment sous le règne de l'unité temporelle.

313 *Ibid.*

314 Husserl dans le même manuscrit mais dans une autre partie précise que le fait de devenir en affection est, lui-même, est un processus temporel immanent, « *Das Affektiv werden ist selbst ein immanent zeitlicher Prozess* ». *ibid.* p. 34/19

bien une donnée intéressante que non-intéressante (*Uninteressantes*) car cela relève d'un fond et d'une constitution.

L'unité de l'affection représente l'intérêt principal ou dominant (*herrschenden Interessen*) de l'individu et comme Husserl l'exprime, dans le champ-de-perception de l'éveil, j'ai autant d'intérêt que de non-intérêt, ce qui correspond à la relativité de l'intérêt principal. Husserl finit par dire que tout est compris dans l'intérêt et que ce qui n'y est pas ne relève pas de l'affection positive[315]. Cela peut être souligné par cette remarque que par l'intérêt principal dans l'unité de l'affection c'est l'intériorité qui est visée dans l'horizon de la constitution du Moi conscient en tant que fondateur du monde ambiant. Dans cette perspective, l'intériorité représentée par l'affection rejoint l'extériorité représentée par le monde conscient où la perception entre en jeu.

Dans la deuxième partie, Husserl souligne un aspect d'une importance capitale, même si c'est à titre d'essai, où il s'intéresse non pas au domaine de l'affection positive ou négative mais à l'empire de la sédimentation (*Reich des Sedimentiereten*) comme domaine principal de la problématique. La question est dans le processus de l'affection, le fait de « l'éveiller» (« *macht wach* »)[316].

L'enjeu pour Husserl est dans une temporalité qu'il définit comme l'immersion rétentionnelle (*Versunkene retentionaler*) et mutation ou la modification protentionnelle (*protentionaler Abwandlung*). La considération de Husserl est très significative car d'une part il relève la question de la temporalité au milieu de son analyse au sujet de l'affection et l'unité de l'intérêt, et, dans le même temps, il identifie l'immersion, comme c'est le cas du souvenir, du passé par son caractère rétentionnel. Le discours parvient à l'analyse temporelle de l'éveil et de la présentification comme c'est le cas dans le contexte de la synthèse passive[317].

Dans un long passage, Husserl décrit le côté présentifié dans la perception et de la veille, et le fait que dans l'état de veille je suis comme sa modification intérieure[318]. Tout est dans la modification présentifiée de façon consciente autant dans le passé que dans le présent. L'état de la veille permet à l'individu de modifier intérieurement, c'est-à-dire le fond de la veille est étalé vers le passé pour faire parvenir dans le présent et présentifier non simplement le passé mais le présent même, puisqu'il contient le passé présenté. L'intérêt phénoménologique de l'analyse de Husserl se manifeste ici dans une sorte de transcendantalité de la présentification qui fait appel au processus temporel du flux de conscience. La visée du Moi a un caractère intentionnel mais elle a une nuance plus qu'intentionnelle, celle de la modification qui est le signe de l'activité immanente.

---

315 *Ibid.*, p. 72/42

316 *Ibid.*, p. 73/43

317 *Ibid.*,

318 *Ibid.*, p. 73

Cependant, la modification et le processus temporel mènent en soi leur propre problème, leur propre problématique. Tout de suite après ce passage, Husserl demande où se situe l'immersion du Moi dans le souvenir. Alors que je suis dans la modification dans le passé, c'est l'ensemble de mes actes et la vie-de-conscience qui peut être dans cette modification-de-souvenir. Husserl qualifie cette situation du fait que je me suis orienté vers mon passé thématique (*Ich bin dann rein auf meind vergangene Themata gerichtet*). En conséquence, le passé détermine et donne lieu à une temporalité temporalisant le Moi, d'où il résulte que le passé intentionnel du passé du Moi (*vergangenen intentionalität des vergangenen Ich*) est le vécu (*erlebt*) en tant que le souvenir présentifié.

Pour donner un schéma encore plus précis, on peut dire que le Moi se situe dans le flux du temps comme le temps transcendantal où la temporalité exerce la rétention et la protention. Alors que le Moi tente de présentifier le passé et est à la recherche de ce qui relève du passé, il se temporalise à mesure de passer dans le temps passé afin de présentifier un temps où le présent et maintenant est actuel et où se trouve effectivement le Moi. Mais dans ce processus temporalisant, le Moi parvient et il « tombe » dans un mode de vie où le présent s'échappe et où la présentification devient implicite.

Ce moment dans cette situation, sous cette façade de la description phénoménologique, est qualifié par Husserl comme inconscient (*unbewusst*) où se manifeste la perdition de l'affectivité positive et l'état non-égoïque (*nicht-ichliche*). Husserl, par la suite, essaie d'expliquer cette position du Moi et le rapport entre l'éveil et l'immersion :

C'est un ensemble droit et réflectif, non-égoïque alors que le présent égoïque perd son affectivité positive, il est « inconscient ». Là, ce n'est pas non plus mon passé, mon futur, mon *Dasein* temporel, ma vie temporelle et la conscience aspirante comme étant, comme mon horizon thématique ; je suis inconscient de moi-même, la vie-présente pour moi-même n'est pas comme étant actuelle, étant temporelle[319].

Soulignons comment Husserl tient à la conscience et la renvoie, à chaque fois, aux données et aux vécus dans le fond originaire de la veille. Dans cette perspective, nous voyons Husserl considérer l'inconscient comme la donnée de la visée de la perception ou encore la thématisation simple de la réflexion. L'inconscient ne représente pas, en tant que tel, une temporalité propre pour déterminer ce qui est temporel et il n'est pas non plus d'ordre ontologique. C'est à Moi en train de réfléchir qu'appartient la valeur de l'accomplissement des actes, conscients ou « non conscient ».

Dans chaque accomplissement d'acte, il y a son objectif thématique conscient et non pas l'acte. Avec cet énoncé, Husserl veut insister sur la mise en œuvre du Moi en train de présentifier le passé. Autrement dit l'acte dans la mesure où il est « anonyme » dissimule un mode de possible entre l'éveil et l'immersion. Mais la question pour Husserl est d'impliquer l'acte à l'homme où le Je est dans une réalité en mouvement.

---

319 *Ibid.*, p. 75

Je suis toujours le Moi réel (*wirklich*) qui accomplit des actes réels, à proximité de ce qui est implicite, le Moi étant présentifié avec ses actes de présentification. Ce qui est à chaque fois original, c'est le Moi réel qui l'est pour tout ce qui est et ce qu'il est – à chaque fois sa réalité est consciente dans sa validité[320].

Le Moi devient le centre de l'analyse de Husserl après la discussion au sujet du processus du champ-de-perception et l'unité et de la constitution de l'affection. Aussitôt que Husserl parle du Moi qui doit manifester l'acte dans ses modifications intentionnelles, il précise deux points qui concernent le Moi. Dans la première considération, Husserl parle du Moi réel du point de vue de son présent de la choséité originelle et du point de vue de ses actes comme des strates présentifiées qui sont des actes[321]. Mais la deuxième considération concerne la chose du passé dans la temporalité. Dans ce passage, Husserl dit que dans ce qui est présenté dans la présentification des présentifiés il y a le Moi et son acte de présentification dans le domaine-de-conscience (*Bewusstseinsbereich*) et que c'est de la modalité de flux que dépend l'immersion.

Avec la présentification marche le Moi présentifié et ses actes de présentification dans le domaine-de-conscience, et c'est à cela qu'appartient désormais la modalité fluente de l'engloutissement ou l'immersion : le Moi, le présentifié après tout, peut être en immersion, le monde-de-perception qui se constitue, le Moi éveillé peut devenir inconscient, tombé dans l'immersion ; alors il a maintenant un [Moi] présentifié thématique dans la réflexion et le Moi dans la présentification[322].

Comme nous l'avons constaté, la modification devient la base de toute réception inconsciente par le Moi mais parler de la modification, c'est aussi la confirmation de la temporalité. Husserl, dans ce passage, revient de nouveau sur la temporalité comme l'élément fondateur dans l'activité du Moi et dans l'acte de présentification du Moi donnant lieu à l'immersion. Autrement dit, la modalité de l'immersion est dans l'enjeu de la temporalité, et l'immersion même est une temporalité fluente dans le domaine de la conscience. Avec cette nouvelle remarque, Husserl parvient à la mise en analyse de la réflexion dans l'accomplissement des actes.

La réflexion est le synonyme de la conscience et de l'individu conscient en train d'accomplir l'acte de la réflexion même. Selon Husserl, tout objet d'un acte simple (*schlichten Aktes*) est en corrélation avec les objets de la réflexion et avec sa subjectivité et son Moi comme centre[323]. Le simple *Dasein* présentifié (*gegenwärtiges Dasein*), le simple présent (*schlichte Gegenwart*), la simple donnée originelle (*schlicht original Gegebene*) n'est pas le Moi (« *nicht Ich* ») et ne tient pas l'égoïque (*Ichliche*) (*ibid.*). Mais pourtant sur le présent simple de la choséité ou de la chose concrète (*sachlich*), dans son originalité, l'unité (*einheitlich*), comme la

---

320 *Ibid.*, p. 76/43b

321 *Ibid.*

322 *Ibid.*

323 *Ibid.*, p. 77/44-44b

choséité du champ-de-perception est en rapport avec la réflexion (*ibid.*). Ainsi, la réflexion de ce qui est de la perception de la choséité, donne le présent original du Moi et sa vie subjective comme telle dans la chose donnée dans son apparaissant, dans son tout (*Gemein*) pour lequel l'objectité égoïque a toujours la propriété constitutive[324].

Le caractère transcendantal de la réflexion relève de la conscience du Moi transcendantal qui temporalise ses modifications aussi bien dans la *phantasia* que dans la perception. Par la réflexion, Husserl parvient à souligner que la perception apparaît à l'horizon chaque fois que le Moi vise les données et les objets. Mais ce qui caractérise encore plus ce processus temporel de la modification est le sujet, le Moi qui se transcende à travers le monde et les données. Les données ne sont pas le Moi mais c'est le Moi qui, en réfléchissant, se donne au monde, aux objets et à l'objectité même. C'est ainsi que le monde ambiant se constitue à partir du Moi « spirituel » dans le sens universel où la constitution même vient de l'unité du Moi dans ses rapport avec les données[325].

La temporalité et la modification relèvent aussi d'une diversité par le Moi car le parcours temporel est une action qui s'est dispersée entre le passé et le futur. Chaque modalité se situe dans la temporalité et chaque modification montre une prise de position où la subjectivité est en train de fonctionner. La subjectivité transcendantale pense mais encore elle réfléchit et cela ce n'est pas simplement dans le contexte de récuser la pensée cartésienne mais de s'inscrire dans l'horizon du monde évident où le Moi est créateur. Il peut s'identifier avec les données comme il peut être séparé d'elles. C'est l'acte de la réflexion qui permet la temporalité propre et à l'échelle de la constitution du Moi, l'acte qui permet de réfléchir autant sur la conscience que sur l'inconscient[326].

La question de la réflexion transcendantale peut paraître plus pertinente dans la mesure où la transcendantalité de la réflexion consciente va dans le domaine de la *phantasia* voire, en l'occurrence ici, le rêve. La réflexion en se transcendant parvient à parcourir dans les domaines du possible où la *phantasia* recouvre une intentionnalité non définie. Comme l'image du Centaure qui

---

324 *Ibid.*

325 Husserl souligne la place du Moi dans le contexte de l'idéalisme transcendantal où il rejette le monde sans le Moi en train de faire l'expérience et que le Moi actuel est le fondement du monde, *Hua.*, XXXVI, *Transzendantaler Idealismus.*, Dordrecht, 2003, p. 119

326 Husserl s'exprime de la façon suivante : « La modalité originale de la donation des objets modifiés temporels – dans le passé, dans le futur et l'être dans une nouvelle dimension temporelle comme *phantasia* en modification, est donné dans l'empire de la modification de la modalité temporelle (*zeit-modalisierten*) et les choses qui relèvent de la *phantasia.* L'appartenance de la réflexion se dirige vers le subjectif, mais de la modalité subjective là où la donnée de la réflexion du Moi est « le passé », « le futur », « le feint » présentifié, le passé ou le futur et que avec toute sa modalité chosale [il est en rapport] corrélatif au subjectif. » D 14/44b, « Urmodale Gegebenheit von zeitlich modifizierten Gegenständen – vergangenen, künftigen und von in neuer Dimension zeitliches Sein als Phantasie modifizierenden – ergibt das Reich der modifizierten, der zeitmodalisierten und phantasiemäßigen Sachen. Die zugehörige Reflexion führt auf Subjektives, aber auf modalisiertes Subjektives; das dabei reflexiv gegebene Ich ist das « vergangene », « künftige », das « fingierte » gegenwärtige, vergangene oder künftige, mit alle seinem dem modalisiert « Sachlichen » korrelativen Subjektiven. »

apparaît alors que je suis en train de réfléchir sur la mythologie dont l'intention est dirigée vers la figuration des mythes. L'apparition de l'image du Centaure (par un nom ou une autre image) est anonyme car la conscience n'a pas d'image de ce qu'elle est en train de réfléchir mais elle est dans une intentionnalité transcendantale où elle cherche à se remplir par l'image perçue mais non pas encore accomplie. Là où il y a la conscience et la réflexion dans l'anonymat, c'est la transcendantalité qui peut faire le jeu pour mettre le but à la recherche de la conscience dans son accomplissement alors même qu'elle est dans l'anonymat. La transcendantalité dans l'anonymat est le signe de sa force dans la mesure où elle met en corrélation le Moi et la conscience. [327].

Les données ne sont pas réfléchies, elles sont dans la réflexion dans une continuité immanente, et celle-ci est l'acte de l'individu dans sa présentification constante qui représente la sphère transcendante. C'est le Je qui réfléchit pour constituer et instaurer la réflexion dans le monde constitué lui-même dans la réflexion de l'individu. Le Moi se thématise à travers la réflexion, le Moi comme centre réfléchit sur son pôle et sur sa position centrale qui détermine l'intérêt. Ce que Husserl confirme par la suite met en parallèle le Moi et l'acte de réflexion et le fait qu'avec l'acte de réflexion un tel Moi aussi s'objectivise[328].

Une fois établie la problématique, Husserl la reprécise en posant la question de savoir où se situe la « réflexion dans le souvenir » (*wie steht es mit der « Reflexion in der Erinnerung »*). Un peu plus loin Husserl donne les quelques explications finales de ce manuscrit à ce sujet de la façon suivante :

> Le Moi dans une permanente soi-conscience originale, comme le Moi éveillé, comme le Moi dans la vie constituante pour son présent-de-perception correspondant (*Wahrnehmungsgegenwart*) ; à cette vie appartient également la réflexion à travers laquelle le moi est constitué pour soi-même comme il l'était toujours en tant qu'étant (*seiend*) – à partir de son état de veille (éveil). À sa vie appartient aussi le réveil (*Weckung*) à partir de la rétention vive et aussi entre autre (à partir de) l'attention (*Zuwendung*) et la reproduction, un champ-de-perception reproductif[329].

Il faut souligner avant tout l'emploi du mot *Leben* dans ce texte. La vie donne lieu à toute perception et le présent-de-perception comme la donnée immédiate et sans intermédiaire qui met en validité la réflexion qui, à son tour, dépend de la vie. L'aperception de la vie est l'aperception des données qui sont en reproduction, en vivacité et le Moi dans ce fond de la vie reproductif est un Je actif, un *Ich* qui originairement dans sa constitution remplit la perception dans un présent vivant. S'il y a la vie il y a aussi le vécu et le Moi est autant présent dans la donation de la vie et du monde dans le présent-de-perception qu'il l'est dans le passé et dans les vécus[330].

---

[327] Au sujet de la transcendantalité comme un propre anonymat voir G. Hoffmann, *Bewusstsein, Reflexion und Ich bei Husserl*, Freiburg, 2001, p. 130, la question de la *phantasia* n'est pas le propos de l'auteur.

[328] *Ibid.*, p. 78/45

[329] *Ibid.*, 14/46a

[330] *Ibid.*

La vie fluente dans son fondement rejoint le Moi fluent dans son parcours dans le passé et le souvenir. Mais ce souvenir comme on vient de le constater se situe dans une vie fluente et en train de vivre sa temporalisation propre. Le souvenir par Moi s'est donné dans le monde fluent et la temporalité fluente qui donne finalement le moment actuel et le maintenant présent qui est, à son tour, fluent. Seulement, pour Husserl ce flux du maintenant du Moi est intuitif et cela montre que l'aperception du monde, comme Husserl en parle dans *Idées*, II, est dans une relation charnelle et intuitive. Ce qui relève avant tout de la constitution originairement consciente du Moi dans le monde.

Cet état de l'acte du Moi dans le souvenir est qualifié par Husserl comme le champ-de-chose originale (*originales Sachenfeld*). L'ensemble des éléments de la constitution originaire du monde et du Moi, l'aperception du monde et l'expérience dans la vie par la réflexion, permettent à l'individu de se rappeler puisque le vécu se donne dans la temporalité de la vie même du Moi. Le Moi est parvenu à avoir (*habe*) un tel champ constituant dans le présent et il se thématise, c'est-à-dire s'affirme dans le présent actuel pour se rappeler dans le monde présent-de-perception. Comme le disait Panofsky à propos de l'homme en Arcadie, on peut dire que je connais « là » puisque j'étais là en tant que thème de mon propre vécu, la propre vie et le souvenir me vient dans le flux de conscience affective.

Mais là encore nous avons un problème dont Husserl parle et qui concerne la thématisation du Moi dans cet acte de souvenir. Si le Moi se souvient dans le présent actuel et s'il se thématise, c'est dans une situation du maintenant et du flux du présent que cela a lieu. Le pouvoir de thématiser relève d'une temporalité et dans ce cas le présent actuel ne peut pas être le seul moment de la temporalité pour le Moi thématique. La réponse de Husserl s'appuie sur la constitution de l'unité et le fait que j'ai le pouvoir de thématiser ce qui n'était pas thématisé dans le passé. La conclusion finale de Husserl consiste à montrer la constitution et l'unité du temps fluent originel de ce qui est en constitution[331].

Ce résultat est marquant par le fait que Husserl parle d'une incompatibilité qui existe en Moi entre un passé plutôt lointain et inaccessible, et le flux actuel et le champ-de-chose. La constitution d'unité permet de parcourir ce trajet sous l'angle de la transcendantalité de la vie et de la reproduction du Moi réfléchi. La coexistence fait partie de l'existence de la vie, de l'activité du Moi et du monde comme le lieu de réception de l'ensemble de l'unité constituante. Il semble que l'existence dans ce contexte fasse appel à l'ontologie phénoménologique transcendantale où la monadologie a été mise en œuvre pour montrer comment

---

[331] *Ibid.*, p. 80 : « Tout ce qui est original constitue une unité, unité de constituant originel fluent. Une unité particulière, mon champ-de-chose original en soi (*in sich*) et le Moi comme son Moi constituant et en relation avec la vie multiple et diverse [...]. C'est ici le phénomène de recouvrement réciproque d'une d'incompatibilité dans l'ensemble original et c'est là, la coexistence qui m'est donnée (ou l'être pour moi) le Moi original que je suis ».

le Moi vit sa constitution dans le monde en soi et avec autrui, le monde dans lequel le Moi se thématise dans l'ensemble des données perçues[332].

Tout le mode de la vie dans le monde est sous le coup de la modification et de la réflexion aussi bien dans la perception actuelle que dans la *phantasia* perceptive et la *phantasia* en tant qu'imaginaire. Dans la sphère de l'être et de *Dasein*, les différents modes de vie traduisent les diversités et la multiplicité dimensionnelle des données dans leur constitution originaire. Le retour vers la *phantasia* dans la sphère de la vie souligne que l'activité noétique peut être réduite à l'essence ou à l'aspect eidétique où l'activité hylétique l'y rejoint pour fonder le Moi transcendantal qui vise le monde et les données « factices ».

Si on suppose que la chair du Moi devient la manifestation de la chair du monde on ne serait pas très loin de la « conviction » phénoménologique de l'établissement du sol égoïque mondain auprès duquel le sens de la constitution ontologique prend forme. Autrement dit, le Moi phénoménologique se voit dans le monde et dans la tradition alors même qu'il peut s'engloutir dans ce monde. Mais étant dans la réduction transcendantale, le moment de l'engloutissement devient un moment immanent de l'éveil du monde et de la tradition puisque le *Leib* même du Moi fait appel à cette vivacité charnelle qui parcourt entre le monde comme le lieu de toute donnée et le Moi comme le centre de toute motivation manifeste des phénomènes. Le phénomène trouve sa signification eidétique dans le contexte du Moi nomadique.

4. L'état du rêve dans la mise en jeu de l'épochè

La démarche phénoménologique de Husserl pour instaurer la méthode transcendantale, selon la conscience transcendantale, est fondée sur l'opération et la mise en œuvre absolue de l'épochè. L'intérêt et l'importance capitale de l'épochè ou la réduction phénoménologique transcendantale est notamment dans le processus temporel de la conscience. Nous proposons déjà cette idée que, dans la sphère de la phénoménologie transcendantale, le jugement en suspend et l'attitude du Moi dans l'épochè n'a aucunement la signification d'abandonner la continuité et l'unité de la conscience. Selon l'aspect phénoménologique avec l'épochè et la réduction nous parvenons dans une étape qui fait partie intégrante de l'unité et la continuité de conscience et du monde éveillé.

L'épochè trouve son fondement originaire dans la sphère universelle, ce qui veut dire que l'épochè rejoint les règles et les lois universelles pour constituer le monde conscient et découvrir le sens de la vie du monde. L'épochè universel s'éloigne de l'aspect sceptique pour positionner le Moi dans le monde dans

---

332 Au sujet du monde et de l'horizon du Monde qui comprend des étants etc., voir E. Fink, *Welt und Endlichkeit,* Würzburg, 1990, pp. 147-149

lequel l'épochè même est une expérience constituante[333]. Quant à la réduction phénoménologique transcendantale, il convient de préciser que l'épochè peut en quelque sorte signifier la même chose que la réduction[334].
Il faut considérer aussi que l'épochè phénoménologique se caractérise par une fonctionnalité positive car elle se donne dans l'accomplissement du monde réellement constitué et vers ce monde. D'où la différence entre l'épochè en tant que méthode transcendantale dans l'horizon du monde objectif et le doute cartésien qui réserve le scepticisme et qui met fin à la possibilité de l'altération d'une attitude à l'autre[335].

Comme nous l'a enseigné le texte n° 19 de *Phantasia, conscience d'image, souvenir*, l'expérience « dans » la *phantasia* est elle-même une expérience possible[336]. Le monde du rêve comme la réalité factice est une expérience possible car la durée du sommeil ou du rêve doit s'achever vers l'éveil ou encore on part, selon l'aspect phénoménologique husserlien, d'un monde réveillé et on revient vers ce monde même.

En ce qui concerne la possibilité, le texte n° 19 de *Hua. 23* donne déjà le schéma de la relation qui existe entre la possibilité et la *phantasia*. Cependant, cette question trouve une importance capitale quand il s'agit de définir ou déterminer la question de l'intersubjectivité. En fait, l'intersubjectivité donne les prémisses d'une analyse déterminante de la possibilité. Chaque Moi tend vers l'*alter ego*, vers autrui. L'être comme le prédicat de chaque individu demeure de façon permanente à la recherche de la constitution du *Leib* étranger qu'il trouve

---

333 *Idées directrices* parle du rapport du Moi avec le monde dans son attitude naturelle à partir du § 27 pour parvenir à l'épochè et dans une attitude dépourvue de toute théorie « tel qu'il se donne réellement dans l'expérience et reçoit la légitimation de l'enchaînement des expériences. », *op. cit.*, pp. 103-104

334 Au sujet de la différence entre l'épochè et la réduction voir H. Spiegelberg « « Epoche » without reduction : some replies to my critics », in *Journal of the British society for phenomenology*, vol. 5, n° 3, 1974, p. 256 *sq.* Cet article est un développement de l'article du même auteur dans lequel il met en question la différence entre l'épochè et la réduction, et le fait que la réduction dans sa deuxième signification, c'est-à-dire la réduction transcendantale, n'est pas indispensable pour la phénoménologie. Voir « Is the reduction necessary for phenomenology? Husserl's and Pfänder's replies » in *Journal of the British society for phenomenology,* vol. 4, n° 1, 1973 pp. 3-15, ici, p. 3. Malgré la remarque de l'auteur au sujet des manuscrits de Husserl, il semble que celui-ci dans ses manuscrits encore plus tardifs (*Hua.*, XXXIV) avance une sorte d'identification entre l'épochè et la réduction quant au Moi et au monde apodictique. En ce qui concerne l'épochè et la réduction, un ouvrage retrace de nombreuses idées et de nouvelles formulations à ce sujet. Voir Rolf Kühn und Michael Staudigl (éd.), *Epochè und Reduktion, Formern und Praxis der Reduktion in der Phänomenologie,* Wiesbaden, 2003

335 La question de l'épochè transcendantale a fait l'objet d'une étude par M. M. Tavuzzi, *Existential judgment and transcendental reduction*, Milano, 1982, pp. 149-190, ici, p. 151. Cette analyse est consacrée aux chapitres 27-62 de *Ideen, I.*

336 *Phantasia.*, *op. cit.*, p. 516. Le comme si en tant que l'aspect phénoménologique de la possibilité. Ainsi, nous avons une altération entre deux modes de l'être, deux tendances et deux possibilités par rapport à deux états ou deux positions. Il faut souligner le passage dans lequel Husserl dit que « le moi qui « phantasme » [...] prend la réalité effective » de *phantasia* qui subitement lui vient à l'esprit « comme si » c'était une réalité effective et, l'admettant, il choisit, il s'assujettit librement, à discrétion, à l'horizon appartenant au « sens » de cette réalité effective ». *Ibid.*, p. 527

chez lui. La constitution du *Leib* étranger est *a priori* le commencement de la possibilité de l'être du Moi tout en sachant que la constitution du *Leib* d'autrui a donné originairement cette possibilité[337].

Le texte n° 20 est un texte fondamental d'abord parce qu'il traite la question de la neutralité comme l'un des modes de la *phantasia* et qu'au cours du texte Husserl revient sur la question de l'épochè qui fait partie des éléments qui peuvent constituer une méthode phénoménologique du rêve. D'autre part, il est pertinent de rappeler que ce texte est dans l'esprit de l'époque de la rédaction des *Bernauer Manuscripts* et pas très éloigné des écrits autour de la psychologie phénoménologique[338]. Ces années 1921-1924 sont des années prolifiques pour ce qui concerne la discussion et l'analyse du rêve dans le contexte de l'épochè et de la réduction. Par ailleurs, la deuxième partie de *Philosophie première* nous présente quelques passages essentiels quant au rêve. *Philosophie première* a la caractéristique d'être sur la même ligne directrice que le texte n° 20 de *Phantasia, conscience d'image, souvenir.* En conséquence, comme on peut le constater, *Philosophie première* d'emblée représente une pensée et une étude plus détaillée et plus organisée notamment quant à l'analyse de l'épochè[339].

Les caractéristiques du passage qui nous intéresse dans ce texte se trouvent dans les éléments suivants :

- le Moi (*Ich*) comme le sujet fondateur. Il ne s'agit pas ici, comme c'est le cas du texte n° 19, d'ego proprement dit, mais du Je ou du Moi[340].
- Husserl prend en considération la question de l'attitude et le positionnement qui doit correspondre au changement d'attitude. Ce changement doit, semble-t-il, être distinct du repos mais il tombe toujours dans le processus du devenir et se rend dans le champ de l'esthétique comme nous le montre le texte n° 18[341].

---

337 Husserl revient sur la question de l'expérience de l'étranger dans *Psychologie phénoménologique* et il insiste : « ce que j'éprouve donc intuitivement comme subjectivité de l'étranger appartient nécessairement, selon toute sa teneur intuitive (selon toute la structure du sens de l'intuition, mis à part le mode d'être de l'être subjectif étranger) au domaine de mon auto-expérience purement possible, tel qu'il est caractérisé par le domaine de l'auto-imagination possible ». *Ibid.*, p. 332 ; Il est à noter que de le mot allemand de l'auto-imagination est *Selbsphantasie.*

338 Au sujet de l'épochè comme méthode, voir Maurita J. Herney, *Intentionality, sense and the mind*, 1984, où l'auteur estime que Husserl insiste, pour distinguer la phénoménologie de la science descriptive ou empirique, sur un « presuppositionless » et que par là il introduit la notion d'épochè. *ibid.*, p. 146.

339 *Philosophie première (1923-24). Deuxième partie, Théorie de la réduction phénoménologique*, Paris, 1972. Où Husserl préfère visiblement employer, pratiquement partout, le mot épochè dans sa forme grecque. Le retour de Husserl vers le sceptique ou encore Descartes est une « mise à jour » d'une expérience passée pour se fonder selon des lois « nouvelles » de la phénoménologie.

340 Au sujet de Moi dans l'épochè, voir l'article de M. Richir « Intentionnalité et intersubjectivité, commentaire de *Husserliana* XV, pp. 549-556 », in : *L'intentionnalité en question*, Paris, 1995, pp. 147-162, ici p. 148 *sq.*

341 *Phantasia, conscience d'image, souvenir*, *op. cit.*, p. 509. L'expression « changement d'attitude » ne « signifie rien d'autre que le passage thématique d'une appréhension à une autre, directions auxquelles correspondent des objectités corrélativement différentes ». *Idées directrices*, II p. 292

- la neutralité est considérée comme l'épochè, ce qui signifie l'état de suspens ou devenant dans la perdition ou dans l'oubli
- nous sommes dans la sphère de la conscience mais une conscience neutre qui est la donnée principale de la différence et de la distinction avec l'état de l'inconscient[342].

Husserl commence par l'opposition de deux cas différents l'un de l'autre. D'abord l'accomplissement d'une épochè, une vie d'acte dans l'épochè, acte du moi qui phantasme (*Ich phantasiere*). Deuxièmement, je vis dans des positions, je suis éveillé et actif en des actes du moi dans lesquels quelque chose a valeur pour moi. Parmi les différentes caractéristiques de l'épochè phénoménologique, il convient de souligner la constitution des idées comme tréma et le monde en tant qu'Idée. Ce que Husserl écrit plus tard, dans les années trente, montre que l'épochè représente une perspective transcendantale qui est censée devenir le point culminant de la constitution du monde conscient[343].

Dans l'accomplissement de l'épochè, nous pouvons trouver *a priori* une part de volonté dans laquelle on repère l'introduction de la conscience. Pourtant, ce premier cas est préservé pour l'acte de la *phantasia* et le moi qui phantasme activement. Mais le deuxième cas est différent du fait que le Je est éveillé et actif ayant des actes du moi « dans lesquels quelque chose a valeur pour moi et pose en validité »[344].

Cette dernière attitude a un caractère valable et un étant certain. Mais c'est le premier cas qui est qualifié comme l'attitude neutre dans laquelle les événements-de-*phantasie* sont considérés de façon comme-si et « dès lors *toutes les descriptions* sont aussi *d'un sens modifié.* »[345]. Le changement d'attitude comme la temporalisation et le processus temporalisant signifie partir du fait de *phantasmer* une maison, par exemple, et parvenir à ce que Husserl exprime ainsi : « au lieu de décrire en vivant dans la *phantasia* [...] comme si je vivais cela, comme si je

---

[342] La situation actuelle et le positionnement du Je sont différents de celle de Freud dans laquelle le Je se dérobe de sa position debout afin d'être analysé dans une position inconsciente où le Moi s'éloigne de l'état de la conscience. En revanche, dans le cas phénoménologique, le Moi éloigné et dans l'oubli tente de s'orienter ou plutôt de se positionner en tant que Moi conscient. Alors que Freud dans *Métapsychologie* s'éloigne de plus en plus de la psychologie descriptive (*ibid.*, p. 77), le rôle de la conscience n'a plus d'importance théorique et analytique. D'une part, la conscience reste plutôt individuelle sans aucun rapport avec autrui, ce qui donne l'impression que Freud critique l'intersubjectivité (*ibid.*, p. 70) et que par là il met une limite à la fonction de la conscience (*ibid.*, p. 73). D'autre part, c'est l'idée que « la représentation inconsciente est la représentation de choses seules, tout le contraire de la représentation consciente qui comprend la représentation de choses plus la représentation de mots leur appartenantt (*ibid.*, p. 117). Cette dernière remarque montre le face à face réel entre la psychanalyse et la phénoménologie, où la psychanalyse prétend notamment appliquer ce qui est l'objet d'étude de la phénoménologie.

[343] *Hua.*, XXXIV, *op. cit.*, p. 451. Husserl qualifie l'épochè comme la réduction phénoménologique du Moi dans son être absolu et dans toutes ses possibilités d'être. *Hua.* XXXIV, *op. cit.*, p. 224. Ces possibilités d'être doivent normalement prendre en considération les périodes du sommeil et d'autres positions ou états comme donnés possibles.

[344] *Phantasia, conscience d'image, souvenir*, *op. cit.*, p. 535

[345] *Ibid.*

pensais […] je décris l'image-de-*phantasia*, les processus-de-*phantasia*, dans une description positionnelle effective »[346].

Le passage d'une attitude à l'autre ou d'une épochè à l'autre est un événement majeur qui met en œuvre plusieurs aspects en commençant par le positionnement du Moi. Une fois le rapport du comme-si renversé, nous nous trouvons dans une nouvelle attitude, autrement dit, en mettant en suspens, nous parvenons à une nouvelle position dans laquelle la vie ainsi que penser, juger, etc. se montrent différemment C'est une nouvelle méthode que Husserl est en train d'appliquer pour d'abord montrer le fonctionnement du monde factice de l'expérience du Moi et par là le mode de fonctionnement de la conscience en relation avec un vécu fictif comme le rêve[347].

Husserl pose ensuite la question de savoir ce que peut être ce changement. Il convient de citer le passage en question et d'en proposer ensuite une analyse.

> Qu'est donc ce changement ? Maintenant je n'accomplis pas d'actes neutres en tant que moi perdu dans la *phantasia* et d'une façon générale dans le comme si. C'est dans le changement d'attitude au contraire que je pose ces quasi-accomplissements à nouveau hors-jeu. C'est-à-dire de la façon suivante : face au moi perdu à soi qui est le sujet des perceptions en *phantasia*, des jugements, des évaluations en *phantasia* etc. et le sujet de tous les objets-de-*phantasia* qui s'y constituent, j'établis un moi positionnel. Avant je n'étais pas proprement éveillé, je rêvais et étais un moi rêvant qui, comme sujet des quasi-perceptions etc., feignait parallèlement (*mitfingierte*) un moi rêvé et était « occupé » à une activité tout simplement rêvée. Maintenant je suis conscient de moi comme sujet du présent positionnel jetant un regard sur les vécus en esprit du rêver et sur les objets rêvés, ceux « phantasmés ». Maintenant je suis conscient de rêver. Mais il se peut que je ne considère ni les vécus « phantasmant » que maintenant j'ai effectivement ni, en réfléchissant, leur structure, mais les « *images en rêves* » qui sont bien sûr leurs contenus et, comme je m'en convaincs, en sont inséparables. Maintenant, les images en rêve sont pour moi des objets donnés à voir, en expérience d'une certaine manière, directement saisis des images en rêve de ma présente vie de rêveur ; elles ne sont bien sûr saisissables que si précisément, tout d'abord directement perdues à soi, dérobées au présent, je rêve et qu'ensuite comme moi de présent réfléchissant je m'élève au-dessus de moi [-même] comme ce [moi] perdu à soi. Dans la direction du regard, c'est-à-dire dans la direction « perceptive » positionnelle sur le rêve, je trouve alors les images en tant qu'objets, qu'étants effectivement : dans la réalité effective de cette catégorie d'être, des « images-de-*phantasia* »[348].

Rappelons le contexte principal qui est le conflit et le face-à-face entre deux attitudes mais aussi entre deux modes de perception. On peut résumer ce passage de la façon suivante : il existe un moi perdu à soi qui est le sujet principal dans le rêve, le sujet de tous les actes de la *phantasia* etc. On établit un moi positionnel qui a un regard sur les objets vécus en tant que phantasmés.

---

[346] *Ibid,*

[347] Au sujet d'un certain doute (*assumptions*) voir Maurita J. Harney, *Intentionality, sense and the mind*, *op. cit.,* 1984, pp. 146-147

[348] *Phantasia., ibid.,* p. 536

Les images en rêve deviennent des objets donnés au moment de la présence. Cet état coïncide avec le fait que le moi positionnel est conscient dans le rêve lorsqu'il se soulève au-dessus du moi perdu et qu'il reçoit des images en tant qu'objets, qu'il les perçoit par le regard.

On peut constater que, dans la durée du temps, le changement d'attitude est déjà une séparation de la position temporelle car le mode horizontal de la durée se convertit vers une temporalité différente de celle du moi perdu. Ainsi, à partir du temps originel, qui représente à la fois la durée et le vécu, nous pouvons désigner deux temps parallèles mais dans deux cas, deux attitudes différentes. Le recours au temps nous permet de rester dans le champ « terrestre » du monde espace-temps et empêche d'aller vers la métaphysique.

Schématiser le processus et l'altération entre deux ou plusieurs données peut être conçu de prime abord selon une conception linéaire du temps dans lequel le sens horizontal signifie par définition la représentation du temps. La raison en est, bien évidemment, que le temps se situe comme fondement de tout le mouvement ou toutes les données phénoménologiques. Le moi positionnel est une alternative face au moi se perdant dans l'oubli ou au Je rêvant qui n'a pas d'existence pour avoir conscience des choses. L'accomplissement du moi positionnel a la même fonction que celle dont Husserl traite dans *De la synthèse passive,* où il analyse la démarche pour parvenir au monde réel et éveillé. L'établissement d'un moi positionnel peut signifier la *Stiftung* (fondation ou constitution) du Moi actif[349].

Lorsqu'on parle de deuxième moi, il ne s'agit pas de deux couches mais du même, puisque à l'origine il n'y a qu'un seul moi. La question de l'intersubjectivité proprement dite est également écartée. Husserl rejette notamment cette idée de considérer le moi positionnel comme une deuxième couche d'un moi rêvant ou *vice versa.* La question est de savoir comment on peut attribuer une éventuelle relation intersubjective à deux moi positionnels, ou encore, si c'est possible, chaque fois, de mettre en relation intersubjective quand on parle de changement d'attitude vers le monde effectif[350].

Ce qui marque, entre autres, cette méthode, c'est l'idée d'une antériorité primordiale qui fait que le moi positionnel, comme produit de la conscience éveillée dans le contexte de la création de l'épochè, devient comme une compensation de ce qui a été rêvé pour de nouveau l'observer. L'accomplissement d'un moi positionnel et la mise en œuvre de l'épochè sont

---

[349] Au sujet de l'altération de ce qui s'altère et de la position de l'individu, voir Denise Souch-Dagues, *Le développement de l'intentionnalité dans la phénoménologie husserlienne*, Paris, 1993, p. 68

[350] Dans *De la synthèse passive*, Husserl qualifie le moi réveillé comme le « moi central » (*zentralen Ich*)., *op. cit.,* p. 60. Au sujet du Moi selon la *praxis* dans la phénoménologie de Husserl, voir « The transcendental dimension of « *praxis* » in Husserl's phenomenology », in *Husserl studies*, vol. 8, n° I, 1999, pp. 17-31, ici, pp. 27-28. Popper en disant qu'il faut « nous apprendre que nous avons un moi, qui dure dans le temps et continue d'exister même pendant notre sommeil et l'inconscience totale » est très proche à Husserl pour confirmer l'existence d'un Moi solide, vivant et éveillé. Le Moi qui reste observateur et acteur à la fois de ses propres vécus. *La connaissance objective*, Paris, 2006, p. 89

en rapport avec le monde objectif, comme nous le rappelle Husserl dans un autre contexte. Le monde objectif dans ce sens se rapporte à un monde ontique dans lequel le moi fait sa pure expérience. Le moi se fonde en tant que moi monadique dans un monde monadique[351].

Husserl continue son analyse pour montrer le fonctionnement de l'épochè constituée par rapport au rêver et au rêve. La double épochè correspond aux deux états qui ont chacun une temporalité différente comme on peut le voir à partir du schéma donné. Ce qui caractérise l'épochè dans le contexte du rêve et l'ambiance onirique, c'est que nous sommes menés sur un plan d'état et d'attitude réveillé. C'est-à-dire que le point de départ est le monde éveillé, même s'il s'agit du rêve et le fait d'altérer l'état du moi suspendu dans son état de conscience neutre, pour arriver à l'état actif, neutre et transcendé. Ce qui veut dire que téléologiquement l'épochè, en prenant l'attitude de la rêverie et du rêve, nous conduit vers l'attitude éveillée :

> Ici nous avons donc une double épochè, ou neutralité. 1) D'abord celle appartenant à la *phantasia* comme *phantasia*, ou à la conscience neutre en tant que neutre (éventuellement obtenue par une épochè active). Puis celle 2) appartenant au changement d'attitude par établissement d'un moi positionnel au-dessus du [moi] neutre et [en vue de] la saisie des « images », encore une épochè relative aux quasi actes que je quasi accomplis comme moi rêvant. Maintenant, il ne s'agit pas d'une abstention de positions effectives quant aux objets rêvés, ils sont déjà rêvés. Maintenant précisément je dois, non perdu à soi, rêver, quasi accomplir telles ou telles perceptions, [tels ou tels] jugements etc., me laisser être comme si ces objets étaient là, se changeaient ainsi et ainsi, mais je dois en tant que spectateur non engagé considérer et fixer ce qui s'offre à moi dans ce vivre comme si, et la façon dont il le fait. Je peux dire aussi : au-dessus du moi d'abord quasi actif qui rêve et y est complètement oublieux de soi, se tient maintenant comme spectateur, mais non engagé, le moi positionnel, le moi qui jette le regard sur le rêver lui-même[352].

L'altération et le changement nous offre une position selon laquelle le moi peut observer et visionner les images de rêves en tant qu'objets. Cependant, nous trouvons une nouvelle situation que Husserl évoque et qui met en évidence ce rapport de neutralité entre deux états. Après avoir souligné la double épochè, Husserl souligne le fait qu'il ne s'agit pas d'une « abstention de position effective quant aux objet rêvés, ils sont déjà rêvés »[353]. L'abstention dans ce propos de Husserl doit être considérée comme différente de la neutralité en tant que telle.

Autrement dit, une fois dans l'état de rêve ou de la neutralité de *phantasia*, l'individu a fait ses rêves mais des rêves qui ne sont pas des vécus *phantasmés* mais des images et leurs contenus qui sont à leur tour représentées par des

---

351 Dans ses écrits au sujet de la réduction phénoménologique, Husserl insiste encore au sujet de la subjectivité transcendantale, *Hua.,* XXXIV, *op. cit.,* p. 98. L'épochè et l'ego primordial dans le contexte de l'intersubjectivité a été longuement traité par Husserl, par exemple *Hua.,* XV, textes, N° 4, 5 etc., sur lequel nous reviendrons en parlant de ce sujet.

352 *Phantasia., ibid.*, p. 536

353 *Ibid.,* pp. 535-536

objets. En conséquence, si les objets rêvés (*geträumten Gegenstände*) sont déjà rêvés (*schon geträumte*) c'est que nous avons une conscience antérieure des images données. Les images et leurs contenus nous reviennent comme des objets dans une nouvelle épochè mais on peut insister sur le fait que nous sommes aussi dans une position de perception des images symboliques et que, quand nous nous situons dans une neutralité du moi positionnel, celui-ci voit et observe ce qui peut être de caractère symbolique.

Il convient de souligner la question de la kinesthésie du regard et de la vue. En fait, il s'agit plutôt d'une absence de kinesthésie car Husserl ne soulève pas ici la question qui concerne directement l'épochè. Ce qui nous paraît représentatif est le côté pictural ou bien la fonctionnalité des images vues. Autrement dit, l'élément kinesthésique le plus représentatif est l'œil qui regarde des images. La perception et l'aperception se situent par rapport à la sensation optique et peut-être que les autres sensations suivent, en quelque sorte, l'influence de celle-ci.

Nous trouvons un deuxième paramètre qui fonctionne de façon inter-altérante et qui se rapporte à l'idée de l'étant du Moi dans le monde éveillé et du *Dasein*. Pour cette dernière notion, il faut rappeler qu'il s'agit du *Dasein* dans le sens où Husserl l'entendait, c'est-à-dire la réception du monde par le Moi conscient, en tant que monde éveillé. C'est encore dans ce sens qu'on trouve chez Husserl le monde de la vie, c'est-à-dire l'accueil de la vie en tant que telle de façon consciente[354]. La confirmation des objets rêvés comme déjà rêvés est une étape essentielle pour accomplir le moi positionnel et l'altération. Dans ce sens, Husserl de nouveau précise la question et rappelle que le moi, non pas en tant que perdu à soi, rêve et quasi accomplit des perceptions, « mais je dois en tant que spectateur non engagé considérer et fixer ce qui s'offre à moi dans ce vivre comme si, et la façon dont il le fait »[355]. Avec le changement il n'y a plus de place pour la croyance au monde onirique et la neutralité de *phantasia* et le quasi-accomplissement des images.

Mais dans le même temps, la nouvelle position et la nouvelle neutralité ne peuvent pas être un donné déterminé étant donné la position du moi comme perdu, oublié et « inconscient ». C'est ici que surgit l'inter-altération pour réaliser et effectuer réellement le nouvel épochè, c'est-à-dire la perception du monde éveillé par le moi positionnel comme le spectateur considérant et fixant ce qui s'offre à moi dans ce vivre (*als unbeteiligter Zuschauer* [...] *in diesem Leben-als-ob*). L'altération entre deux états de l'établissement de l'épochè chez Husserl peut faire croire qu'il se soumet à une sorte d'Idéalisme, voire de métaphysique ou encore à une tendance mystique. C'est dans le contexte de l'idéalisme qu'on trouve une telle analyse par laquelle on peut toujours être intéressé et se demander si vraiment l'épochè de Husserl tente de mettre en avant une

---

[354] Au sujet du *Dasein* chez Husserl, voir O. Janssen *Das Erlebende Ich und Sein Dasein*, Berlin, Leipzig, 1932, p. 12

[355] *Phantasia*, *ibid.*, p. 537

tendance similaire[356]. Il s'agit plus précisément du rôle de l'épochè dans ce cas de figure actuel par rapport au rêve et au fait que l'individu atteint à une connaissance plus ou moins déterminée au travers de la perception des images en tant qu'objets.

En conséquence, le but dessiné dans la perspective phénoménologique implique une connaissance qui se trouve dans l'activité propre de la conscience, ce qui peut être défini comme l'activité eidétique. L'application permanente de la conscience et l'effort pour mener le Moi vers le monde éveillé ou bien accueillir le monde étant éveillé dans une conscience repose sur le terrain de la connaissance comme la donnée téléologique immanente au Moi monadique[357].

L'établissement d'un moi positionnel, comme nous l'avons vu, implique selon Husserl une épochè en offrant une nouvelle attitude qui tente de surmonter l'attitude inconsciente de l'individu. L'achèvement de l'inconscient vers la conscience est l'une des distinctions fondamentales entre le contexte d'analyse une conscience intuitive concernant la méthode phénoménologique et ce que cherche Freud concernant la méthode psychanalytique. Lorsque Husserl insiste sur l'épochè et l'établissement d'un moi positionnel, c'est là que nous parvenons au monde éveillé, au monde conscient.

C'est un monde réfléchi, c'est un Moi réfléchi et l'épochè d'un moi actif qui se donne au monde et qui se fonde dans une conscience active et qui ontologiquement se voit objectivement comme il voit les images rêvées. Par la suite, Husserl parle de l'accomplissement d'une réflexion et il continue en parlant du cas de figure de la positionnalité[358].

Malgré la mise en avant d'un moi positionnel, le passage nous montre que nous sommes encore dans une transition. Celle-ci est visible, à y regarder de près, à travers l'emploi de l'expression « d'une certaine manière » (*gewisser Weise*) par Husserl correspondant au moi perdu à soi ou à « l'inconscient » (*unbewusstes*). Le mot est entre guillemets et Husserl suggère l'état de cette transition vers l'épochè et le moi positionnel. Comme nous le verrons au sujet du manuscrit « la mort, l'inconscient. », il s'agit d'un processus dont le

---

356 Dieter Wyss creuse la question de l'interprétation et par le même biais le rôle de la phénoménologie allant même jusqu'à la mystique. Sur ce dernier point, il parle du fait que la philosophie idéaliste allemande, jusqu'à la phénoménologie, est la dernière tendance d'une psychologie descriptive et l'interprétation de l'expérience religieuse de la « psychologie de religion ». *Psychologie und Religion,* pp. 13-14

357 La phénoménologie, en tant que science de la conscience pure, se distingue de la psychologie et de l'attitude dogmatique de la connaissance comme l'explique Husserl dans un appendice. Voir *Hua.,* III/2, Beilage 10, p. 541-542. La connaissance est une conscience et signifie la pluralité de l'attitude de conscience, de perception, de souvenir, d'attente, d'acte de la pensée, etc., *ibid.*, p. 541. L'épochè de Husserl est, selon certaines lectures, la découverte de l'essence ou « phénomène pur » de la cognition, R. Cobb-Stevens *Husserl and analytic philosophy*, Dordrecht etc., 1990, p. 168 ; trad. fr., 1998, p. 202. L'épochè rend possible un saisir thématique de l'univers en tant que tel, *ibid.*, 169, tr. fr., p. 204

358 *Phantasia., ibid.,* p. 537. Selon E. Fink, l'épochè même est une réflexion, cité d'après H. Schmitz, *System der Philosophie., op., cit.,* p. 124. Parmi des études récentes, voir Sonja Rinofner-Kreidl « Selbst-Objektivation, Selbst-Erfahrung, Selbst-Bestimmung. Zur phänomenologischen Konzeption von Subjektivität », in *Traum, Geld., op. cit.,* p. 135

basculement final n'a pas encore lieu tant que le moi positionnel n'a pas été établi selon l'établissement d'une époché. C'est encore dans le contexte de cette transition que Husserl donne les éléments qui ont été perdus dans cet état de l'inconscient comme par exemple les objets (*Gegenstände*), l'état des choses (*Sachverhalte*), les généralités théoriques (*theoretischen Allgemeinheiten*) etc[359].

À partir de là, nous trouvons une deuxième situation qui est l'accomplissement d'une réflexion et l'établissement du moi positionnel. Ainsi, la réflexion vient au-dessus de l'attitude de l'inconscient comme la manifestation de la raison (*Vernunft*). Si on considère que la constitution des objets dans ce sens est une activité à l'état de veille et le signe de l'intentionnalité, alors on peut dire que « la constitution d'objets étant d'un monde étant est l'effectuation de la raison »[360]. Cet accomplissement de la Raison est fondamental dans la mesure où par la Raison on entend l'accomplissement même de la logique transcendantale universelle comme la représentation sublime du *Logos* universel, ce qu'on peut qualifier comme la concordance de l'Homme et du monde dans, à la fois, l'attitude de la rêverie et celle de l'éveil.

Le dernier passage de cette partie parle d'un enchaînement du fait que les actes de la réflexion exigent un nouveau moi positionnel et une nouvelle époché. Il s'agit d'un nouveau statut de la conscience étant donné l'entrée en jeu de l'intentionnalité et ainsi des objets intentionnels et aussi de l'enchaînement entre les actes neutres et d'une nouvelle neutralité pour les actes des objets intentionnels.

L'exemple cité par Husserl semble avoir un grand intérêt puisque c'est une des rares fois où il emploie l'objet cinématographique. Dans cet exemple, nous sommes en face de l'image ou des images en mouvement comme elles peuvent être perçues dans le rêve, un processus comme s'il était effectivement en train de se produire. À ce niveau, nous avons selon Husserl une conscience-de-neutralité ou « *phantasme* ». Il y a une deuxième étape qui est l'établissement d'un deuxième moi. Il ne fonctionne pas de façon parallèle mais de façon réflective ayant le noème et l'image[361].

---

[359] La transition et le processus de la transformation quant aux vécus mixtes peuvent être comparés avec la question des vécus positionnels sur lesquels Husserl revient de nouveau dans le même texte n° 20

[360] *Phantasia.*, *ibid.*, p. 524. Quant à la raison et à son accomplissement, Husserl estime que la raison « pure » n'est pas seulement dans tout ce qui est dans la facticité empirique mais aussi dans tout ce qui relève de la sphère de l'être hylétique-matériel. *Hua.,* XVII, *op. cit.,* p. 33. La mise en considération de la raison par Husserl dans cet écrit s'inscrit dans la démarche de l'établissement d'une logique transcendantale où Husserl tente de montrer, à travers l'unité du monde et des choses, le recouvrement universel entre la pensée et la langue. *Ibid.*, p. 28. Par ailleurs, Husserl tient la phénoménologie comme l'achèvement extrême du rationalisme comme c'est le cas pour l'empirisme. *Hua.*, XXXV, *op. cit.*, p. 288. Parmi des études qui ont porté attention à la raison et au processus phénoménologique de *Vernunft*, voir H. Drüe, *Edmund Husserl, system der Phänomenologischen Psychologie*, 1963, pp. 253-255

[361] *Ibid.*, p. 537. Le contexte dans lequel ce propos apparaît est en relation avec le monde possible et on considère que d'une part la neutralité de l'inconscient se situe dans l'attitude d'une fiction

Nous avons toujours un parallèle entre deux neutralités mais il s'agit ici de les considérer dans des images qui sont des objets intentionnels comme tels. Le premier élément qui distingue cette étape est le fond réflexif et la mise en marche de la conscience sans toutefois que Husserl cite la notion. Il ne s'agit pas du rêve mais d'images qui sont en train de passer devant le moi, seulement l'image n'est pas originale et elle demeure comme l'acte noétique. D'autre part, la non-existence des images positionne celles-ci dans une expérience quasi du comme-si[362].

Il convient de mettre l'accent sur la dernière remarque de Husserl dans ce passage, à savoir la considération du moi positionnel quant au noème et l'image. En fait, l'acte intentionnel en ce qui concerne les images perçues est originairement noématique d'autant plus que nous sommes dans un contexte réflexif. D'où la mise entre guillemets des mots noème et image puisque la donnée comme noème et comme acte intentionnel est en relation avec une donnée qui est sur la base de la conscience-de-neutralité. Autrement dit, le lien noématique peut apparaître tout en considérant que l'image, étant dans le comme-si, est effectivement en train de se produire. On peut supposer aussi qu'il s'agit ici d'un Moi factice qui vient par-dessus le Moi qui voit effectivement les images. Husserl fait allusion tacitement à une facticité qui touche le côté transcendantal du Moi. Un idéalisme perçu dans le sens transcendantal qui fait que le Moi se voit à travers un Moi factice visant le noème et qui est en train de voir des images.

5. L'altération entre le rêve et le monde : l'épochè et la volonté universelle

Alors que Husserl fait remonter à l'Antiquité grecque l'individu et le Moi dans sa scission historique, en admettant une telle « déchirure » ontologique entre le physique et le psychique, il parcourt un autre trajet pour réduire l'existence du monde de la *phantasia* au seul fait de la dépendance de ce phénomène du monde réel et apparent. Husserl ne tient pas à oublier ce monde, à l'éliminer, ce qui le met à l'opposé de Berkeley, il ne peut pas non plus le considérer comme la donnée existentielle, ce qui met la phénoménologie au rang de la psychologie descriptive. En conséquence, la seule lecture et la

sur laquelle nous avons la possibilité de viser et de penser (*ibid.*, p. 513) et d'autre part que la transition permet à l'individu de s'altérer vers le monde éveillé et conscient dont font partie les images en tant qu'objets.

362 Ce qu'on ne trouve pas dans ce passage, c'est que Husserl n'insiste pas sur la technique cinématographique pour dire qu'il s'agit des images qui sont enregistrées sur un support, qui sont projetées dans l'espace et qui sont des données moléculaires sans fondements. Dans ce sens, les images sont synthétiques en matière de projection et de composition dans la manière dont elles ont été constituées. Le seul intérêt de cette remarque consiste dans le fait que concernant le statut d'objets intentionnels on peut considérer que l'intentionnalité vise ces données comme la mémoire constitutive de la conscience en tant que données primaires de la perception des images.

seule approche pertinente reste dans une exposition phénoménologique selon laquelle la *phantasia* et le rêve doivent se donner comme la localisation intuitive de la conscience intentionnelle notamment dans la temporalité et dans le flux de conscience.

Nous allons analyser une partie du manuscrit E III 6 qui concerne la question de l'altération entre le rêve et le monde en éveil et il met à l'écart l'épochè à juste titre car il ne s'agit que d'une transition et non pas d'une inactivité comme le rêve. Au cours de cette transition il peut y avoir des ressemblances avec le rêve mais cela ne justifie pas l'application de l'épochè car la volonté comme le fondement du monde de la vie intègre cette transition et elle le met dans le rang de la vie éveillée.

L'architectonique de l'analyse phénoménologique retient l'immersion, le flux de conscience et notamment la volonté comme les éléments les plus essentiels. Le texte de Husserl s'intéresse à la problématique de l'existence (*Existenz*) et par là à la vie en tant que la totalité de la positivité de la vie. Cela montre, encore une fois, la force de la vie comme le fondement normal et perpétuel du monde dans lequel toutes les modalités de la vie se jouent, la naissance comme la mort, le sommeil et le rêve comme l'éveil. C'est le signe même par excellence de la phénoménologie de la phénoménologie où toute acte basculé et anormal va s'absorber par la volonté de vie fluente qui est universellement identique à toute particule et toute donnée du monde.

Après avoir abordé la question de l'existence et des différentes modalités dans la vie, Husserl parle de l'exemple de l'endormissement de la façon suivante :

> L'endormissement (*Einschlafende*) – c'est une totalité (*ganzer*) de la volonté-de-vivre (*Lebenswelt*) qui dort. Il ne la perd pas, il reste dans la volonté mais il ne l'active pas de nouveau dans l'agissement d'acte ni non plus dans l'intention actuelle (*Vorhaben*), ou encore dans la réflexion au sujet de possibilités pratiques, ni dans la présentification du passé-de-volonté, des anciennes actions de façon éveillée (*in der Weise des Wachendem*) où elles ont une fonction pour l'existentialité. Toute la réalité de l'endormissement est ce fonctionnement de la volonté qui, d'une certaine manière, est mise hors du jeu (*ausser Spiel*) mais pas pour commencer un autre jeu ? Comment cela se fait cette mise hors du jeu par rapport à d'autres modalités de la volonté, le travail (action existentielle) d'orienter et jouer ? C'est-à-dire se reposer et pour le repos entamer un jeu. Mais cela aussi appartient, d'une certaine manière, à l'existence : c'est-à-dire la périodicité du sérieux et de l'instinct de repos, mais aussi le sommeil reposant qui n'a plus d'activité – sans repos – est notamment l'inactivité sans repos et sûrement absolue. Aussi longtemps que nous sommes éveillés, nous pouvons faire quelque chose et qui peut être aussi seulement de voir autour ou bien de rêver, d'imaginer et nous avons encore un monde ambiant en effectivité dans la validité. Ne laissons-nous pas toutes ces choses dans le sommeil ? Ne perdons nous pas le monde en tant que validité d'être dans sa temporalité vivante, dans sa

validité de la modalité du temps actuel pour nos étant (existant) aussi la validité même en tant qu'homme dans la proximité de cette temporalité ?[363]

Husserl donne une signification *a priori* qu'on trouve dans ses manuscrits des années trente, à savoir l'identification de l'endormissement en tant que le sommeil de la volonté de vivre[364]. De plus, cette volonté de vivre est une identification de la vie éveillée même et le fait de dormir, de façon à ce qu'on abandonne cette volonté, signifie une perdition totale et la mise hors du jeu. Ce dernier aussi, à son tour, joue un rôle fondamental car Husserl en employant le mot *Spiel* fait appel à l'élément connu du jeu dans la philosophie du dix-neuvième siècle. Le jeu, chez Husserl, devient la signification authentique de l'éveil et l'activité et le fonctionnement fluent de l'existence[365].

L'interrogation de Husserl à la fin de ce passage provient du fait de la recherche d'autres modalités de la volonté. Le sommeil est le signe absolu d'inactivité et l'éveil est surchargé d'activité notamment en considérant que nous pouvons faire des rêves et des *Phantasie* en éveil. Husserl admet par la suite le fait que le rêve devient un mode de volonté mais cela n'est pas dans le contexte universel. L'aspect selon lequel le rêve comme mode de volonté est très significatif ici, du fait que Husserl, à la fois tient au monde et au moi éveillé, dans le même temps qu'il tente d'expliquer la position du sommeil et du rêve sous l'aspect de la volonté qui est l'élément vivant et éveillé le plus caractéristique :

> Mais comment rêver dans l'endormissement même dans le monde du rêve, et aussi être le monde du rêve ? Dans sa temporalité-du-rêve, temporalis-du-rêve, le présent, le passé et le futur, comment dans l'activité-du-rêve de l'acte-du-rêve, l'habitude-du-rêve ? Nous devons dire : l'activité effective de son sol pré-donné effectif est en « repos » - le repos signifie un nouveau mode de volonté, mais non

---

[363] E III 6/6b-7a « Der Einschlafende. – Sein ganzer Lebenswille schläft ein. Er gibt ihn nicht auf, er bleibt im Willen, aber er betätigt ihn nicht: weder im handelnden Tun oder auch nur <im> aktuelle Vorhaben, <im> praktische Möglichkeiten Überdenken etc. noch im Vergegenwärtigen der Willensvergangenheit, der alten Taten in der Weise des Wachenden, bei dem sie Funktion haben für die Existentialität. Wirkliches Einschlafen ist all dieses Funktionieren des Willens in gewisser Weise außer Spiel setzen, aber nicht, um ein anderes Spiel zu treiben. Wie verhält sich dieses Außer-Spiel-Setzen also zu anderen Willensmodis? <Zum Beispiel> die Arbeit (existentiale Aktion) einstellen und spielen. Nämlich sich erholen und als Erholung ein Spiel treiben. Aber auch das gehört in gewisser Weise zur Existenz: nämlich die Periodizität von Ernst und Erholung betreiben. Aber dann auch der erholsame Schlaf, der nicht mehr Aktivität, erholsame, ist, sondern erholsame Inaktivität, und zwar absolute. Solange wir noch wach sind, tun wir immer noch etwas, und sei es auch nur herumsehen oder träumen, phantasieren, und wir haben noch die umweltliche Wirklichkeit in Geltung. Lassen wir nicht alles dergleichen im Schlaf? Verlieren wir da <nicht> Welt als Seinsgeltung in ihrer lebendigen Zeitigung, <als> in ihren aktuellen Zeitmodalitäten geltende, für uns seiende, also auch die Selbstgeltung als Mensch in eben dieser Zeitigung? ».

[364] Pour connaître quelques détails au sujet de ces manuscrits, on peut se référer à un article récent, voir S. Luft, « Die Archivierung des husserlschen Nachlasses 1933-1935, in *Husserl Studies*, vol. 20, n° 1, 2004, pp. 1-23

[365] On peut dire aussi autrement du fait que la « *phantasia* est le domaine de l'absence de fin, du jeu ». *Phantasia, conscience d'image, souvenir*, *op. cit.*, p. 539. Ainsi, le monde éveillé est le domaine du jeu aussi bien dans sa réalité effective que dans sa protention virtuelle donnée téléologiquement

pas pour la vie universelle. Et il ne signifie pas seulement comme le repos-du-travail mais encore comme le repos de toute l'activité du repos. Mais ici demeure le fait que le Moi est retiré de toute affection de pré-donnée fluente permanente – le Moi dans le mode de la perdition-dans-monde (*Weltverlorenheit*), du détour complet « du » monde : il s'agit d'un mode-d'affection, d'un être hors du jeu de l'affectivité, bien qu'il ne s'agisse pas d'une épochè en tant que mode d'activité, ni d'une l'abstention-de-volonté que le monde pré-donné, toujours valable dans le fait de modifier de la manière-de-donner, de la manière-d'apparition, il est en réflexion étant hors validité et avec toute les activités correspondantes. Dans le sommeil cette validité-du-monde aussi est hors-jeu, mais il n'est pas de la volonté de l'épochè. Bien sûr, en allant au sommeil je veux dormir, mais cette volonté vise cette singularité-là, pas accomplie comme une volonté habituelle permanente continuelle de l'Epochè et laisse tout à fait différemment échapper des mains du monde pré-donné et reste dans l'engloutissement [366].

Ici, Husserl s'intéresse au Moi comme le centre de toute affection dans le flux de pré-données et dans le mode de perdition-du-monde. Mais étant hors-jeu, car il est en sommeil et il rêve, il se situe dans le monde et il est dans l'accomplissement de la modification qu'il peut avoir du monde. Husserl admet même que le Moi est en réflexion étant hors validité. Le texte est la confirmation du fait que le Moi endormi et en sommeil malgré l'état inactif et hors-jeu, est en rapport avec l'épochè universelle. L'expression très significative de volonté de l'épochè (*Wille der Epoche*) est le signe d'une application hors norme car le parcours de Husserl montre que l'attitude du Moi dans le sommeil et dans le rêve n'empêche aucunement la mise en œuvre de l'épochè en tant que méthode transcendantale[367].

---

366 E III 6/7a, « Wie aber im schlafenden Träumen, also Traumwelt haben, selbst in der Traumwelt sein? In ihrer Traumzeitlichkeit, traumzeitlichen Gegenwart, Vergangenheit, Zukunft? Wie in Traumakten, Traumhandlungen, Traumhabitualitäten etc.? Sollen wir <Folgendes> sagen? Die wirkliche Aktivität auf ihrem wirklichen Vorgegebenheitsboden « ruht » – das Ruhen bedeutet einen neuen Willensmodus, aber nicht für das universale Leben, und bedeutet ihn nicht bloß als Arbeitsruhe, sondern auch als Ruhe aller Erholungstätigkeit. Darin liegt aber: Das Ich ist aller Affektion aus der strömend ständigen Vorgegebenheit entzogen, das Ich im Modus der Weltverlorenheit, der völligen Abwendung von « der » Welt. Es handelt sich also um einen Affektionsmodus, um ein Außer-Spiel-Sein der Affektivität, obschon nicht um eine Epoché als einen Aktivitätsmodus, um einen Enthaltungswillen, der, auf die vorgegebene Welt, die im Wandel der Gegebenheitsweisen, der Erscheinungsweisen fortgeltende, reflektierend, sie außer Geltung setzt und damit alle auf sie bezüglichen Aktivitäten. Im Schlaf ist diese Weltgeltung auch außer Spiel, aber nicht aus dem Willen der Epoché. Freilich, schlafen gehend, will ich schlafen, aber dieser Wille richtet sich auf jenes eigenartige, nicht als ein ständiger und habituell fortgehender Wille der Epoché statthabende und ganz andersartige « sich die vorgegebene Welt entsinken Lassen » und « in der Entsunkenheit Verharren ».

367 Cette idée de la mise en valeur absolue de l'épochè date des années précédentes comme on peut le trouver dans les écrits de Husserl en 1922-23, *Hua.*, XXXV, *op. cit.*, p. 84. Ici, Husserl parle de *Leib* comme le point zéro constant (*ständiger Nullpunkt*). Cependant, Husserl revient, de façon encore plus nuancée, sur la question de l'épochè comme étant l'épochè universelle où le monde est livré dans la transcendance et est l'univers de l'avoir du Moi et le champ universel de l'actuel pour Moi. Encore plus frappant dans ce contexte est la position du Moi dans le monde qui dans sa disponibilité (*Vorhandenheit*) est donné comme la certitude de certitude et la conscience de conscience. Autrement dit, avec l'épochè universelle on parvient à la certitude où

On peut exprimer cette situation par le rapport interne entre le Moi et le monde, c'est-à-dire que c'est bien à l'appui du monde réel et éveillé que le Moi réfléchit et se voit dans une attitude consciente même s'il dort. Le rêveur, le dormeur, se réveille dans l'éveil du monde éveillé et l'acte noétique endormi n'est pas perdu pour autant car c'est la modalité de l'activité noétique de la modification qui a changé.

C'est le sommeil même qui, étant hors-jeu, tombe sous le coup de la volonté de l'époché. On peut dire que le Moi se met hors-jeu quand il dort et quand il se trouve dans le sommeil mais à aucun moment la chaîne temporelle ne voit d'interruption dans son universalité. Ce qui met en valeur l'époché phénoménologique repose dans cette universalité qui est constituée originairement et dans laquelle le sommeil est considéré en tant que pause[368].

C'est ainsi aussi qu'on comprend l'expérience car le Moi toujours en train de faire l'expérience dans l'attitude de l'éveil, ne cesse pas d'en faire pendant le sommeil car ce n'est pas celui-ci étant hors-jeu qui interrompt l'expérience mais c'est l'époché universelle qui la met en continuité. Mais y a-t-il une possibilité, chez Husserl, que cette époché, d'ordre universel et dans la sphère de l'universalité, n'atteigne pas la métaphysique en tant que telle ? Comment peut-on considérer le sommeil et le rêve dans un contexte de comme-si et de quasi-donné réel tout en restant au-delà de toute attribution possible par d'autres modes de comme-si et d'autres modes de quasi-donné ? Autrement dit en quoi l'époché de Husserl se distingue-t-elle d'une quasi-donnée et du fait qu'elle reste dans la sphère du monde en tant que phénomène ?

La volonté dans la vie éveillée est une volonté effective qui conduit le Moi dans sa vie mondaine, c'est une volonté de la vie. Mais de nouveau nous nous trouvons face à une rupture qui fend cette volonté et en conséquence la vie en tant que la continuité de l'éveil. Le sommeil comme pause et en tant que tel représente une diminution de la volonté mais avant de plonger dans le sommeil comme perdition et comme oubli nous parcourons un état de transition qualifié par Husserl comme l'engloutissement ou l'immersion. C'est comme si on parlait de la vision ou de l'hallucination comme d'un état dans lequel l'individu sort de la perception du réel effectif même en état d'éveil :

> Pendant l'engloutissement (*Entsunkenheit*), aucune volonté ne se trouve plus actuelle, et aucun *Aktus* ne s'accomplit. C'est la spécificité de la volonté dans le sommeil que, ainsi qu'elle est efficace, elle disparaît ou accepte le mode de l'engloutissement. Maintenant, il (l'engloutissement) est lui-même comme ma volonté humaine dans une vie mondaine, et tant que je suis dans celui-ci, je ne dors pas. Le fait de s'endormir comme l'état de transition de l'éveil en sommeil est passé par l'état de l'engloutissement ; dans l'engloutissement (*Entsunkenheit*),

celle-ci cesse à force d'apparence et le Moi dans sa transcendance se voit dans un paradoxe un double de lui. Le caractère absolu de la transparence devient l'enjeu de la phénoménologie de l'époché. *Hua., XXXIV*, *op. cit.*, texte n° 33, p. 460 *sq.*, notamment pp. 464-466

[368] C'est ici que la question de M. Geiger trouve sa réponse pertinente de savoir si la volonté étant non réfléchie devient consciente à travers le sommeil. *Fragment über den Begriff des Unbewusst.*, *op. cit.*, p. 124

je ne suis pas l'homme dans le monde, je ne suis pas pour moi-même ce je que je suis toujours autrement qui apprend, quelque part, quelque chose, fait, peut, qui se laisse aller par la chose ou laisser jouer son imagination, éveillé en rêvant. Tout cela s'immerge justement, ou s'est immergé, donc je suis moi-même pour moi-même englouti. Je ne sais rien de rien de moi - seulement de l'éveil ici et du réveil comme un état de transition d'un sens retourné, comme venu-à-moi-même (*Zu-mir-selbst-kommen*) et de la temporalité mondaine (*Weltzeitigung*) comme conciliation par ressouvenir (*Wiedererinnerungen*) avec le du-dedans mondain (*weltlichen Dazwischen*), je sais de par mon immersion et de par mon être dans les non-connaissances[369].

C'est une expérience car nous sommes, d'une certaine manière, en éveil et que l'état de transition est considéré à partir de l'état de veille. Ce qui fait la caractéristique de ce passage est le nouvel aspect de la temporalité du Moi par rapport à lui-même comme étant abstrait dans son attitude. À la fin du passage, Husserl parle de l'immersion de soi-même comme étant perdu ou en train de se perdre pour parvenir au sommeil. Cette temporalité mondaine croise le ressouvenir dans ce qui est du-dedans c'est-à-dire à l'intérieur même du Moi temporalisé par l'immersion.

La volonté cède, en quelque sorte, la place à l'engloutissement et celui-ci devient le symbole même de la volonté comme presque à l'état de veille. Le Moi immergé et englouti perd la volonté de l'éveil pour la voir comme une volonté du sommeil. C'est ainsi que le Moi en train de se perdre dans cet état de transition se situe dans une position de non-connaissance. On peut remarquer aussi que cette perdition de la connaissance est un rappel, au contraire de ce que voulait Descartes, du fait qu'on n'obtient pas la connaissance à travers le rêve et l'état du sommeil.

Si l'immersion est un état, c'est une éventualité aussi de considérer le retour vers l'éveil sans tomber dans le sommeil. Mais ici, Husserl continue notamment ses propos en considérant l'état de transition comme le véritable processus qui finit par trouver le sommeil. Le Moi devient englouti pour lui-même et la trace de l'éveil est submergée par cet état et, en conséquence, Husserl s'interroge, par la suite, s'il s'agit de la constitution du sommeil :

Mais ce serait la construction du sommeil sans rêve. Comment cependant, avec le fait de rêver ? Et s'il est sûr que tout le sommeil n'est pas en rêvant avec

---

369 E III 6/7a-b « Während der Entsunkenheit ist kein Wille zur Entsunkenheit mehr aktuell, in ihr ist kein *Actus* im Vollzug. Es ist das Eigentümliche des Willens zum Schlaf, dass, sowie er wirksam ist, er auch verschwindet oder selbst den Modus der Entsunkenheit annimmt. Er selbst setzt ja als mein menschlicher Wille im Weltleben ein, und solange ich in diesem bin, schlafe ich nicht. Das Einschlafen als Übergangszustand von Wachen in Schlaf ist das in den Stand des Entsinkens Übergehen. In der Entsunkenheit bin ich nicht Mensch in der Welt, bin ich nicht für mich Ich, das ich sonst immer bin, der irgendetwas erfährt, erlebt, tut, kann, der sich zusammennimmt oder sich gehen lässt, der bei der Sache ist oder seine Phantasie spielen lässt, wach träumend. All das versinkt eben bzw. ist versunken, also ich selbst für mich bin versunken. Ich weiß von mir nichts und überhaupt nichts. Nur vom Wachen her und vom Aufwachen als Übergangszustand eines umgekehrten Sinnes, als Zu-mir-selbst-Kommen, und aus der Weltzeitigung als Überbrückung durch Wiedererinnerungen mit dem Weltlichen dazwischen weiß ich von meiner Versunkenheit und von meinem Sein im Nichtswissen ».

les rêves complètement oubliés ? Est-il un jeu de rêve « insondable », et qu'est-ce que veut dire le manque de sol ? Cela ne veut pas dire une modification neutralisant les pré-données de l'aperception et par rapport à tout acte dans le sommeil qui est, cependant, certes, le mode de la neutralité ? Mais est-il suffisant ? Quelqu'un qui dort dans le bruit d'un chemin de fer ou dans la conversation de compagnons ou encore s'endort pendant une musique etc., entend et n'entend pas, pourtant, de nouveau, il n'a pas donné, toute la mondanité, les validités [qui] ne sont pas vivantes. Seulement il modifie ? Mais ce ne sont pas les « images » neutralisées : ce ne sont pas les images du rêve. Ou si nous devons dire : la vie positionnelle, en processus, continue dans des actes spécifiques, avec cela une nouvelle préréalité créatrice etc., c'est l'unité d'une positionnalité universelle (*universalen Positionalität*), la vie dans le rapport avec quelque chose d'une volonté continue d'être toujours dans la volonté [...]. Et c'est une unité spécifique corrélative quant à l'être humain (*Menschseins*) et la vie mondaine (*Welthabens*)[370].

Husserl continue avec une interrogation qui finit par donner l'idée d'une corrélation entre l'être humain et la vie mondaine. La difficulté majeure que Husserl rencontre ici est d'une part entre l'attitude de la rêverie, le sommeil et l'» état sans sol » comme la qualification de la position de l'individu perdu dans l'oubli et l'attitude de la neutralité caractérisée ici comme la modification. L'état d'immersion ou en l'occurrence ici l'état de sommeil et de rêve caractérise l'individu dans sa solitude absolue ou le quasi-individu séparé du monde réel. Il n'y a aucune validité de position de l'individu dans le sommeil et dans le rêve.

Mais l'interrogation porte aussi sur les modifications en considérant les pré-données de la perception. Les images dans l'attitude de neutralité dans le rêve peuvent être modifiées par l'épochè, comme Husserl l'évoque déjà dans le texte n° 20 de la *Phantasia, conscience d'image, souvenir*. Pourtant ce n'est pas le cas et Husserl suggère qu'il s'agit d'une unité positionnelle universelle ce qui veut dire de nouveau la mise en avant de la loi universelle et de l'universalité comme la sphère de l'unité transcendantale des actes de l'individu.

L'immersion devient le propos essentiel de la position du Moi et Husserl insiste sur la volonté en tant que la modification, c'est-à-dire l'analyse de l'individu dans la sphère de la vie éveillée et du monde intentionnel :

> Je laisse aller l'intention, l'intérêt au sens le plus étendu est affaibli. Avoir-le monde (*Welthabe*) (dans l'étant-éveillé continuel du monde pré-donné), est la constitution-du-monde à travers la volonté universelle dans le mode de garder ou de retentit synthétique continuel dans une élaboration sans cesse progressive, de s'occuper de l'aperception-du-monde de fluent vivant, de la perception mondiale dans l'affection ou bien avec le réveille-de-nouveau (*Wiederweckten*) de l'horizon, en gardant le passé etc. [...]. Je dis : tout est dans la modalité de la volonté, en unicité et étant centrique dans la volonté constamment positive du Moi éveillé[371].

---

[370] *Ibid.*, pp. 13-14=7b

[371] *Ibid.*, p. 14=8a

Après avoir établi la modalité de l'immersion dans l'état de transition, Husserl lance une contre modalité pour constituer le champ théorique et phénoménologique de l'unité entre le monde et l'individu. Cette constitution est basée sur l'idée d'avoir-le monde (*Welthaben*) comme le point culminant de la position du Moi. Car avoir-le monde signifie non seulement l'accomplissement de la conscience dans le monde mais il s'agit aussi d'un positionnement continuel d'avoir-conscience. On peut qualifier cette situation comme l'identification universelle et phénoménologique entre l'homme et le monde. Husserl caractérise cette position en définissant qu'avoir-le monde (*Welthabe*), dans l'étant-éveillé (*Wachheit*) continuel du monde pré-donné, est la constitution-du-monde à travers la volonté universelle dans le mode de garder synthétique continuel dans une élaboration continuellement progressive[372].
On peut constater que Husserl est ici tout à fait explicite au sujet de la constitution de l'unité du monde comme étant éveillé. Même le langage employé est caractéristique et il comprend toute l'argumentation qui met en valeur la vie et le monde de la vie au rang de la conscience éveillée et l'identification du monde comme ayant la conscience d'une manière absolue. Le jeu terminologique permet de considérer le *Welthabe* comme la représentation du monde dans la conscience de l'individu. Ce qui signifie que l'emploi de *Bewussthabe* désigne la phase finale de la vie consciente du Moi, c'est-à-dire à la fois consciente dans soi-même comme porteuse et dans le monde comme portée.

La contre modalité est tout simplement constituée à partir de l'intentionnalité comme l'attachement continuel et permanent au monde. La faisabilité de l'expérience dans le monde éveillé est définie par le fait de viser le monde. Alors que Husserl tient à cette visée même dans l'attitude du rêve et des images du rêve comme le contexte de l'opération de l'épochè, nous trouvons ici aussi cette visée comme la forme par excellence de la modalité de la perception. Dans ce texte, le fondement irrévocable est l'investissement sur la volonté comme le fil solide dans le zigzag de l'opération de la perception. La modification de la volonté est le signe de l'originalité de la volonté car celle-ci mène en soi son authenticité et l'unité subjective transcendantale.

De plus, l'aspect synthétique universel nous enseigne que la passivité du Moi est croisée par l'intentionnalité active qui est donnée originairement. La visée sur le monde est une visée originelle et enracinée dans le temps et l'espace. Dans le cas actuel, l'immersion se trouve dans l'horizon de cette visée et la valeur de l'intentionnalité se situe dans l'acte de laisser viser car l'autre bout du visé aussi est un éveil. En conséquence, l'unité du monde fait appel à l'unité de l'individu dans ses vécus et notamment dans sa volonté de se laisser aller dans

---

372 *Ibid.*, une continuité latente dans la continuité de la vie mondaine du Moi, de la continuité de la vie éveillé, voir *Hua.*, XV, *op. cit.*, Beilage XLVIII, p. 628. Dans une analyse au sujet du monde et de la vie éveillée, Husserl parle de la perception primordiale et du perçu sensuel (*sinnlich Wahrgenommene*) dans le sens de la continuité de l'apparition de chose dans son horizon sensuel qui définit mon esthétique (*meine ästhetische*) de *res extensa* différent du corps objectif de la réalité du monde (*objektive Körper des Realen der Welt*). *Hua.*, XV, texte n° 30, pp. 499-500

le monde et de parcourir les états et les positions différentes. S'il y a une unité établie dans le monde de la vie, cela montre qu'il existe une unité à l'intérieur même de la volonté, et la constitution de cette volonté signifie la constitution de l'ensemble de la chaîne originairement pré-donnée tant dans la perception du monde que dans la *phantasia*.

Dans ce qui suit aussi Husserl souligne cette unité et notamment sa fonctionnalité. C'est une fonctionnalité qui se trouve même dans l'instinct comme le lieu le plus originaire de l'individu. La vie intentionnelle peut reposer sur cet instinct qui montre à la fois l'unité du Moi (dans le corps et dans la chair) et l'unité du fonctionnement entre la passivité et l'activité :

> L'unité universelle dans la vie intentionnelle - le positionnement - est l'unité qui est fondée et est justement une position fondée, l'intention d'une « volonté-de-vie », d'un instinct, et le singulier, pour ne rien perdre du devenant-devenu propre dans la vie incessamment momentanée en flux, elle garde continuellement et crée constamment de nouveau, sous la correction rénovée, dans l'activité comme dans la passivité. Et maintenant, tout autrement devenir passif, tout en laissant, abandonné et congédié l'avoir d'avoir de l'emprise, ne se chargeant aucunement de ce qui s'est proposé par l'aperception. C'est avec ça aussi que se change l'accomplissement de l'association passive. Dans son passage de la formation de l'aperception, il n'est pas pris dans la validité et règne de la positionnalité de l'instinct et de l'activité d'une volonté sublime, la liaison ou l'enchaînement des buts, des intérêts permanents, l'un s'étend de l'intérêt unitaire qui passe par toute la vie éveillée et pour ainsi dire le monde extérieur, l'unité de ce qui est déjà constitué continuellement en unicité[373].

Dans cette unité universelle qui est active, nous avons la passivité sous la forme du rêve dont Husserl parle par la suite. Il semble qu'il y ait deux raisons pour lesquelles Husserl parle du rêve. Tout d'abord, le contexte dans lequel il analyse la volonté et ses modifications sous l'angle de l'immersion comme l'état de transition. Dans ce sens, le rêve est employé comme l'exemple de l'état sans sol et en non validité qui se définit finalement dans l'unité du monde et, en tant que le retour vers l'état normal, ce qu'on peut considérer comme la face cachée du phénomène du monde est le monde même dans sa modalité accessoire.

La deuxième raison est le fait que Husserl vise la question de la mort comme partie intégrante de la question du sommeil et du rêve dans la sphère du monde

---

373 E III 6/8a « Die universale Einheit im intentionalen Leben – dem der Positionalität – ist fundierte Einheit und ist eben fundierte Position, Intention; der eine « Lebenswille », der eine Trieb, <ist> das eine im ständig verströmenden momentanen Leben lebende Bestreben, nichts vom werdend gewordenen Eigenen zu verlieren, es ständig <zu> behalten, ständig neu <zu> schaffen, sich ständig unter Korrektur <zu> erneuern, in Aktivität und Passivität. Und nun das total andere Passiv-Werden: all das Wollen, die Habe vom Haben entlassen, aus dem Griff <lassen>, nichts von dem sich durch Apperzeption Bietenden übernehmen etc. Damit wandeln sich also die Leistungen der passiven Assoziationen. In ihrem Gang der Bildung von Apperzeptionen werden sie nicht in Geltung genommen und regiert von der Positionalität der Instinkte und der höheren Willensaktivität, der Konzeption von Zwecken, von bleibenden Interessen, motiviert vom einheitlichen Interesse, das durch das ganze wache Leben hindurchgeht und sozusagen unsere Welt, Einheit aus uns schon Einheitlichem, fortkonstituiert ».

éveillé et tente de donner, à chaque occasion, les explications propres à ce sujet. Nous ne sommes pas morts quand nous dormons car il existe en nous la volonté de vie qui se manifeste à travers notre réflexion consciente dans le sommeil qui est une période de « relâche » :

> En rêvant je supporte le jeu de l'éveil associatif et les images accomplissantes de l'imagination, ici et là cohérentes et puis anéanties, de nouveau ici et là comme si c'était moi-même comme Moi dans l'imagination de rêve du Moi-rêvant (*Traumich*) ; toujours sans sol, mais quasi-sol, quasi existant, quasi en validité et, pourtant pas en validité. Mais moi-même, qui vis le « comme si » sans aucune position réelle et effective, presque de moi-même, tous mes sentiments, l'envie et la douleur, le chagrin, le désespoir, l'angoisse avec encore, si grande [que soit] leur intensité [demeurent] seulement comme des sentiments dans [l'attitude du] comme si [...]. Ce n'est pas une époché mais un mode du passage dans l'inactivité universel qui n'a aucun laisser-de-l'emprise-de-validité de l'être, aucun laisser-échapper à la manière du sommeil et rien qui soit sans sol de la neutralité-universelle de la quasi activité, aucune quasi vie-en-éveil comme c'est le dans le rêve[374].

Le rêve est selon Husserl sans sol (*Bodenlosighkeit*) et il ne tient pas à la terre et au sol réel du monde. Il est non valide et c'est même l'exemple ultime de l'illusion mensongère et du mensonge même. Husserl s'interroge sur le fait que même tous les sentiments humains, malgré leur intensité, ne se trouvent dans le rêve que comme étant comme-si. Il est difficile de croire qu'une douleur ne puisse pas nous faire rêver et nous faire parvenir des images qui correspondent, en quelque sorte, à la douleur, comme cela peut être le cas de l'angoisse et du chagrin qui peuvent nous transmettre des images dans le rêve.

Comme dans d'autres écrits de Husserl, il s'agit ici aussi de la question ontologique de l'individu ou mieux encore de la question existentielle dans le sens où Husserl l'entend, c'est-à-dire le rapport de l'homme éveillé dans un monde ambiant rencontrant les faits qui relèvent de la position de l'engloutissement et de la temporalité sous l'angle de l'inactivité universelle. Seulement, tous ces faits sont à mesurer dans la sphère de l'affectivité et de la passivité et non pas comme les images du rêve comme telles. Car le Moi qui rêve, le rêvant ou le rêveur n'est pas un Moi actif ni, non plus un Moi effectif. C'est seulement le Moi vivant et éveillé qui peut réfléchir sur le Moi dormant et rêveur et les images du rêve.

L'immersion se perd dans la transparence du monde éveillé et s'il ne s'agit pas de l'époché c'est parce que l'état de transition n'est pas un état du rêve dans

---

374 *Ibid.*, p. 15-16=8a-8b. C'est au milieu de ce passage que Husserl, avant la fin de ce texte, pose le problème de la mort et le détachement de tout ce qui a pu être fait pour parvenir à la conclusion quant à l'époché.

« Et la mort? Se séparer du monde, ne plus avoir l'intention dans le monde comme des mourants conscients, laisser tomber toutes les tâches, tous les plans, tous les buts de la vie, s'en détacher, et pourtant ne pas dire non à toute sa vie, à tout ce qu'on a obtenu, fait, supporté et surmonté etc., les garder dans la validité, avoir le monde dans la validité, [mais] seulement ne plus vouloir dans ce monde existant, laisser la volonté, toute la volonté dirigée vers l'avenir comme à réaliser par moi (et non pas en partie par les autres qui sont chargés de la tâche de continuer de vivre à ma place). »

lequel les images du rêve peuvent devenir objectales sous l'aspect de l'épochè transcendantale. L'immersion considérée comme la modalité de transition est la seule forme de la temporalité qui ne s'applique pas à l'épochè car sa temporalité même est dans le mode de quasi n'ayant pas la validité. Cela montre qu'à cette époque Husserl a de plus en plus le penchant d'appliquer l'universalité comme la base de tout le mouvement et le fait même que le rêve représente un passage (comme c'est le cas du sommeil) dans la transparence du monde.

En conséquence, la volonté représente toujours une volonté de modification, une unité continuelle et subjective qui s'opère dans le flux de conscience du monde éveillé. L'immersion n'étant que l'état de transition, peut être qualifiée comme une modalité d'inactivité sans sol et qui est une sorte de rêve ou de rêverie en éveil[375].

Il existe différentes modalités dans la vie fluente de conscience, par exemple le sommeil sans rêve, l'engloutissement et le rêve en tant que tel. Les deux premiers représentent une sorte de vie ou de vécu dans le monde intermédiaire où le temps et la temporalité se constitue dans l'horizon de la vie éveillé constante et continuelle. Pour Husserl, sommeil sans rêve et engloutissement s'inscrivent dans une altération temporelle, un changement de données sous la forme d'un positionnement corporel allongé ou encore un état de relâche, de laisser aller, un repos qui peut paraître joindre le repos universel et l'inactivité sans que ce soit nécessairement le cas. Dans ces deux cas, l'épochè ne parvient pas de prime abord car la temporalité et le temps propre de la quasi-donnée ne sont pas détachés entièrement et complètement de la temporalité universelle et continuelle du monde éveillé. Mais le troisième cas, le rêve, occupe une place à part et d'après ce que nous avons pu constater chez Husserl, il s'agit non seulement d'une attitude différentes des deux autres modes mais aussi d'une prise d'attitude dans une temporalité où l'épochè intervient pour la mener à l'état de veille.

Notre propos s'arrête naturellement aux confins de la description donnée par Husserl mais pourtant la question reste toujours posée quant à l'application de la méthode phénoménologique de Husserl proprement dite dans d'autres domaines de la science et de l'activité technique et pratique. Le monde mathématique, géométrique et l'univers des chiffres, symboliques ou réels, descendant en deçà de la logique transcendantale part, à son tour, selon le *Logos* universel étalé dans les données du monde et dans le monde. La logique ne

[375] A la fin de cette partie, Husserl revient sur la question de la mort, le fait de mourir consciemment et le fait qu'il s'agit de la mort d'un vivant comme le mode de la vie éveillée qui parvient dans le cours de la vie des vivants. *Ibid.*, p. 16=8b. « Consciemment mourir, ne pas savoir que la mort est particulière, indirecte, symbolisée dans la présentation mondaine, constatée, ornée, vient, mais que, justement, vivant-mourir est un mode de vivre en éveil, un changement de la vie normale dans l'avenir [basé] sur la terre et le sol du passé, sur des buts de la vie, sur l'existence – mais les manières différentes de la mort ? La mort de l'enfant, du jeune homme, du vieux qui a terminé son œuvre de vie ou il a fait « suffisamment » ou il meurt dans la conscience d'une « vie manquée ». La mort soudaine par la balle logée (la balle tirée), la mort sur le lit du malade, la mort du phtisique. »

parvient pas à elle toute seule à faire les lois constituantes dans le monde mais elle vient du *Logos* qui parcourt sous les formes de pensée, de discours et de réflexion. Par le *Logos*, Husserl essaie de symboliser le monde éveillé et conscient dans lequel nous vivons, alors que par le discours nous sommes menés à traiter l'intersubjectivité et la réflexion qui met en relation la propre activité de l'individu conscient dans la réflexion universelle. Cela veut dire que tous les éléments sont, d'une certaine manière, dans une relation liée entre eux par la temporalité comme le fil conducteur et l'auto-donation de chaque donnée.

6. Le jugement

Dans le rêve, la logique est bouleversée au moment du jugement esthétique car le *Leib* de la *phantasia* ne peut pas repérer la spatialisation. Avec le jugement, Husserl souligne l'unicité du jugement thématique et par là le rapport avec le temps. Le jugement est une forme du temps, un *a priori* couvrant toute notre mondanité et notre activité onirique. La sensation donne lieu au jugement esthétique et elle fait place pour le rêve comme lieu de la *phantasia* originaire. C'est dans l'ordre de la logique et du *Logos* universel et dans le sens de la transcendantalité qu'il faut chercher le jugement chez Husserl[376]. Dans ce cas, le jugement représente l'acte actif dans le contexte de la synthèse active où l'état-des-choses est désigné comme l'attitude la plus pertinente du processus temporel des données et où la constitution de la logique transcendantale s'effectue.

Le problème quant au jugement est plus compliqué dans la mesure où le jugement relève directement de la logique comme la problématique la plus immédiate de la phénoménologie et qui est au cœur de la problématique de la théorie de la science et par là la connaissance objective chez Husserl. Par ailleurs, il faut considérer que l'ordre de la logique est définissable dans le contexte de la pensée philosophique et rationnelle, ce qui provoque une déchirure avec toutes sortes d'imaginations et d'intuitions non encore définies dans le domaine de la pensée noétique et toutefois considérées dans l'unité d'intuition.

Le jugement est dans l'unité du temps comme dans celle du monde mais le problème reste au niveau de la fonction du jugement. Comment le jugement en tant que donnée de la pensée se forme-t-il dans le rêve et dans le processus temporel du flux de conscience ? Quand nous jugeons, cela montre que nous sommes réveillés car nous sommes conscients ou la conscience peut intervenir dans le jugement, mais le jugement apparaissant dans le rêve peut-il signifier une rétention dans la conscience intentionnelle ? On peut considérer que le

---

376 Heidegger après *Être et Temps* a des analyses proches quand il parle du jugement comme la forme fondamentale de la connaissance et en tant qu'énoncé du Logos. *Grundfragen der Philosophie*, in *Gesamtausgabe*, Band 45, Frankfurt, 1994, 2e éd., p. 9.

jugement ne s'inscrit pas simplement dans la proposition de « est-ce que je rêve ou bien suis-je éveillé » mais dans la mise en œuvre de la logique à travers la langue et le fondement syntaxique dans le rêve.

Autrement dit, le jugement dans le sens de l'état-de-choses se situe aussi bien dans la langue syntaxique que dans la normalité universelle de la *praxis* humaine dans l'attitude transcendantale. C'est dans ce contexte et sous le règne de la logique, voire du *Logos* universel, que la problématique du jugement apparaît dans le champ de la phénoménologie transcendantale[377]. Le jugement comme étant issu de la logique nous est donné dans l'unité de la conscience intuitive comme dans celle de la conscience perceptive et dans l'unité transcendantale de la temporalité du flux de conscience[378].

Selon que nous soyons dans une position passive ou active le jugement aussi, à son tour, prend la forme et la position passive ou active. Ce principe phénoménologique chez Husserl implique toutes les problématiques concernant la position ou la situation corporelle voire charnelle de l'individu. D'où la recherche du jugement dans le rêve ou par rapport au rêve ou dans le processus de l'éveil. Quand on parle de l'état-des-choses nous nous trouvons dans une situation active où la conscience syntaxique tente d'aborder les données selon la perception des données telles quelles. Dans la proposition « la table verte est dans la chambre » nous lions deux énoncés dans notre jugement. Tout d'abord la couleur comme prédicat de la table dans le fait que nous voyons et nous avons fait l'expérience de la couleur qui appartient à la table. Ainsi dans le jugement de la table verte la perception de couleur est donnée comme prédicat de statut de l'objet tel que nous le trouvons devant nous ou encore dans notre souvenir ou ce que nous avons vécu comme table verte.
Ensuite vient le fait de la liaison de la table verte qui se trouve dans la chambre. Par le jugement de la couleur notre conscience est donnée à l'emplacement de la table par la relation de « est » c'est-à-dire la production ontique de l'objet dans un sens hylétique du moment où l'énoncé de la table verte a été fait. Dans ce deuxième cas nous ne jugeons pas par le « est » mais nous continuons le jugement quant à la table dans sa position perçue dans la conscience. Le « est » n'est pas un jugement proprement dit, l'être dépourvu de la prédicativité, mais la suite de ce que nous avons énoncé comme jugement dans l'état-de-table comme elle nous est apparue dans la conscience intentionnelle.

Cet exemple s'explique dans un autre processus de flux de conscience, c'est-à-dire une conscience endormie et passive mais qui garde la qualité intentionnelle du thème ou de l'individu qui perçoit l'objet dans sa passivité corporelle ou charnelle. Le cas du rêve ou du processus de l'éveil comprend une

[377] Pour certains le rêve ne relève pas de la *phantasia* et la question du clivage entre le monde du rêve et le monde de la vie est une dualité à résoudre. Voir J. Gordon, « Dream-world or life-world ? A phenomenological solution to an ancient puzzle », in *Husserl Studies*, n° 2, 1985, pp. 169-191, ici, p. 177.

[378] Au sujet d'une description de la logique et de quelques mentions du jugement, voir E. Fink, « Die Spätphilosophie Husserl in der Freiburg Zeit » dans *Edmund Husserl 1859-1959.*, La Haye, 1959, p. 103 *sq.*

telle situation où le jugement « la table verte est dans la chambre » apparaît dans l'image du rêve ou dans les souvenirs retentis dans les images de la rêverie. Dès que l'énoncé de la table verte dans la chambre est fait, c'est la conscience éveillée qui forme le jugement selon une intentionnalité noétique où l'objet perçu se donne comme la *morphè*. Ce qui détermine le jugement dans les deux cas actif et passif est dans la constitution synthétique dans le rapport entre l'individu en tant que thème conscient dans le monde, et les données. Le jugement se constitue comme l'état-de-jugement (*Urteilsverhalt*) et comme la constitution et l'accomplissement de la conscience noétique.

Le rapport entre le rêve et le jugement chez Husserl semble se situer dans la non existence et Husserl ne peut être intéressé par ce sujet pour la simple raison que l'ordre du jugement ne correspond en aucun cas au rêve et au domaine « non réel ». Cependant, il se peut qu'on trouve un lien étroit entre le jugement et le rêve, notamment lorsque Husserl examine le jugement dans le contexte de la logique et du jugement transcendantal et qu'il prend en compte la question de la *phantasia*.

Le rêve dépourvu d'un statut vivant dans le monde réel et effectif reste littéralement dans un espace-temps bouleversé, non défini, voire chaotique. C'est la *phantasia* dans le sens du rêve originaire (*Urtraumà)* qui positionne le rêve comme le champ des images perçues, et dans ce sens, le passage d'une image perceptive (souvenir par exemple) à l'autre (*phantasia*) ne change rien à son statut d'origine. Dans ce chapitre, nous allons développer une analyse au sujet du jugement et notamment de son rapport avec la *phantasia*. L'analyse du jugement par rapport à la *phantasia* est le critère le plus pertinent pour poser et analyser la question de savoir la relation qui peut exister entre le jugement et le rêve.

L'appendice 17 de *Hua.*, III/2 qui correspond aux §§ 88 et 89 présente un intérêt particulier quant à la relation entre le jugement et la *phantasia* dans le contexte noétique et noématique. L'appendice s'intitule « La mise entre parenthèses du jugement et le jugement au sujet de la mise entre parenthèses » (*Eingekammertes Urteil und Urteil über Eingeklammertes*) - et il est daté de septembre/octobre 1912[379]. Husserl précise au début de l'appendice que la parenthèse de la réduction phénoménologique permet de mettre en œuvre la modification dans la perception[380].

La parenthèse est le signe de la modification mais c'est aussi un signe pour ce qui est de la modification de l'objectité qui nous donne un nouveau jugement figurant de nouveau entre parenthèses. C'est-à-dire que nous avons un objet perçu comme cet arbre fleurissant et que nous avons un jugement de l'arbre comme tel et un nouveau jugement lorsque nous estimons l'arbre et nous mettons l'arbre fleurissant comme donnée jugée entre parenthèses. Ainsi, dans le procès de la perception et de la répétition de la perception de l'arbre, chaque nouveau jugement (le prédicat de l'arbre comme la couleur, s'il est vert ou s'il

---

379 *Hua.,* III/2, *op. cit.,* pp. 564-565

380 *Ibid.,* p. 564

est en fleur ou s'il est grand, etc.) sera mis entre parenthèses, sous le schéma de l'arbre perçu en tant que tel.

Husserl explique par la suite que par ces deux jugements il faut entendre deux approches différentes. Le premier correspond à l'objet en tant que tel alors que dans le cas du deuxième il s'agit d'une conscience perceptive phénoménologique. Dans ce sens, Husserl souligne qu'il faut distinguer entre l'arbre en tant que tel et la perception dépendant du corrélat de l'essence (*Wesenskorrelat*)[381].

Comme on le sait, dans les années qui suivirent la parution de *Recherches logiques* et *Idées directrices I*, Husserl s'efforça, face à Brentano, d'analyser la différence essentielle entre l'objet visé et l'objet en tant que tel ou encore le problème entre *Bildobjket* et *Bildsubjekt*. L'image qu'on a de l'arbre en question par rapport à l'arbre même ou encore l'image de l'arbre perçu dans la *phantasia* est différente de celle de l'arbre perçu dans la perception. Le corrélat de l'essence pose naturellement plusieurs questions comme l'intentionnalité, l'appréhension de l'image, la superposition, etc., qui sont en rapport avec le côté noétique-eidétique de la conscience. Dans l'exemple de l'arbre et du jugement porté (en vue de la mise entre parenthèses) comme par exemple les fleurs sont bleues, il se peut que la couleur jaune dans les fleurs nous ait échappé. C'est pourquoi un deuxième jugement dans la répétition de la perception de l'arbre peut intervenir pour modifier ce que nous n'avons pas pu voir. C'est le cas pour tout jugement dans la différence qui existe entre l'objet et l'objet visé.

Dans le passage suivant, Husserl dénie littéralement la nécessité d'une réduction phénoménologique quant à la *phantasia* et à l'imagination libre pour cette raison que nous n'accomplissons pas librement le *phantasme* déjà établi comme c'est le cas du Centaure[382].

L'accent mis sur le sens, celui-ci détermine la validité de jugement. Alors que Husserl dans ce passage n'a pas d'avis favorable pour ce qui est de la réduction phénoménologique, il confirme, dans le passage suivant, une certaine modification qui donne lieu au Centaure comme étant une chose dans le monde de *phantasie*[383].

Dans l'immédiat, par la modification on peut entendre le processus temporel entre la perception et la *phantasia*. Ce qui conduit à considérer le Centaure en tant que chose (*Ding*) se situant dans la durée ou le processus temporel, c'est-à-dire l'altération entre la perception qui peut s'introduire dans le champ de la *phantasia* et celle-ci qui peut parvenir à remplir le champ-de-perception, ce qui signifie, d'une certaine manière, le recouvrement de l'une sur l'autre et *vice versa*. Toutefois, ici, Husserl parle du monde propre de la *phantasie*

---

381 *Ibid.*

382 *Ibid.*

383 *Ibid.*, « une modification-de-phantasie ne peut pas toutefois être confondue avec la modification-de-parenthèse (*Klammermodifikation*) ; et le [fait de] juger « dans » la Phantasie ne serait pas confondu avec le [fait de] juger ce que décrit le corrélat de vécu-de-phantasie. Le juger dans la Phantasie est lui-même une Phantasie, alors que le vécu actuel est le phantasme-du-jugement ».

et il distingue entre ce qui relève de la modification-de-*phantasie* et la modification-de-parenthèse. Cette distinction essentielle sépare ce qui est comme jugement dans la *phantasie* et ce qui est comme vécu de la *phantasie*. Selon Husserl, le jugement dans la *phantasie* est une *phantasie* car tout ce qui relève de la *phantasie* subit le même caractère et la même qualification caractéristique. En revanche, le vécu actuel (*aktuelles Erlebnis*) fait partie de la réalité de la *phantasie*, y compris la *phantasie*-du-jugement, que Husserl, par la suite, qualifie comme l'intériorité actuelle du jugement[384].

La chose délicate dans cette analyse de Husserl est dans l'établissement d'une distinction très fine entre le domaine de la *phantasia* où le jugement se met en œuvre jusqu'à la réalité effective et la réalité de la perception en tant que telle. Ce qui est pris en compte ici par Husserl, c'est le fait que la *phantasie*-du-jugement survient dans l'état de la *phantasia* mais qu'elle peut recouvrir le jugement donné dans la parenthèse dans la répétition de la perception. Autrement dit, le jugement que l'arbre fleurit avec des fleurs vertes est mis entre parenthèses et peut être recouvert par un moment de la mise en phantasme du jugement de savoir que les fleurs peuvent aussi être de couleur jaune. Ce jugement qui survient dans celui de la perception ne peut pas s'appliquer au jugement de la perception et la seule éventualité est qu'il s'agit d'un jugement phantasmé.

L'importance de cet aspect de l'analyse de Husserl caractérise la fonction de la conscience et la conscience phénoménologique (ici l'arbre comme donnée de la perception) où le jugement révèle toujours une présence noétique et intentionnelle de la conscience. Le son de cloche qui vient au bout du sommeil implique un jugement sous la teneur de la synthèse passive. Une attitude dans l'affectivité passive ne donne pas un jugement dans l'état-de-choses de façon active mais la résonance du son le renvoie à quelque chose de réel et d'effectif.

Le jugement représente un schéma basé sur la logique et pour ainsi dire une « sémiotique phénoménologique ». Pour mieux comprendre le jugement dans le contexte de la logique, il nous faut considérer l'effort de Husserl dans ses analyses approfondies au sujet de la logique formelle et transcendantale, dans lesquelles la logique est vue comme la science principale et la constitution de l'unité et plutôt le recouvrement universel de la pensée et de la langue[385].

Cette unité nous conduit vers l'unité du monde et du Moi dans la constitution de l'unité du temps-espace. La temporalité du temps fait que le jugement aussi, à son tour, est représenté sous l'aspect de la temporalité. Dans

---

384 *Ibid.*

385 *Hua.*, XVII, *op. cit.*, p. 28, 32. L'analyse de Husserl au sujet du jugement dans le contexte de la logique transcendantale apparaît aussi dans ses leçons de 1920-21. *Hua.*, XXXI, Dordrecht, 2000. Husserl aussi parle de la question de l'être-même du jugement originaire (*Selbstsein des Urteil*) comme un être dans le mode de *Geschafenseins* qui est aussi dans la forme de la temporalité (*Form der Zeitlichkeit*), *ibid.*, p. 30. Le jugement thématique est une action thématique (*thematische Aktione*) qui relève de quelque chose actuel comme thème, *ibid.*, p. 62. Pour Kant le jugement est « la manière d'amener des connaissances données à l'unité objective de l'aperception ». *Critique de la raison pure*, *op.*, *cit.*, (B 141-142) pp. 165-166.

le même temps le jugement est le visé de la vérité et l'évidence du monde effectif relève de la vérité[386]. C'est à partir du moment où la conscience-de-*phantasia* entre en jeu et que l'appréhension perceptive trouve l'issue pour se concrétiser que nous parvenons à situer l'état-de-choses et à voir le fonctionnement des données dans le rêve.

Le caractère actuel ou actualisant du jugement est important pour notre propos lorsque nous parviendrons, de nouveau, à parler sur le jugement et le rêve dans l'exemple cité par Husserl dans *Phantasia, conscience d'image, souvenir* et l'appendice XIX du texte n° 2 où ce rapport entre la *phantasia* et le rêve est compréhensible du moment où nous comprenons la *phantasia* comme le soubassement du rêve.

C'est dans un court passage que Husserl fait allusion au jugement comme à l'élément permettant au rêve de devenir objectal :

> Soit la lecture d'un roman où le héros « phantasme », rêve, se souvient. Le récit-roman (*Roman-Erzählung*) : ce n'est pas un récit actuel, mais un tel [récit] seulement représenté. C'est une conscience d'image. Du reste, la *phantasia* n'est-elle pas ici *phantasia* dans la *phantasia* au cas où l'intuitivité [est] là (*vorhanden*) ? (mais comment si je ne conçois que symboliquement ?) Le rêve devient ici objectal, grâce au « jugement » le rêve (jugement sur soubassement de *phantasia*) est imputé au héros « phantasmé », en tant que rêveur ; mais s'il est « donné suite » au jugement, il [en] résulte la conscience intuitive du rêver du héros [...].
>
> Comment un poète nous amène-t-il à accomplir effectivement un souvenir dans une *phantasia* ? C'est bien en faisant en sorte que nous co-éprouvions intuitivement avec le héros certains processus et qu'il se les rappelle dans la suite du poème. Nous nous souvenons dès lors avec lui. Mais l'exemple exige une analyse plus approfondie[387].

Ce que Husserl nous fournit dans ce passage est fondamental car du jugement de *phantasia* et dans la *phantasia* nous parvenons finalement à une identification formelle, à savoir le jugement sur le soubassement de *phantasia* qui peut-être, à son tour, le soubassement du rêve. Comment le rêve devient-il objectal grâce au jugement et comment une relation aussi liée entre le rêve (à partir de la *phantasia*) et le jugement s'effectue-t-elle ? L'enjeu est de plus en plus compliqué étant donné les éléments engagés dans cette analyse. D'une part nous sommes dans une relation intersubjective particulière qui a une forte nuance subjective. D'autre part, le jugement est considéré dans une relation kinesthésique, même si cela ne se donne pas explicitement, dans le contexte de l'analyse de la *phantasia.*

Le jugement de la *phantasia* ou du rêve, étant comme un quasi-jugement ne peut donner en tant que tel une validité réelle et effective. Alors, la seule possibilité reste dans la mise en œuvre de la réduction phénoménologique transcendantale où l'unité temporelle se joue dans l'altération entre le rêve et

---

386 *Hua.*, XVII, *ibid.*, p. 60 *sq*. Au sujet du rapport entre l'évidence et la vérité, voir H.D. Lohmar, *Erfahrung und kategoriales Denken*, Dordrecht, 1998, p. 161 *sq*. Au sujet de la vérité comme le point de départ de la logique en tant que jugement, voir R. Painann, *Die Logik der Erscheinung*, 2005, p. 50, 161

387 *Phantasia, conscience d'image, souvenir, op. cit.*, p. 224

l'avancement vers l'éveil. Dès que le jugement se met en marche c'est la conscience explicite et intentionnelle qui se réveille et tout suspens tenu selon le coup de l'épochè se trouve dans l'éveil produit au bout du processus temporel.

Husserl dans *Expérience et jugement* est de plus en plus à la recherche de fonder une généalogie de logique et, comme il le dit, d'une analyse originaire et d'une fondation subjective de la logique formelle traditionnelle[388]. En conséquence, la part d'une étude logique quant au jugement permet d'accentuer les éléments fondateurs comme la temporalité et la perception. La partie b du texte n° 18 de *Phantasia, conscience d'image, souvenir* reprend la question du jugement qui nous intéresse pour avoir un aperçu encore plus ample dans ce contexte du rapport entre l'esthétique et la *phantasia*[389]. Pour Husserl le roman et la pièce de théâtre sont des exemples par excellence qui contiennent des « énoncés descriptifs » et les « jugements sur les personnages » etc., et qui « *ont aussi un genre de vérité objective, bien qu'ils se rapportent à des* ficta »[390].

Ce qui est souligné par Husserl ici est la mise en valeur de la réalité effective et de la perception que nous avons du monde. C'est dans cette réalité effective que la logique parvient et elle « ne privilégie pas la réalité effective donnée, elle se reporte à toute réalité effective possible, elle énonce des lois qui valent pour tout juger possible [...] »[391]. Le monde dans son unité de constitution est souligné comme le seul monde dans lequel le Moi fait les expériences. Husserl cherche à cerner l'expérience de la réalité artistique, en question ici à travers le roman et la pièce de théâtre, et la frontière qui sépare ce monde effectivement réel du monde de fiction où il n'y a pas de réponse pour ce qui est au rang du fictif[392].

Comme nous l'avons vu auparavant, si la possibilité du jugement n'est, selon Husserl, que dans une réalité effective, c'est cette même réalité qui nous permet d'apercevoir des vécus de l'autre y compris ses vécus d'imagination ou imaginaires. Ce rapport est bien visible dans l'exemple de la lecture d'un roman ou bien le fait de voir des images qui nous font face sur l'écran. Le jugement de l'auteur du roman en faisant tel ou tel acte qui se manifeste à travers des personnages ou des événements nous affecte et notre jugement à nous, parallèle à cette lecture, forme une synthèse[393].

Alors que le jugement est un fait individuel co-perçu si quelqu'un juge, cela ne veut pas dire que le jugement a été présentifié puisque dans le même temps je ne juge pas. Cela mène Husserl à considérer la question à partir du souvenir comme étant une reproduction, comme un impressivement conscient. Dans ce

---

388 *Expérience et jugement*, *op. cit.*, p. 60. Certaines lectures ont prêté attention à ce propos.

389 *Phantasia, conscience d'image, souvenir*, *op. cit*, p. 486 *sq*

390 *Ibid.*, p. 490. Le soulignement est dans le texte.

391 *Ibid.*, p. 491

392 *Ibid.*, « à la question [de savoir] ce que le centaure « *phantasmé* » mangera au matin-de-*phantasia*, avec qui il s'entretiendra ou luttera, il n'y a pas de réponse ».

393 Dans ce contexte de l'intersubjectivité du roman, de la pièce de théâtre, Husserl revient encore une fois sur la question sous l'angle de l'apparence esthétique en parlant de la fiction et du jugement. *Phantasia*, *ibid.*, p. 490 *sq*.

sens, le fait de se rappeler le jugement d'autrui est une actualisation et le signe de la réalité effective[394].

Quant à ce rapport temporel, Husserl l'explique malgré la difficulté du sujet en question. Il s'agit de l'appendice XXXVIII dans lequel il écrit : « le jugement de l'autre est son vécu au présent : c'est donc par le *medium* d'une présentification qu'un présent est posé »[395]. Le corps étranger qui est un phénomène extérieur devient psychique au moment de la réception du jugement dans mon propre corps.

Il est vrai que dans le rêve nous entendons comme nous parlons et ainsi la langue suit sa vivacité dans le domaine des quasi-données. La langue comme étant constituée dans notre vie et notre être nous revient aussi dans le rêve toujours sous le même horizon logique, même si la position et la situation demeure dans une attitude neutre. Pour Husserl, l'universalité du jugement (voire la logique et le *Logos*) produit et donne naissance à une essence purement conceptuelle car il existe une langue réellement et effectivement constituée aussi bien en tant que vécu qu'en tant qu'effective. Un monde sans concept ne peut être imaginé et pensable pour Husserl et pourtant un tel monde ne peut pas oublier, lors de son défi, la mort de la langue au moment du silence[396].

394 *Phantasia., ibid.,* p. 333

395 *Ibid.*, p. 410

396 Nous ne pensons pas que le rêve soit considéré sans la langue car le basculement de l'individu pour être dans le rêve n'exclut pas le fait qu'on entend et qu'on parle dans le rêve étant donné la vivacité de la langue. Voir M. Richir *Phénoménologie et institution symbolique*, Grenoble, 1988, p. 341 *sq*. En revanche, nous considérons que l'aporie dans laquelle l'universalité du *Logos* peut se trouver est, au moment du silence, comme non-lieu de la langue et comme expérience tragique de l'homme.

Conclusions

L'originalité de la phénoménologie de Husserl surgit notamment dans sa méthode descriptive envers le monde et les données. Ce que nous connaissons aujourd'hui sous l'aspect de la science cognitive et de la psychologie positiviste peut correspondre, en quelque sorte, à ce que Husserl avait tenté de fonder selon une méthode eidétique et dans le contexte de la conscience noétique-intentionnelle. C'est dans ce contexte que la problématique du rêve et de la *phantasia* comme quasi-donnée dans l'aspect noétique reste toujours à découvrir. Si le monde est éveillé et la conscience intentionnelle en œuvre, dans ce cas le rêve ne vient empiéter dans le monde que dans le sens de l'unité de la conscience noétique et noématique. La force de la répétition dans la perception est le sol réel et effectif de nos vécus dans la temporalité du « monde du rêve », où le Moi réfléchi se voit mais en se demandant si c'est le sol réel sur lequel je vis ou bien un souvenir voire un rêve que je viens de faire : l'idée que la vie n'est qu'un rêve veut dire que la vie est un simple éveil qui se renouvelle.

Autrement dit, même quand nous dormons, nous continuons à percevoir et à recevoir le monde seulement sous une modalité du repos, de la réceptivité passive. La temporalité perd sa pertinence effective et elle devient une quasi-temporalité dans un quasi-monde, le « monde du rêve ». Nous entrons dans une phase de la conscience implicite. Husserl, dans ses réflexions tardives, en employant à la fois l'inconscient et la conscience implicite, oscille entre deux états et deux modalités, ce qui fait que la description phénoménologique tombe sous le coup de la dualité d'une double situation. Nous sommes éveillés ou toujours en train de maintenir l'éveil, et la phénoménologie de Husserl tente de souligner cet instant dans le processus temporel comme une modalité de l'éveil et de la conscience.

La phénoménologie de la phénoménologie nous offre le registre d'une méthode, d'une science qui approfondit et décrit le vécu. Dans ce sens, elle engage une réduction phénoménologique dans la mesure où nous nous trouvons en conflit avec une région qui sort, par définition, de notre champ noétique et intentionnel. Pour ne pas tomber dans le doute et le scepticisme cartésien, Husserl est confronté à la résolution d'une situation singulière. Comment définir et décrire le quasi-réel et les data non effectifs qui font partie du monde éveillé ? La phénoménologie de la phénoménologie ne peut pas avoir recours à la métaphysique pour en faire une « méta-phénoménologie ». Il ne s'agit pas non plus d'une métaphysique de la présence ou du présent pour nous montrer le temps présent qui nous échappe mais il s'agit de fonder l'effectivité du réel selon l'ordre noétique de la conscience intentionnelle. C'est là, à notre sens, que la réduction phénoménologique intervient pour déterminer cette situation singulière. Là, nous avons le « moyen » de faire face aux *data* qui nous viennent directement dans les vécus surchargés sur notre perception intentionnelle ou dans la *phantasia,* c'est-à-dire dans l'horizon intuitif du monde.

L'étude sur les data « oniriques » chez Husserl est loin d'être décevante et nous avons l'impression que dans le domaine de la phénoménologie demeure un regard qui va à la recherche du champ « invisible ». Toutefois, l'invisible n'est invisible que dans la mesure où le visible est en train de se former. L'invisible n'existe pas car le visible est « toujours » en transfiguration. Au terme de cette étude, nous pensons être en mesure de dire que le rêve est une transfiguration du monde visible.

On peut souligner que la phénoménologie s'attache à décrire le rêve, le sommeil, l'éveil et toutes les modalités de l'individu qui va dans une position ou une attitude « anormale » sous l'aspect du vécu. Ainsi, on ne peut mélanger une démarche phénoménologique avec celle d'une analyse ou d'une démarche de la science cognitive et de la psychologique empirique. L'une des leçons que la phénoménologie de Husserl a livrée consiste dans cette indépendance théorique et analytique. La problématique phénoménologique ne peut être établie et disputée que selon une perspective phénoménologique. L'application de toute méthode psychanalytique ou cognitive, psychologique ou existentielle à la phénoménologie ne peut se faire qu'au détriment de celle-ci et ne conduit qu'à un nouvel aspect qui diffère de l'aspect proprement phénoménologique. La question est de savoir s'il existe des critères proprement dits pour qualifier ce que peut être une description phénoménologique. À notre sens, et sans pour autant croire à « l'orthodoxie phénoménologique » ou au dogmatisme courant, la phénoménologie de Husserl reste la seule référence. Peut-on fonder à partir de cette référence une description phénoménologique du rêve et de l'éveil ? Telle est la question à laquelle nous avons tenté de répondre.

Bibliographie sélective

Ouvrages d'Edmund Husserl en allemand

Cartesianische Meditationen und Pariser Vorträge ; hrsg. und eingeleitet von S. Strasser. - Den Haag: M. Nijhoff, 1950. - (Husserliana ; 1)

Ideen zu einer reinen Phänomenologie und phänomenologischen Philosophie. 1. Allgemeine Einführung in die reine Phänomenologie. 1. Halbband, Text der 1-3. Auflage. 2. Halbband, Ergänzende Texte 1912-1929 ; neu herausgegeben von Karl Schuhmann. - Neuausgabe. - Den Haag : M. Nijhoff, 1976. - 2 vol. - (Husserliana ; 3)

Ideen zu einer Phänomenologie und phänomenologischen Philosophie. Zweites Buch : Phänomenologische Untersuchungen zur Konstitution ; herausgegeben von Marly Biemel. - Dordrecht : Kluwer, c1991. - (Husserliana ; 4)

Ideen zu einen reinen Phänomenologie und phänomenologischen Philosophie. Drittes Buch : Die Phänomenologie und die Fundamente der Wissenschaften ; herausgegeben von Marly Biemel. - The Hague : Martinus Nijhoff, 1971. - (Husserliana ; bd 5)

Die Krisis der europäischen Wissenschaften und die transzendentale Phänomenologie : Eine Einleitung in die phänomenologische Philosophie ; hrsg. von Walter Biemel. - Den Haag : M. Nijhoff, 1976. - (Husserliana ; 6)

Phänomenologische Psychologie, Vorlesungen Sommersemester 1925 ; hrsg. von Walter Biemel. - Den Haag : M. Nijhoff, 1962. - (Husserliana ; 9)

Zur Phänomenologie des Inneren Zeitbewusstseins, 1893-1917 ; hrsg. von Rudolf Boehm. - 1995. - (Husserliana ; 10)

Analysen zur passiven Synthesis : Aus Vorlesungs-und Forschungsmanuskripten 1918-1926 ; hrsg. von Margot Fleischer ; Den Haag : M. Nijhoff, 1966. - (Husserliana ; 11)

Zur Phänomenologie der Intersubjektivität. 1, 1905-1920 ; hrsg. von Iso Kern. - Den Haag : Martinus Nijhoff, 1973. - (Husserliana ; 13)

Zur Phänomenologie der Intersubjektivität. 2, 1921-1928. - (Husserliana ; 14)

Zur Phänomenologie der Intersubjektivität. 3, 1929-1935. - (Husserliana ; 15)

Formale und transzendentale Logik, Versuch einer Kritik der logischen Vernunft. Mit ergänzenden Texten ; hrsg. von Paul Janssen. - Den Haag : Martinus Nijhoff, 1974. - (Husserliana ; 17)

Logische Untersuchungen. Ergänzungsband. 2. Teil : Texte für die Neufassung der VI. Untersuchung. Zur Phänomenologie des Ausdrucks und der Erkenntnis (1893-94 [bis] 1921) ; herausgegeben von Ullrich Melle. Dordrecht : Kluwer academic publ., 2005. - (Husserliana ; 20, 2)

Phantasie, Bildbewusstsein, Erinnerung : zur Phänomenologie der anschaulichen Vergegenwärtigungen : Texte aus dem Nachlass (1898-1925) ; hrsg von Eduard Marbach. - Den Haag [etc.] : M. Nijhoff, 1980. - (Husserliana ; 23)

Einleitung in die Logik und Erkenntnistheorie, Vorlesungen 1906/1907 ; hrsg. von Ullrich Melle. - Dordrecht ; Boston ; Lancaster : M. Nijhoff, 1984. - (Husserliana ; 24)

Aufsätze und Vorträge, 1922-1937 ; mit ergänzenden Texten ; hrsg. von Thomas Nenon und Hans Rainer Sepp ; am Husserl-Archiv in Freiburg i.Br. vorbereitet. - Dordrecht ; Boston ; London : Kluwer, 1989. - (Husserliana ; 27)

Die Krisis der europäischen Wissenschaften und die transzendentale Phänomenologie. Ergänzungsband : Texte aus dem Nachlass 1934-1937 ; hrsg. von Reinhold N. Smid. - Dordrecht : Kluwer academic publ., 1993. (Husserliana ; 29)

Logik und allgemeine Wissenschaftstheorie : Vorlesungen 1917/18 : mit ergänzenden Texten aus der ersten Fassung von 1910/11 ; hrsg. von Ursula Panzer ; bearb. am Husserl-Archiv der Universität zu Köln. - Dordrecht : Kluwer academic publ., 1996. - (Husserliana ; 30)

Die « Bernauer Manuskripte » über das Zeitbewusstsein (1917/18) ; hrsg. von Rudolf Bernet und Dieter Lohmar. - Dordrecht ; Boston ; London : Kluwer Academic Publishers, 2001. - (Husserliana ; 33)

Zur phänomenologischen Reduktion : Texte aus dem Nachlass : (1926-1935) ; hrsg. von Sebastian Luft. - Dordrecht ; Boston ; Londres : Kluwer academic publishers, 2002. - (Husserliana ; 34)

Transzendentaler Idealismus : Texte aus dem Nachlass (1908-21) ; hrsg. von Robin D. Rollinger ; in Verbindung mit Rochus Sowa. - Dordrecht : Kluwer, 2003. - (Husserliana ; 36)

Wahrnehmung und Aufmerksamkeit, Texte aus dem Nachlass (1893-1912) ; hrsg. von Thomas Vongehr und Regula Giuliani. - Dordrecht : Springer, 2004 (Husserliana ; 38)

Husserliana. Dokumente

SCHUHMANN Karl, *Husserl-Chronik : Denk- und Lebensweg Edmund Husserls*. - Haag : M. Nijhoff, 1977 (Husserliana. Dokumente ; 1)

SPILEERS Steven, *Edmund Husserl Bibliography*. - Dordrecht : Kluwer, 1999. - (Husserliana. Dokumente ; 4)

Briefwechsel ; hrsg. von Karl Schuhmann ; in Verbindung mit Elisabeth Schuhmann. - Dordrecht : Kluwer Academic Publishers, 1994, 10 vols.

Manuscrits

D 14, 1934

E III 6, Mai – juni 1933

C17-V.3 ; C 4, 1930

A VI 14a

Pour les détails et l'identification des manuscrits, nous renvoyons au document présenté par **Husserl-Archiv Leuven** sous le titre *Verzeichnis der Manuskripte im Nachlass von Edmund Husserl.* Ce document se trouve sur le site consacré à Husserl à l'adresse ci-dessous :

http://www.hiw.kuleuven.ac.be/hiw/eng/husserl/Identitaetsverzeichnis.pdf

Par ailleurs, le site http://www.husserlpage.com consacré à Husserl, reste la référence essentielle et fondamentale pour tout ce qui concerne Husserl et la phénoménologie en ligne.

Ouvrages d'Edmund Husserl en français

Articles sur la logique : 1890-1913 ; traduction [de l'allemand], notes, remarques et index par Jacques English. - Paris : Presses universitaires de France, 1975. - (Épiméthée)

Autour des « Méditations cartésiennes » (1929-1932) : sur l'intersubjectivité ; édité par Iso Klein ; traduction de l'allemand par Nathalie Depraz et Pol Vandervelde, revue par Marc Richir. - Grenoble [France] : J. Millon, 1998. - (Collection Krisis)

Chose et espace : leçons de 1907 ; introd., trad. et notes par J. -F. Lavigne. - Paris : Presses universitaires de France, 1989. - (Épiméthée : essais philosophiques)

La crise des sciences européennes et la phénoménologie transcendantale ; trad. de l'allemand et préf. par Gérard Granel. - Paris : Gallimard, 1995.

De la réduction phénoménologique : textes posthumes (1925-1935) ; trad. de l'allemand par Jean-François Pestureau ; révision de Marc Richir. - Grenoble : J. Millon, 2007 - (Collection Krisis)

De la synthèse passive : logique transcendantale et constitutions originaires ; trad. de l'allemand [avec une introd.] par Bruce Bégout et Jean Kessler avec la collab. de Natalie Depraz et Marc Richir. - Grenoble : J. Millon, 1998 - (Collection Krisis)

Expérience et jugement : recherches en vue d'une généalogie de la logique ; traduit de l'allemand par Denise Souche-Dagues - Paris : Presses universitaires de France, 2000. - (Epiméthée)

Idées directrices pour une phénoménologie ; trad. de l'allemand par Paul Ricœur. - Paris : Gallimard, 1991 (Collection Tel ; 94)

Idées directrices pour une phénoménologie et une philosophie phénoménologiques pures. 2 : Recherches phénoménologiques pour la constitution ; trad. de l'allemand par Éliane Escoubas. - Paris : Presses universitaires de France, 1982. - (Epiméthée)

Idées directrices pour une phénoménologie et une philosophie phénoménologique pures. Livre Troisième : La Phénoménologie et les fondements des sciences ; introduction, traduction, notes et index par Dorian Tiffeneau, (suivi de) *Postface à mes idées directrices pour une phénoménologie pure* ; trad. par Arion L. Kelkel. - Paris : Presses universitaires de France, 1993

L'idée de la phénoménologie : cinq leçons ; traduit de l'allemand par Alexandre Lowit. - Paris : Presses universitaires de France, 1970. - (Epiméthée)

Leçons pour une phénoménologie de la conscience intime du temps ; trad. de l'allemand par Henri Dussort ; préf. de Gérard Granel. - 4e éd. - Paris : Presses universitaires de France, 1994. - (Epiméthée)

Logique formelle et logique transcendantale : essai d'une critique de la raison logique ; trad. de l'allemand par Suzanne Bachelard. - 4e éd. - Paris : Presses univ. de France, 1996. - (Epiméthée)

Méditations cartésiennes : introduction à la phénoménologie ; traduit de l'allemand par Gabrielle Peiffer et Emmanuel Levinas. - Paris : J. Vrin, 1966. - (Bibliothèque des textes philosophiques)

La Philosophie comme science rigoureuse ; introduction, traduction et commentaire par Quentin Lauer. - Paris : Presses universitaires de France, 1955. - (Épiméthée)

Phantasia*, conscience d'image, souvenir : de la phénoménologie des présentifications intuitives : textes posthumes (1898-1925)* ; trad. de l'allemand par Raymond Kassis et Jean-François Pestureau ; révision de Jean-François Pestureau et Marc Richir. - Grenoble : J. Millon, 2002 - (Collection Krisis)

Psychologie phénoménologique (1925-1928) ; trad. de l'allemand par Philippe Cabestan, Natalie Depraz et Antonino Mazzú ; revue par Françoise Dastur. - Paris : Librairie philosophique J. Vrin, 2001. - (Bibliothèque des textes philosophiques,)

Recherches logiques. 2, Recherches pour la phénoménologie et la théorie de la connaissance. 1re partie. Recherches I et II ; traduit de l'allemand par Hubert Elie, avec la collaboration d'Arion L. Kelkel et René Schérer. - Paris : Presses universitaires de France, 1961

Recherches logiques. 2, Recherches pour la phénoménologie et la théorie de la connaissance. 2e partie. Recherches III, IV et V ; traduit de l'allemand par Hubert Elie, avec la collaboration de Arion L. Kelkel et René Schérer. - Paris : Presses universitaires de France, 1962

Recherches logiques. 3, Éléments d'une élucidation phénoménologique de la connaissance, Recherche VI ; trad. de l'allemand par Hubert Elie, Arion L. Kelkel et René Schérer. - Paris : Presses Universitaires de France, 1963. - (Epiméthée)

La Terre ne se meut pas ; trad. de l'allemand par D. Franck, D. Pradelle et J. - F. Lavigne. - Paris : les Ed. de Minuit, 1989. - (Philosophie)

Études secondaires

ALMEIDA Guido Antônio de. - *Sinn und Inhalt in der genetischen Phänomenologie E. Husserls.* - Den Haag : M. Nijhoff, 1972. - (Phaenomenologica ; 47)

ARISTOTE. - *Petits traités d'histoire naturelle* ; texte établi et trad. par René Mugnier. - 3e tirage. - Paris : les Belles lettres, 2002. - (Collection des Universités de France)

- *De l'âme = Peri psukès = De anima* ; trad. nouvelle et notes de J. Tricot. - Paris : J. Vrin, 1992. - (Bibliothèque des textes philosophiques)

BEARE John I. - *Greek Theories of Elementary Cognition from Alcmaeon to Aristotle.* - Oxford : Clarendon Pr, 1906.

BAUMGARTEN Alexander Gottlieb. - *Aesthetica.* - Reprod. en fac-sim. - Hildesheim ; Zürich ; New York : G. Olms, 1986. - Fac-sim. de l'éd. de Frankfurt, 1750.

BAUMGARTNER Elisabeth. - *Intentionalität : Begriffsgeschichte und Begriffsanwendung in der Psychologie.* - Würzburg : Königshausen und Neumann, 1985

BENSCH Georg. - *Vom Kunstwerk zum ästhetischen Objekt : zur Geschichte der phänomenologischen Ästhetik.* - München : W. Fink, 1994. (Phänomenologische Untersuchungen ; 3)

BERNET Rudolf. - « L'analyse husserlienne de l'imagination comme fondement du concept freudien d'inconscient » in *Alter*, N° 4, 1996

- *Conscience et existence : perspectives phénoménologiques.* - Paris : Presses universitaires de France, impr. 2004. - (Epiméthée)

BINSWANGER Ludwig. - *Introduction à l'analyse existentielle* ; traduction de l'allemand et glossaire par Jacqueline Verdeaux et Roland Kuhn ; préface de Roland Kuhn et Henri Maldiney. - Paris : Éditions de Minuit, 2000. - (Arguments ; 50)

- *Einführung in die Probleme der Allgemeinen Psychologie.* - Berlin, Verlag von Julius Springer, 1922

- *Einführung in die Probleme der allgemeinen Psychologie.* - Berlin, J. Springer ; (Leipzig, Druck von O. Brandstetter), 1922

- *Le Rêve et l'existence* ; traduit de l'allemand par Jacqueline Verdeaux. ; introduction et notes de Michel Foucault. - Paris, Desclée de Brouwer, 1955

- *Vorträge und Aufsätze* ; hrsg. u. bearb. von Max Herzog. - Heidelberg : R. Asanger, 1994. (Ausgewählte Werke ; 3)

BOSSARD Robert. - *Psychologie du rêve* ; [traduit par Léon Lamorlette]. - Traduction de : *Psychologie des Traumbewusstseins*. - Paris : Payot, 1972. – (Petite bibliothèque Payot ; 209)

BRENTANO Franz. - *Psychologie du point de vue empirique* ; trad. de Maurice de Gandillac. - Paris : Aubier, 1944. - (Philosophie de l'esprit)

- *Grundzüge der Ästhetik* ; aus dem Nachlaß hrsg. von Franziska Mayer-Hillebrand. - 2. unveränderte Aufl. [Faks.-Ausg.]. - Hamburg : F. Meiner, 1988. - (Philosophische Bibliothek ; 312)

- *Wahrheit und Evidenz, Erkenntnistheoritische Abhandlungen und Briefe* ; ausgewählt, erläutert und eingeleitet von Oskar Kraus / Franz Brentano. - Leipzig : F. Meiner, 1930, 1958. - (Der Philosophischen Bibliothek ; Band 201)

BRUZINA Ronald. - *Logos and Eidos : the concept in phenomenology*. - The Hague, Paris : Mouton, 1970

- *Edmund Husserl and Eugen Fink : beginnings and ends in phenomenology, 1928-1938*. - New Haven [Conn.] ; London : Yale University Press, 2004. - (Yale studies in hermeneutics)

CASEY Edward S. - « The Image/Sign Relation in Husserl and Freud », in *Review of Metaphysics*, vol. 30, n° 2, 1976

CHRUDZIMSKI Arkadiusz. - *Intentionalitätstheorien beim frühen Brentano*. - Dordrecht : Kluwer academic publ., 2001. - (Phaenomenologica ; 159)

CONRAD Theodor. - Definition und Forschungsgehalt der Aesthetik. Inaugural-Dissertation. - Bergzabern, Schmidt, 1909

COBB-Stevens Richard. - *Husserl and analytic philosophy*. - Dordrecht [etc.] : Kluwer academic, 1990. – Traduction française : *Husserl et la philosophie analytique* ; traduit de l'américain par Eric Paquette. - Paris : J. Vrin, 1998. - (Problèmes et controverses)

DILTHEY Wilhelm.- *Gesammelte Schrifte*, Band 21 : *Psychologie als Erfahrungswissenschaft*. - Göttingen, 1997

DODD James. - *Crisis and reflection : an essay on Husserl's Crisis of the European sciences*. – Dordrecht; Boston (Mass.); London : Kluwer Academic Publishers, 2004. - 1 vol. - (Phaenomenologica ; 174)

- *Idealism and corporeity : an essay on the problem of the body in Husserl's phenomenology*. - Dordrecht [etc.] : Kluwer Academic, 1997. - (Phaenomenologica ; 140)

DOUCET Friedrich W. - *So deuten Sie Ihre Träume richtig.* - Wien : Verlag Kremayr & Scheriau, 1978

DUCAT Philippe. – « Le sujet du rêve : présentification de la correspondance Husserl/Héring », in *Alter*, n° 5, 1997, pp. 175-190.

DUMMETT Michael Anthony Eardley. - *Les origines de la philosophie analytique* ; trad. de l'allemand par Marie-Anne Lescourret. - Paris : Gallimard, 1991. - (NRF essais). – Trad. de : *Ursprünge der analytischen Philosophie.*

EDELMAN Gerald M. - *Biologie de la conscience* ; trad. de l'anglais (États-Unis) par Ana Gerschenfeld. - Paris : O. Jacob, 2000. - (Poches Odile Jacob ; 18)

FARQUHAR Jensen, voir ASKAY Richard

FELLMANN Ferdinand. - *Phänomenologie als ästhetische Theorie.* – Freiburg : K. Alber, 1989. - (Alber-Reihe Philosophie)

FEDERN Paul. - *La Psychologie du moi et les psychoses* ; introduction d'Edoardo Weiss ; traduit de l'américain par Anne Lewis-Loubignac. – Paris : Presses universitaires de France, 1979. - (Bibliothèque de psychanalyse). - Trad de : *Ego psychology and the psychoses*

FERRARIN Alfredo. - « Husserl on the Ego and its Eidos, (Cartesian Meditation, IV) », in *Journal of the History of Philosophy*

FINK Eugen. - *Sixième méditation cartésienne. Première partie, L'idée d'une théorie transcendantale de la méthode* ; texte établi et éd. par Hans Ebeling, Jann Holl et Guy Van Kerckhoven ; trad. de l'allemand par Nathalie Depraz. – Grenoble : J. Millon, 1994. - (Collection Krisis)

- *Le statut du phénoménologique* ; E. Fink [et al.]. - Grenoble : J. Millon, 1990. - (Epokhè ; 1)

- *Sein, Wahrheit, Welt, Vor-Fragen zum Problem des Phänomen-Begriffs.* - Den Haag : M. Nijhoff, 1958. - (Phaenomenologica ; 1)

- *VI. Cartesianische Meditation : Texte aus dem Nachlass Eugen Finks (1932) mit Anmerkungen und Beilagen aus dem Nachlass Edmund Husserls (1933/34). 1, Die Idee einer transzendentalen Methodenlehre* ; herausgegeben von Hans Ebeling, Jann Holl und Guy Van Kerckhoven. - Dordrecht [etc.] : Kluwer, 1988. - (Husserliana. Dokumente ; 2/1)

- *Autres rédactions des Méditations cartésiennes : textes issus du fonds posthume d'Eugen Fink (1932) avec des annotations et des appendices issus du fonds posthume d'Edmund Husserl (1933-1934)* ; texte établi et édité par Guy Van Kerckhoven ; traduit de l'allemand par Françoise Dastur et

Anne Montavont. - Grenoble [France] : J. Millon, c1998. - (Collection Krisis). - Trad. de : *VI. Cartesianische Meditation. Teil 2. Ergänzungsband*

- *Le jeu comme symbole du monde* ; trad. de l'allemand par Hans Hildenbrand et Alex Lindenberg. - Paris : Les Éditions de Minuit, [1966]. - (Arguments ; 29)

- *Nähe und Distanz : phänomenologische Vortäge und Aufsätze.* - Freiburg, München : K. Alber, 1976

- *De la Phénoménologie* ; traduit de l'allemand par Didier Franck ; [avant-propos d'Edmund Husserl]. - Paris : Éditions de Minuit, 1994. - (Collection Arguments)

FLANAGAN Owen J. - *Dreaming souls : sleep, dreams, and the evolution of the conscious mind.* - Oxford ; New York : Oxford University Press, 2000.

FREUD Sigmund. - *Métapsychologie* ; trad. de l'allemand par Jean Laplanche et J. B. Pontalis. - Paris : Gallimard, 1986. - (Collection Folio, Essai)

- *Œuvres complètes : psychanalyse. Volume IV, 1899-1900 : [l'interprétation du rêve]* ; dir. de la publ. André Bourguignon, Pierre Cotet ; dir. scientifique Jean Laplanche ; trad. de l'allemand [par Janine Altounian, Pierre Cotet, René Lainé et al.]. - Paris : Presses universitaires de France, 2003

FREUDENTHAL Jacob. - *Ueber den Begriff des Wortes [*phantasia*] bei Aristoteles.* - Göttingen : Adalbert Rente, 1863

FROHSCHAMMER Jacob. - *Die Phantasie als Grundprincip des Weltprocesses.* - München : T. Ackermann, 1877

FUCHS Thomas. - *Leib, Raum, Person : Entwurf einer phänomenologischen Anthropologie.* - Stuttgart : Klett-Cotta, 2000

FUCHS Wolfgang Walter. - Phenomenology and the metaphysics of presence : an essay in the philosophy of Edmund Husserl, The Hague : N. Nijhoff, 1976

GARRELLI Jacques. - *Introduction au « Logos » du monde esthétique : de la « chôra » platonicienne au schématisme transcendantal et à l'expérience phénoménologique de l'être-au-monde.* - Paris : Beauchesne, 2000. - (Bibliothèque des archives de philosophie : nouvelle série ; 65)

GLOY Karen. - *Bewußtseinstheorien : zur Problematik und Problemgeschichte des Bewußtseins und Selbstbewußtseins.* - Freiburg : K. Alber, 1998. - (Alber-Reihe Philosophie).

HALLQUIST Tommy. - *Daseinanalysen : bakgrund, karaktäristik, kritik.* – Uppsala : Uppsala Universitet, 1977. - Akademisk avhandling:

Humanistiska fakulteten: Uppsala: 1977. Résumé en anglais. - Thèse Lettres. Uppsala. 1977

HAMBURGER Andreas. - « Traumnarrative – Interdisziplinäre Perspektiven einer modernen Traumtheorie » in : *Der Traum in der Psychoanalyse*, Stuttgart, 1997

HARNEY Maurita J. - *Intentionality, sense and the mind.* - The Hague : M. Nijhoff, 1984. - (Phaenomenologica ; 94)

HARTMANN Heinz. - *Éléments de psychologie psychanalytique* ; traduit de l'anglais par Denise Berger. – Paris, P.U.F., 1975. - (L'actualité psychanalytique ; Bibliothèque de l'institut de psychanalyse)

HARTMANN Nicolaï. - « Zur Lehre vom Eidos bei Platon und Aristoteles » in *Abhandlungen der Preussischen Akademie der Wissenschaften. Philosophisch-historische Klasse, n° 8.* - Berlin, Verlag der Akademie der Wissenschaften, 1941

HEIDEGGER Martin. - *Grundfragen der Philosophie : Ausgewählte « Probleme » der « Logik », [II. Abteilung : Vorlesungen 1923-1944].* - 2e éd. - Frankfurt am Main : V. Klosterman. - (Gesamtausgabe ; 45)

- *Héraclite : séminaire du semestre d'hiver 1966-1967* ; traduit de l'allemand par Jean Launay et Patrick Lévy. - Paris : Gallimard, 1973

HELD Klaus. - « Le monde natal, le monde étranger, le monde un » in : *Husserl-Ausgabe und Husserl-Forschung*, Dordrecht, 1990

HÉRING Jean. - « Quelques thèmes d'une phénoménologie du rêve » in *For Roman Ingarden, nine essays in phenomenology.* - Netherland : Martin Nijhoff, 1959

HOFFMANN Gisbert. - *Bewusstsein, Reflexion und Ich bei Husserl.* – München : K. Alber, 2001. - (Phänomenologie. Kontexte ; 11)

HOLAJTER Stephan J. - « Ego Duplications, Body Doubles, and Dreams : A Contribution to a Phenomenology of Body Image and Memory », in *Journal of Phenomenological Psychology,* 26:2 (1995)

HOLENSTEIN E. - *Phänomenologie der Assoziation : zu Struktur und Funktion eines Grundprinzips der Passiven Genesis bei E. Husserl.* - Den Haag, 1972

HOLZINGER Brigitte. - « Der Luzide Traum » in : *Traum-Expeditionen*, hrsg. Stephan Hau, Wolfgang Leuschner, 2002

HOPKINS B. C. - *Intentionality in Husserl and Heidegger : the problem of the original method and phenomenon of phenomenology*, Dordrecht ; Boston ; London ; Kluwer academic publishers, 1993, (contributions to phenomenology ; 11)

KAEHLER Klaus E., voir *Phänomenologie und Leibniz*

KANT Immanuel. - *Werke. III, Schriften zur Ästhetik und Naturphilosophie* ; hrsg. von Manfred Frank und Véronique Zanetti. - Frankfurt am Main : Deutscher Klassiker Verlag, 1996. - (Bibliothek der Philosophie) (Bibliothek deutscher Klassiker ; 135)

- *Opus postumum : passages des principes métaphysiques de la science de la nature à la physique* ; trad., présentations et notes par François Marty. - Paris : Presses universitaires de France, 1986. - (Épiméthée : Essais philosophiques)

- *Critique de la raison pure* ; éd. publ. sous la dir. de Ferdinand Alquié ; trad. de l'allemand par Alexandre J.-L. Delamarre et François Marty à partir de la trad. de Jules Barni. - Paris : Gallimard, 1990, 2004. - (Folio, Essais, 145)

KITCHER Patricia. - *Kant's transcendental psychology*. - Oxford : Oxford University Press, 1990

KOKOSZKA Valérie. - *Le devenir commun : corrélation, habitualité et typique chez Husserl*. - Hildesheim ; Zürich ; New York : Georg Olms, 2004. - (Europaea memoria : Studien und Texte zur Geschichte der europäischen Ideen. Reihe 1, Studien ; 28)

KÜHN Rolf, voir *Epochè und Reduktion*

KRIS Ernst, voir HARTMANN Heinz

KUSPIT D.B. - « Fiction and phenomenology » in *Philosophy and phenomenologica research*, vol. XXIX, 1968-1969

LEIBNIZ Gottfried Wilhelm. - *Discours de métaphysique ; suivi de Monadologie* ; préface, présentations et notes de Laurence Bouquiaux. - Paris : Gallimard, impr. 1995. - (Collection Tel ; 262)

LEVIN Kenneth. - *Freud's early psychology of the neuroses : a historical perspective*. - Pittsburg : University of Pittsburgh press, 1978.

LÉVINAS Emmanuel. - *La mort et le temps*. – Paris : LGF, 1992

- *La théorie de l'intuition dans la phénoménologie de Husserl*. – Paris : F. Alcan, 1930.

LEVY Donald. - *Freud among the philosophers : the psychoanalytic unconscious and its philosophical critics*. - New Haven (Conn.) ; London : Yale university press, 1996.

LINGIS A. - « Hyletic data » in *Analecta husserliana*, vol. II, 1972

LINSCHOTEN Jan. - « On Falling asleep », in *Phenomenologic psychology, the Dutch School*, edited by Joseph J. Kockelmans. - Dordrecht, Boston, Lancaster : M. Nijhoff publishers, 1987

LOEWENSTEIN Rudolph M., voir HARTMANN Heinz

LUFT Sebastian. - *« Phänomenologie der Phänomenologie » : Systematik und Methodologie der Phänomenologie in der Auseinandersetzung zwischen Husserl und Fink*. - Dordrecht ; Boston ; London : Kluwer Academic Publishers, 2002. - (Phaenomenologica ; 166)

- « Husserl's theory of the phenomenological reduction between life-world and cartesianism » in *Research in Phenomenology*, 34, 2004, pp. 198-234

McKENNA William. R. - « The Constitutive Effect of the Other's Awareness of Me », in *Husserl studies*, vol. 19, n° 3, pp. 193-203

MENSCH James Richard. - *Intersubjectivity and transcendental idealism.* – Albany : State university of New York press, 1988. - (SUNY series in contemporary continental philosophy)

MERLEAU-PONTY Maurice. - *Parcours, 1935-1951*. - Lagrasse : Verdier, 1997

- *La prose du monde* ; texte établi et présenté par Claude Lefort. - Paris : Gallimard, 1992 - (Collection Tel ; 218)

- *L'Œil et l'esprit* ; préf. de Claude Lefort. - Paris : Gallimard, 1985. - (Folio. Essais, 13)

MILLER Izchak. - *Husserl, perception and temporal awareness.* - Cambridge, Mass. : MIT press, 1984

MOHANTY J.N. - « The development of Husserl thought », in *The Cambridge companion to Husserl*, Cambridge, 1995

MONTAVONT Anne. - « La question de la pulsion chez Husserl » voir *Études de philosophie ancienne et de phénoménologie*

MURPHY R. T., *Hume and Husserl : towards radical subjectivism*, The Hague; Boston ; London : M. Nijhoff, 1980

MURALT André de. - L'Idée de la phénoménologie, l'exemplarisme husserlien. - Paris, Presses universitaires de France, 1958

MURATORI Lodovico Antonio. - *Della Forza della fantasia umana, trattato.* - Venezia : G. Pasquali, 1745

NANCY Jean-Luc. - *Tombe de sommeil.* - Paris : Galilée, 2007

ODERMATT-EDELMANN Elisabeth-Stefanie. - *Leiblichkeit und Endlichkeit : die Auseinandersetzung mit der Realität der Existenz in Krankheit, Traum und Märchen.* - Diss. Zürich, 1985

PACHET Pierre. - « Le miroir du rêve selon Aristote », in *Histoire et structure : à la mémoire de Victor Goldschmidt* ; études réunies par Jacques Brunschwig, Claude Imbert et Alain Roger. - Paris : Vrin, 1985

PATOCKA Jan. - « Die natürlich Welt als philosophische Problem, Phänomenologische, Schriften I » in : *Ausgewählte Schriften.* - Stuttgart : Klett-Cotta, 1990

PIETERSMA Henry. - « Husserl's concept of existence » in : *Synthese*, 66/2, 1986

PONTALIS Jean-Bertrand. - *Entre le rêve et la douleur.* - Paris : Gallimard, 1983. - (Collection Tel ; 81)

- *Après Freud.* - Nouvelle édition revue et augmentée. - Paris : Gallimard, 1968. - (Les Essais. 138)

POPPER Karl R. - *La connaissance objective : une approche évolutionniste* ; trad. intégrale de l'anglais et préf. par Jean-Jacques Rosat. - Paris : Flammarion, 1998. - (Champs ; 405)

PRADELLE Dominique. - *L'archéologie du monde : constitution de l'espace, idéalisme et intuitionnisme chez Husserl.* - Dordrecht ; Boston ; London : Kluwer academic publishers, 2000. -(Phaenomenologica ; 157)

RABANQUE L. R. - « Hyle, genesis and noema », in *Husserl studies*, vol., 19, n° 3, 2003

REEDER Harry P. - « Husserl's phenomenology and contemporary science » voir *Husserl in contemporary context*

REICHER Maria E. - *Zur Metaphysik der Kunst : eine logisch-otologische Untersuchung des Werkbegriffs.* - 1. Aufl. - Graz : dbv-Verlag für die Technische Universität Graz, 1998. - (Dissertationen der Karl-Franzens-Universität Graz ; 111)

RICHIR Marc. - *Phénoménologie et institution symbolique : phénomènes, temps et êtres II.* - Paris : J. Millon, c1988. - (Collection Krisis)

- *La crise du sens et la phénoménologie* ; autour de la « Krisis » de Husserl ; (suivi de) Commentaire de « L'origine de la géométrie », Grenoble : J. Millon, 1990 (Collection Krisis)
- « Phénoménologie et psychiatrie : d'une division interne à la *Stimmung* », in *Études phénoménologiques*, Tome VIII, n° 15, 1992

- « Commentaire de Phénoménologie de la conscience esthétique » in : *Revue d'esthétique*, n° 36, Paris, 1999

- « Monadologie transcendantale et temporalisation » in *Husserl-Ausgabe und Husserl-Forschung.* - Dordrecht, Boston, London, Kluwer Academic Publishers, 1990. - (Phaenomenologica, 115)

- « Intentionnalité et intersubjectivité : commentaire de Husserliana XV, pp. 549-556 », voir *L'intentionnalité en question*

- *A l'école de la phénoménologie.* - Paris : J. Vrin, (1986), 1993. - (Bibliothèque d'histoire de la philosophie)

ROMBACH (Heinrich) « Das Phänomen Phänomen » in *Phänomenologische Forschungen*, 9. - Neuere Entwicklungen des Phänomenbegriffs : Beiträge von Heinrich Rombach, Gerhard Funke, Eberhard Avé-Lallemant, Otto Pöggeler [et. al.] ; [Redaktion Ernst Wolfgang Orth]. - Freiburg, 1980.

- *Phänomenologie des gegenwärtigen Bewusstseins.* - Freiburg/München : Karl Albert, 1980

RÖMPP Georg. - *Husserl's Phänomenologie der Intersubjektivität : und ihre Bedeutung für eine Theorie intersubjektiver Objektivität und die Konzeption einer phänomenologischen Philosophie.* - Dordrecht ; Boston [etc.] : Kluwer Academic Publishers, 1992. - (Phaenomenologica ; 123)

SAMI-ALI Mahmoud. - *Le rêve et l'affect : une théorie du somatique.* - Paris : Dunod, 1997. - (Psychismes)

SCANLON J. - « Husserl's *Ideas* and the Natural Concept of the World » in : *Edmund Husserl and the Phenomenological Tradition : essays in Phenomenology* ; R. Sokolowski, éd. - Washington, 1988

SCHMITZ Hermann. - *System der philosophie, Erster Band, die Gegenwart.* - Bonn, 1964

SEEBOHN Th. M. - « Individual, identity, names : phenomenological considerations », in : *Husserl in contemporary context : prospects and projects for phenomenology*, Dordrecht, 1997

SHIAU Yuh An. - *Wachen und Schlaf in der Phänomenologie Edmund Husserls.* - Wuppertal, Univ., Diss., 2004. - (Document électronique)

SOKOLOWSKI Robert. - *The formation of Husserl's concept of constitution.* - The Hague : M. Nijhoff, 1964. - (Phaenomenologica, 18)

SOLMS Mark. - « Traumdeutung » und « Neurowissenschaften » in : *Hundert Jahre « Traumdeutung » von Sigmund Freud : drei essays.* - Frankfurt am Main, S. Fischer, 1999

SOMMER Manfred. - *Lebenswelt und Zeitbewusstsein.* - Frankfurt am Main : Suhrkamp, 1990. - (Suhrkamp Taschenbuch Wissenschaft ; 851)

SOUCHE-DAGUES Denise. - *Le développement de l'intentionnalité dans la phénoménologie husserlienne.* - 2e éd. - Paris : J. Vrin, 1993. - (Bibliothèque d'histoire de la philosophie)

SPINOZA. – Œuvres complètes ; texte traduit, présenté et annoté par Roland Caillois, Madeleine Francès et Robert Misrahi ; Paris : Gallimard 1997 ; (Bibliothèque de la Pléiade ; 108)

STAUDIGL Michael, voir *Epochè und Reduktion*

STEINHOFF Martin. - *Zeitbewusstsein und Selbsterfahrung : Studien zum Verhältnis von Subjektivität und Zeitlichkeit im vorkantischen Empirismus und in den Transzendentalphilosophien Kants und Husserls.* - Würzburg : Königshausen und Neumann, 1983. - 2 vol. - (Epistemata. Reihe Philosophie ; 14)

THINES Georges.- « Erwin Strauss et la phénoménologie dans *Vom sinn der sinne* », dans *Figures de la subjectivité.* - Paris, 1992

VOLKELT Johannes.- *Die Traum-Phantasie*, Stuttgart : Meyer & Zeller, 1875

WELTON Donn. - « Husserl's Genetic Phenomenology of Perception », in *Research in Phenomenology*, vol. 12, 1982

- *The new Husserl : a critical reader* ; edited by Donn Welton. - Bloomington : Indiana University press, 2003. - (Studies in continental thought)

WHYTE Lancelot Law. - *The unconscious before Freud* ; with a foreword by Edith Sitwell. – London : Tavistock publ, 1962

WINDELBAND Wilhelm. - *Platon.* - Stuttgart : E. Hauff, 1900. – (Frommanns Klassiker der Philosophie, hrsg. von Richard Falckenberg ; 9)

ZAHAVI Dan. - *Husserl's phenomenology.* - Stanford (Calif.) : Stanford university press, 2003. - (Cultural memory in the present)

ZIEGENFUSS Werner. - *Die phänomenologische Ästhetik nach Grundsätzen und bisherigen Ergebnissen kritisch dargestellt, Inaugural-Dissertation.* - Borna-Leipzig : R. Noske, 1927

Ouvrages collectifs

Aristotle on mind and the senses : proceedings of the 7th Symposium aristotelicum, [Cambridge, from 27 August to 5 September 1975] ; edited by G.E.R. Llyod and G.E.L. Owen. - Cambridge ; New York ; Melbourne : Cambridge university press, 1978. - (Cambridge classical studies). - Textes en français et en anglais.

Edmund Husserl and the phenomenological tradition : essays in phenomenology ; ed. by Robert Sokolowski. - Washington, D.C. : Catholic university of America press, 1988. - (Studies in philosophy and the history of philosophy ; 18)

Edmund Husserl und die phänomenologische Bewegung ; hrsg. von Hans Reiner Sepp. - Freiburg : K. Alber, 1988.

Epoché und Reduktion, Formern und Praxis der Reduktion in der Phänomenologie ; herausgegeben von Rolf Kühn und Michael Staudigl. - Wiesbaden : Königshausen & Neumann, 2003

Études de psychologie et de philosophie scientifique. - R. de Sinéty, J. Segond, J. Klein, R. Marchal, J. Pérez del Pulgar. - Paris : G. Beauchesne, 1925. - N° spécial de la revue Archives de philosophie, Vol. 3, Cahier 1

Figures de la subjectivité : approches phénoménologiques et psychiatriques ; études réunis par Jean-François Courtine ; Paris : Centre national de la recherche scientifique, 1992

Husserl ; collectif sous la dir. d'Éliane Escoubas et Marc Richir ; contributions de R. Bernet, F. Dastur, K. Held, M. Richir, [et al.]. - Grenoble : J. Millon, 1989. - (Collection Krisis)

L'intentionnalité en question : entre phénoménologie et recherches cognitives ; textes réunis et présentés par Dominique Janicaud. - Paris : J. Vrin, 1995. - (Problèmes et controverses). - Texte des communications présentées au colloque international organisé à Nice par le Centre de recherches d'histoire des idées, 11-13 juin 1992

Lexikon der Ästhetik, herausgegeben von Wolfhart Henckmann und Konrad Lotter, München : C.H. Beck, 1992

Le rêve lucide : le pouvoir de l'éveil et de la conscience dans vos rêves ; Stephen LaBerge ; trad. de l'américain sous la dir. de Roger Ripert. - Île Saint-Denis : Ed. Oniros, 1991. - (Collection Rêvéveil)

Traum, Logik, Geld : Freud, Husserl und Simmel zum Denken der oderne ; Ulrike Kadi [Hrsg.] Erschienen: Tübingen : Ed. Diskord, 2001

Veille, sommeil, rêve. – Fontenay aux Roses : Alter, 1997. – *Alter* N° 5

Périodiques

Alter, revue de phénoménologie ; publié avec le concours du Centre national du livre et du centre de publications de l'ENS Fontenay-Saint-Cloud, 1993

Analecta Husserliana, the yearbook of Phenomenological Research ; editor-in-Chief Anna-Teresa Tymieniecka. – Dordrecht ; Boston ; London : Kluwer Academic, 1971 et *sq.*

Annales de phénoménologie ; [dir. publ. Marc Richir]. - Beauvais : Association pour la promotion de la phénoménologie ; Paris : Annales de phénoménologie, 2002-

Brentano Studien, Internationales Jahrbuch der Franz Brentano Forschung. - Dettelbach : Josef H. Röll, 1989 et *sq.*

Journal of the British Society for Phenomenology. - Manchester : Haigh & Hochland, 1970-

Journal of the history of philosophy. - Berkeley, Calif. ; Los Angeles, Calif. : University of California Press, 1963-

Journal of Phenomenological Psychology. - Leiden : Brill Academic Publishers, 1970-

Husserl Studies. - Dordrecht, Boston, Lancaster : Martin Nijhoff Publishers, 1985-

Phänomenologische Forschungen. - Freiburg, München : Karl Alber, 1975-

Recherches husserliennes. - Saint Louis : Centre de recherche phénoménologique des Facultés universitaires, 1994-

Research in Phenomenology. - Brill, Leiden : Koninklijke, 1971-

Review of Metaphysics. - Washington : Philosophy Education Society. - 1947-

Philosophie aux éditions L'Harmattan

Dernières parutions

SOI (LE), LE TEMPS ET L'AUTRE
Autour de Husserl, Maine de Biran et Ricoeur
Coutard Jean-Pierre
La temporalité est ce flux de conscience qui «modifie» tout donné dans un projet signifiant paramétré par une mémoire. Par cette modification tout individu vivant ou «monade» met en oeuvre à sa mesure l'ingénierie du Désir, mais seul l'homme peut s'engager à être un soi selon une résolution convaincue. C'est l'expérience intime de sa «chair» qui l'ancre dans la durée de cet effort vers une puissance d'agir optimale.
(Coll. Commentaires philosophiques, 24.00 euros, 232 p.)
ISBN : 978-2-296-99836-0, ISBN EBOOK : 978-2-296-53068-3

PROBLÈME (LE) DU MAL DANS UNE MÉTAPHYSIQUE DE L'ALCHIMIE
Une filiation insolite entre Luther, Böhme et Schelling
Guerrier Eric Kaija
D'emblée, une filiation entre Jacob Böhme et Friedrich Wilhelm Joseph von Schelling : celle-ci éclaire les sources mythiques et alchimiques du romantisme allemand. Une seconde filiation : l'hérédité intellectuelle et spirituelle entre le réformateur Martin Luther et Böhme. Böhme et Schelling sont incompréhensibles sans Luther. On part de l'idée de la mort de Dieu, pour aboutir à la co-responsabilité de l'homme et de Dieu quant au Mal.
(20.00 euros, 208 p.)
ISBN : 978-2-343-00313-9, ISBN EBOOK : 978-2-296-53241-0

MÉANDRES (LES) DE LA RAISON IMPURE
Steiwer Jacques
La philosophie s'en réfère à un archétype qu'elle invoque pour calibrer les choses : la Raison ou le Logos. Mais Marx, Nietzsche, Freud et d'autres ont commencé à relativiser ce qu'une Raison apparemment immuable semblait peser à l'étalon de sa mesure. L'auteur montre combien peu de raison entre dans la constitution de notre monde quotidien, combien la convention et le langage lui imposent leurs hiéroglyphes, leurs rites et leurs systèmes.
(Coll. Ouverture Philosophique, 17.00 euros, 174 p.)
ISBN : 978-2-343-00177-7, ISBN EBOOK : 978-2-296-53065-2

PHILOSOPHIE (LA) AFRICAINE, HIER ET AUJOURD'HUI
Coordonné par Mbonda Ernest-Marie
Plus de 50 ans après la naissance du débat sur la philosophie africaine, quel bilan est-il possible de faire aujourd'hui de cette philosophie ? La philosophie africaine a-t-elle réussi à s'émanciper des querelles relatives à son existence et à son statut épistémologique ? Cet ouvrage apporte quelques réponses à ces questions. (Textes de Fabien Eboussi Boulaga, Lomomba Emongo, Meinrad Hebga, Hubert Mono Ndjana, Ebénézer Njoh Mouelle et Marcien Towa).
(Coll. Pensée Africaine, 20.00 euros, 198 p.)
ISBN : 978-2-336-00939-1, ISBN EBOOK : 978-2-296-53074-4

ERREUR, FAUTE, PÉCHÉ (Volume 1)
Le concept de faute dans les textes littéraires, philosophiques et théologiques de 1453 à 1715
Sous la direction de Christian Jérémie et Marie-Joëlle Louison-Lassablière
Mea culpa, mea culpa, mea maxima culpa : phraséologie liturgique ou expression d'un sentiment de culpabilité ? La faute est inscrite dans le parcours de l'homme et soulève maintes questions

sur sa responsabilité, son rapport au monde, sa subordination à Dieu ou à Satan. Ce premier tome analyse l'erreur technique en montrant comment l'établissement de la norme incline à sa transgression et suscite un débat moral qui aboutit à une définition plurielle de la faute.
(Coll. Ouverture Philosophique, 25.00 euros, 256 p.)
ISBN : 978-2-343-00387-0, ISBN EBOOK : 978-2-296-53119-2

ERREUR, FAUTE, PÉCHÉ (Volume 2)
Le concept de faute dans les textes littéraires, philosophiques et théologiques de 1453 à 1715
Sous la direction de Christian Jérémie et Marie-Joëlle Louison-Lassablière
Ce second tome étudie l'exploitation de la faute : tour à tour exemple ou contre-exemple, arme de polémique ou facteur de rédemption, elle devient, sous la dénomination de péché, l'un des enjeux de la dissension religieuse.
(Coll. Ouverture Philosophique, 23.50 euros, 242 p.)
ISBN : 978-2-336-29110-9, ISBN EBOOK : 978-2-296-53120-8

PHÉNOMÉNOLOGIE DE L'INDIVIDUALITÉ
Gagnon Rémy
L'individualité est un thème largement exploité par les sciences sociales et la psychologie, mais, sans doute, trop peu par la philosophie. Que peut nous révéler la phénoménologie au sujet de cette notion centrale pour les sociétés occidentales développées ? C'est ce que ce livre propose d'explorer.
(Coll. Ouverture Philosophique, 24.50 euros, 246 p.)
ISBN : 978-2-343-00298-9, ISBN EBOOK : 978-2-296-53122-2

DÉSIR-TEMPS (LE)
Essai sur le temps suspendu
Giraud Thierry
Le temps suspendu comme moment heureux est à juste titre considéré comme extrêmement précieux. Mais on peut se demander : par quoi donc peut-il bien être suspendu ? L'hypothèse que l'auteur examine consiste dans l'idée que le temps est suspendu par le désir s'assouvissant. Ou que le temps suspendu n'est rien d'autre que du désir-temps : ni désir de temps, ni temps du désir ; il relève de leur unité profonde. Il s'agira d'élucider cette hypothèse notamment avec Rousseau, les épicuriens et les stoïciens.
(Coll. Ouverture Philosophique, 13.50 euros, 118 p.)
ISBN : 978-2-343-00121-0, ISBN EBOOK : 978-2-296-53229-8

ÉTUDES SUR LE XVIIIE SIÈCLE
Montesquieu et Rousseau ou les conditions de la liberté
Ghorbel Hichem
Le problème fondamental des philosophes des Lumières est d'assurer la liberté des citoyens. Si concrète qu'elle soit, la liberté prônée par Montesquieu et Rousseau demeure limitée et régionale. Elle rencontre des obstacles d'ordre naturel et culturel qui empêchent son effectuation mondiale et bloque son extension universelle.
(Coll. Commentaires philosophiques, 27.00 euros, 258 p.)
ISBN : 978-2-336-29158-1, ISBN EBOOK : 978-2-296-51625-0

FEMMES, FÊTES ET PHILOSOPHIE EN GRÈCE ANCIENNE
Acker Clara
Ce livre est centré sur les rapports entre religion et philosophie en Grèce antique. Il s'agit en particulier de dégager les fondements philosophiques du rituel féminin des bacchantes et de montrer comment celui-ci trouve un écho dans la vie quotidienne des Grecs, théâtre compris, et un prolongement dans les doctrines philosophiques, notamment dans les textes des philosophies pythagoriciennes, dans le platonisme, par la voix de Diotime, et dans le stoïcisme.
(18.00 euros, 184 p.)
ISBN : 978-2-336-00608-6, ISBN EBOOK : 978-2-296-53035-5

POUR UNE ANTHROPOLOGIE LOGIQUE DU DISCOURS POSTCOLONIAL
Du point de vue de la littérature antillaise
Alaric Alexandre
Interroger le discours postcolonial du point de vue de l'anthropologie logique, revient à considérer ce que toutes les autres anthropologies de la littérature antillaise laissent dans l'ombre. Cet essai est une tentative d'ouverture vers le nouvel enseignement de la représentation discursive que ces discours délivrent. À cet effet, il réexamine les usages des traces et des fragments des grandes approches linguistiques et logiques.
(Coll. Ouverture Philosophique, 26.00 euros, 250 p.)
ISBN : 978-2-336-00706-9, ISBN EBOOK : 978-2-296-51684-7

MÉTAPHYSIQUE POUR UN NOUVEL EXISTENTIALISME
Nerrière Aristide
L'espace de la métaphysique, depuis Kant, demande à être reconquis. Après Schopenhauer et Nietzsche, on sait combien la notion de transcendance est redevenue une priorité. Comment par exemple cautionner la doctrine sartrienne selon laquelle l'existence doit précéder l'essence ? L'heure est donc arrivée d'éclairer et de conforter quelque peu notre époque en proie à une certaine déshérence. En somme, une nouvelle métaphysique, susceptible de générer un existentialisme ou un humanisme beaucoup plus fécond et heureux.
(Coll. Commentaires philosophiques, 25.00 euros, 244 p.)
ISBN : 978-2-336-00542-3, ISBN EBOOK : 978-2-296-51589-5

FIN (LA) DE LA MODERNITÉ SANS FIN
Hillaire Norbert
Pour beaucoup, la modernité est ce temps au cours duquel, comme l'écrit Mallarmé, «un présent fait défaut». La modernité ou cet emportement irrépressible du temps vers «le nouveau», qui a pour corrélat la perte d'une certaine qualité de notre rapport à l'espace. Cet ouvrage interroge, à travers les relations entre les arts et les sciences, l'architecture et le design dans la culture numérique, ou encore l'art contemporain et l'entreprise, cette involution du temps sur lui-même propre à notre époque.
(Coll. Ouverture Philosophique, série Esthétique, 21.50 euros, 220 p.)
ISBN : 978-2-336-00854-7, ISBN EBOOK : 978-2-296-51554-3

ÉTERNEL (L') DANS LE FINI – Rencontre de Maître Eckhart et de Simone Weil
Riviale Philippe
Autrefois, Maître Eckhart enseigna que le divin est en nous. Puis vint Simone Weil : mieux vaut, dit-elle, ne pas croire en Dieu que prétendre le connaître, pis encore lui parler. Il est en nous une liberté absolument inconditionnée, sans esprit de puissance ni de restitution, qui mène à la découverte du divin dans le moi, à l'instant où le moi s'efface et s'offre à l'être qui l'accueille. La vie tient en nous : ni illusion ni superstition ; ni élection ni châtiment.
(Coll. Ouverture Philosophique, 27.00 euros, 264 p.)
ISBN : 978-2-343-00172-2, ISBN EBOOK : 978-2-296-52997-7

DIVERSITÉ CULTURELLE ET FIGURES DE L'HÉTÉROGÉNÉITÉ
Sous la direction de Georges Navet et Susana Villavicencio
Qu'est-ce que la diversité culturelle au présent ? Tout se passe comme si le divers avait changé de statut et devenait, à l'heure où l'omniprésence de l'*homo oeconomicus* pousse en direction d'une homogénéisation, une notion incontournable pour la définition d'un éthos démocratique. Les auteurs ont pu constater qu'aucun modèle théorique issu de la tradition, notamment philosophique, n'est à la hauteur du défi.
(Coll. La philosophie en commun, 25.00 euros, 250 p.)
ISBN : 978-2-336-00699-4, ISBN EBOOK : 978-2-296-51534-5

PHILOSOPHIE (LA) CLASSIQUE AFRICAINE – Contre-histoire de la philosophie (tome I)
Mbongo Nsame
Cette étude renouvelle l'histoire de la philosophie et des idées en posant les bases d'une contre-histoire à partir des enseignements antiques, médiévaux et modernes fournis par l'expérience

intellectuelle millénaire de l'Afrique noire. La question des débuts de la philosophie et de la définition du concept est repensée. Enfin, il nous est donné de faire connaissance avec les plus grands penseurs de la philosophie classique africaine et avec leurs travaux.
(Coll. Harmattan Cameroun, série Problématiques africaines, 32.00 euros, 312 p.)
ISBN : 978-2-336-00923-0, ISBN EBOOK : 978-2-296-51705-9

PERSONNALITÉ (LA) PHILOSOPHIQUE DU MONDE NOIR
Contre-histoire de la philosophie (tome 2)
Mbongo Nsame
Une certaine « Afrique traditionnelle » a été inventée par l'ethnologie coloniale et la pensée impérialiste pour justifier l'injustifiable et masquer les pires horreurs de l'histoire. L'idée de contre-histoire de la philosophie africaine remet radicalement en cause le mythe d'une certaine «Afrique traditionnelle». Voici une contre-histoire qui met la philosophie africaine en position de pouvoir contribuer à la reconstruction de la «civilisation négro-africaine».
(Coll. Harmattan Cameroun, série Problématiques africaines, 33.50 euros, 326 p.)
ISBN : 978-2-336-00924-7, ISBN EBOOK : 978-2-296-51707-3

PHILOSOPHIE (LA) NÉGRO-AFRICAINE DE L'EXISTENCE
Herméneutique des traditions orales africaines
Fouda Basile-Juléat - Avant-propos de Jacques Chatué
L'oeuvre, pensée comme une tentative de détermination d'un «fonds de sens» susceptible de réappropriations différentes, est le fruit d'une recherche approfondie des traditions orales africaines. Dans sa démarche, l'auteur traverse remarquablement le triple brouillage des codes culturels eux-mêmes, de l'acculturation coloniale, ainsi que du particularisme des études ethnologiques et philosophiques alors disponibles.
(Coll. Pensée Africaine, 27.00 euros, 258 p.)
ISBN : 978-2-336-00931-5, ISBN EBOOK : 978-2-296-51682-3

MÉTAPHYSIQUE ET TECHNIQUE MODERNE CHEZ MARTIN HEIDEGGER
Maidika Asana Kalinga Jules
L'histoire de la métaphysique, pense Martin Heidegger, est une histoire de l'oubli de l'Être. La technique moderne opère dans le vide de l'Être, dans la pénurie de l'Être et éloignée de l'Être. La technique moderne est un mode de dévoilement dans ce sens qu'elle provoque la nature. Dès lors, l'essence de la technique, pense Heidegger, n'est rien de technique, elle est l'arraisonnement.
(Coll. Pensée Africaine, 25.00 euros, 252 p.)
ISBN : 978-2-296-99815-5, ISBN EBOOK : 978-2-296-53036-2

LIBERTÉ DE DIRE
Kremer-Marietti Angèle
Liberté de dire parce que tel est l'apanage de l'humain, et qu'il feint parfois curieusement de l'ignorer. Avec cet ouvrage, est recherchée et dégagée la profonde et permanente «intention de signification» qui, au coeur des sociétés, anime tout langage et toute pensée de la philosophie de l'esprit dans son travail authentique de cognition et de communication, parti du peu probable ou du probable pour envisager et actualiser le certain, édifiant l'action humaine pleinement réussie.
(Coll. Commentaires philosophiques, 13.50 euros, 118 p.)
ISBN : 978-2-336-00688-8, ISBN EBOOK : 978-2-296-51496-6

ENJEUX (LES) DE L'HISTOIRE DE LA PHILOSOPHIE EN FRANCE AU XIXe SIÈCLE
Pierre Leroux contre Victor Cousin
Rey Lucie
Selon la conception politique qu'il s'agit de défendre ou de légitimer, les usages de l'histoire de la philosophie s'avèrent très différents. Sur quels auteurs et quelles traditions les différents courants philosophiques du XIXe siècle prennent-ils appui, dans quel but ? Ces questions ont guidé la lecture des textes de Victor Cousin et de Pierre Leroux et de la polémique qui les oppose.
(Coll. La philosophie en commun, 47.00 euros, 478 p.)
ISBN : 978-2-336-00515-7, ISBN EBOOK : 978-2-296-51268-9

L'HARMATTAN ITALIA
Via Degli Artisti 15; 10124 Torino

L'HARMATTAN HONGRIE
Könyvesbolt ; Kossuth L. u. 14-16
1053 Budapest

L'HARMATTAN KINSHASA
185, avenue Nyangwe
Commune de Lingwala
Kinshasa, R.D. Congo
(00243) 998697603 ou (00243) 999229662

L'HARMATTAN CONGO
67, av. E. P. Lumumba
Bât. – Congo Pharmacie (Bib. Nat.)
BP2874 Brazzaville
harmattan.congo@yahoo.fr

L'HARMATTAN GUINÉE
Almamya Rue KA 028, en face du restaurant Le Cèdre
OKB agency BP 3470 Conakry
(00224) 60 20 85 08
harmattanguinee@yahoo.fr

L'HARMATTAN CAMEROUN
BP 11486
Face à la SNI, immeuble Don Bosco
Yaoundé
(00237) 99 76 61 66
harmattancam@yahoo.fr

L'HARMATTAN CÔTE D'IVOIRE
Résidence Karl / cité des arts
Abidjan-Cocody 03 BP 1588 Abidjan 03
(00225) 05 77 87 31
etien_nda@yahoo.fr

L'HARMATTAN MAURITANIE
Espace El Kettab du livre francophone
N° 472 avenue du Palais des Congrès
BP 316 Nouakchott
(00222) 63 25 980

L'HARMATTAN SÉNÉGAL
« Villa Rose », rue de Diourbel X G, Point E
BP 45034 Dakar FANN
(00221) 33 825 98 58 / 77 242 25 08
senharmattan@gmail.com

L'HARMATTAN TOGO
1771, Bd du 13 janvier
BP 414 Lomé
Tél : 00 228 2201792
gerry@taama.net

565812 - Mai 2014
Achevé d'imprimer par